Max Ettinger

Berner Veröffentlichungen zur Musikforschung

Herausgegeben von
Hanspeter Renggli & Anselm Gerhard

Band 2

PETER LANG
Bern · Berlin · Bruxelles · Frankfurt am Main · New York · Oxford · Wien

Ivana Rentsch

Max Ettinger

Ein kommentiertes Werkverzeichnis

PETER LANG
Bern · Berlin · Bruxelles · Frankfurt am Main · New York · Oxford · Wien

Bibliografische Information Der Deutschen Nationalbibliothek
Die Deutsche Nationalbibliothek verzeichnet diese Publikation in der Deutschen
Nationalbibliografie; detaillierte bibliografische Daten sind im Internet über
‹http://dnb.d-nb.de› abrufbar.

Publiziert mit Unterstützung des Schweizerischen Nationalfonds zur Förderung der
wissenschaftlichen Forschung

Umschlagabbildungen: – Max Ettinger (1928). Foto: Pieperhoff, Leipzig
                       – Initiale zu Bartholomäus Franks «Ein Tütsche Musica»,
                         Bern 1491

Umschlaggestaltung: Thomas Jaberg, Peter Lang AG

ISSN 1661-4283
ISBN 978-3-0343-0349-1

© Peter Lang AG, Internationaler Verlag der Wissenschaften, Bern 2010
Hochfeldstrasse 32, CH-3012 Bern
info@peterlang.com, www.peterlang.com, www.peterlang.net

Alle Rechte vorbehalten.
Das Werk einschliesslich aller seiner Teile ist urheberrechtlich geschützt.
Jede Verwertung ausserhalb der engen Grenzen des Urheberrechtsgesetzes ist ohne
Zustimmung des Verlages unzulässig und strafbar. Das gilt insbesondere für Vervielfäl-
tigungen, Übersetzungen, Mikroverfilmungen und die Einspeicherung und Verarbeitung
in elektronischen Systemen.

Printed in Germany

Inhalt

Vorwort 7
Geleitwort 11

Kommentar

„Der Schrei nach dem Text".
Lemberg – München (1874–1930) 15
Bekenntnismusik. Berlin – Ascona (1930–1951) 37
Abbildungen 55

Dokumente

Verzeichnis der Schriften von Max Ettinger 63
Ausgewählte Texte von Max Ettinger 65
    Zum Problem der Oper 65
    Warum ich Wedekinds „Frühlings Erwachen"
    zur Oper machte 71
    Gedanken über Film und Musik 73
    Opernfunk – Funkoper! 80
    Jüdische Musik 83

Werkverzeichnis

Abkürzungen 91
Kammermusik 93
Orchesterwerke 104
Bühnenwerke 111

Größere Chorwerke	131
Melodramatische Werke	139
Filmmusik	141
Orchesterlieder	144
Lieder für Solostimme und Klavier	149
Lieder für mehrere Solostimmen	209
Chorlieder	211
Register	235

Vorwort

> Keine Kunst ist so sehr auf ausführende Hilfe angewiesen wie die Musik. Wo ist der Märchenprinz, der mein Werk zum Leben erweckt?[1]

Daß Max Ettinger als Komponist heute weitgehend dem Vergessen anheimgefallen ist, entspricht keineswegs der Bedeutung, die ihm insbesondere in den 1920er Jahren zukam, als seine Opern an zahlreichen deutschen Bühnen zur Aufführung gelangten. Als Folge der Rezeption seiner Bühnenwerke finden sich Einträge zu Ettinger in der zehnten bis zwölften Auflage von *Riemanns Musiklexikon*, im *Dizionario universale dei musicisti*, im *Deutschen Musiker-Lexikon* von Erich Müller und im *Musiklexikon von H.J. Moser* von 1935, nicht mehr jedoch in der Ausgabe von 1943, sowie natürlich im *Lexikon der Juden in der Musik*.[2] Der Umstand, daß Ettinger nach dem Krieg wieder in die Lexika aufgenommen wurde, kann nicht über die ausbleibende Rezeption seines Schaffens hinwegtäuschen. Gesundheitlich stark angeschlagen und zu betagt, um sich intensiv um die Verbreitung eigener Werke zu kümmern, fand Ettinger mit seiner Musik keinen Platz im Konzertbetrieb der Nachkriegszeit. Die im Jahr 1947 vom Theater Basel geplante Inszenierung seines Balletts *Der Dybuk*, die aus bislang ungeklärten Gründen kurzfristig scheiterte, blieb der letzte Versuch Ettingers, ein größeres Publikum für sich zu gewinnen. Die letzten Jahre seines Lebens waren geprägt von Krankheit und einer zunehmenden Resignation, die sich nicht zuletzt in der geäußerten Hoffnung auf einen Märchenprinzen Ausdruck

---

1 Max Ettinger: Wollen und Geschehen. Rückschau zum 70. Geburtstag, in: *Israelitisches Wochenblatt* 44 (1944), H. 51, S. 29.

2 *Riemanns Musik-Lexikon*, 10. Aufl., hrsg. von Alfred Einstein, Berlin 1922, S. 340; 11. Aufl., hrsg. von Alfred Einstein, Berlin 1929, S. 478; 12. völlig neu bearb. Aufl., hrsg. von Wilibald Gurlitt, Berlin 1959, S. 479. *Dizionario universale dei musicisti*, hrsg. von Carlo Schmidl, Mailand 1926, S. 506. *Deutsches Musiker-Lexikon*, hrsg. von Erich H. Müller, Dresden 1929, Sp. 300–301. *Musiklexikon von H.J. Moser*, hrsg. von Hans Joachim Moser, Berlin 1935, S. 210. *Lexikon der Juden in der Musik*, hrsg. von Theo Stengel und Herbert Gerigk, Berlin 1940, S. 64.

verschaffte. Während er selbst mit ansehen mußte, wie sein Werk in Vergessenheit geriet, ist nun seit kurzer Zeit ein wachsendes Interesse an den Kompositionen Max Ettingers erkennbar, das sich in einer zunehmenden Zahl von Aufführungen niederschlägt.

Seit seinem Tod im Jahr 1951 liegt der umfangreiche Nachlaß in der Bibliothek der Israelitischen Cultusgemeinde Zürich ICZ und ist Interessierten zugänglich. Neben den Autographen des Komponisten enthält die Hinterlassenschaft zahlreiche Kritiken zu seinen Werken und eine umfangreiche Korrespondenz. In welchem Ausmaß Max Ettinger auch als Musikpublizist tätig war, zeigt die Sammlung seiner Aufsätze zu unterschiedlichen Themen – mit den Schwerpunkten Oper, Musik für den Rundfunk und ‚jüdische' Musik – sowie von zahlreichen Rezensionen, die er in den 1920er Jahren als freier Mitarbeiter für den *Berliner Börsen-Courier* und die *Münchener Neusten Nachrichten* verfaßt hatte.

Da nur wenige von Ettingers Werken gedruckt wurden und sein Schaffen fast ausschließlich über den Nachlaß zugänglich ist, erscheint ein Werkverzeichnis wünschenswert. Indem es die Kompositionen mit grundlegenden Angaben zu Entstehungszeit und Besetzung auflistet, soll es sowohl für Musiker als auch für Musikwissenschaftler praktische Hilfestellung leisten. Das Werkverzeichnis ist nach Gattungen und – soweit möglich – innerhalb dieser Gattungen chronologisch nach Entstehungszeit geordnet. In Anbetracht der Tatsache, daß Ettinger vor 1930 Opuszahlen vergeben und danach zumindest die größeren Kompositionen datiert hat, stellen sich bei deren Chronologie keine grundsätzlichen Schwierigkeiten. Allein bei den oftmals undatierten Chor- und Sololiedern mußte auf eine chronologische Anordnung verzichtet werden, da ansonsten die Gefahr bestanden hätte, eine falsche zeitliche Reihenfolge zu suggerieren. Dem Werkverzeichnis liegen in erster Linie die im Nachlaß Ettingers enthaltenen Autographe, Drucke und Kopien zugrunde, die mit Hilfe der Werkliste der SUISA, der schweizerischen Genossenschaft zur Verwaltung von Urheberrechten, sowie Emil Juckers unveröffentlichtem Verzeichnis der Werke Ettingers ergänzt wurden.[3] In seltenen Fällen wurde zudem auf einen Aufsatz Emil Juckers zum Werk Ettingers sowie auf den Artikel über

---

3   Emil Jucker: *Max Ettinger. Verzeichnis seiner musikalischen Werke*, Zürich 1953 (Typoskript).

Max Ettinger in Salomon Winingers *Großer jüdischen Nationalbiographie* zurückgegriffen.[4] Wo vorhanden, wurden die von Emil Jucker vergebenen Werknummern ins vorliegende Verzeichnis übernommen.

Dem Hauptteil dieser Publikation, dem eigentlichen Werkverzeichnis, ist ein Kommentar vorangestellt, der das Leben und vor allem das Schaffen des Komponisten beleuchten soll. Da Max Ettinger heute weitgehend unbekannt ist, war die Absicht maßgebend, dabei auf unterschiedliche Aspekte einzugehen – wobei es in der Natur der Sache liegt, daß ein solcher Kommentar nicht viel mehr als eine Annäherung an Ettingers Musik leisten kann. In einem ersten Teil soll Ettingers Leben bis zu seinem Umzug nach Berlin im Dezember 1930 skizziert und näher auf die Opern eingegangen werden. Der zweite Teil des Kommentars ist seiner Berliner Zeit gewidmet, den zunehmenden Problemen, Aufführungsmöglichkeiten für seine Werke zu finden, sowie der daraus resultierenden Entscheidung zum Gang ins Exil nach Ascona, wo er die letzten zwanzig Jahre seines Lebens verbringen sollte. Wie schwierig die Exiljahre für Ettinger waren, zeigen nicht zuletzt die Briefe des Musikwissenschaftlers Alfred Einstein an den Komponisten. Einstein und Ettinger scheinen sich in München kennen- und schätzen gelernt zu haben und erhielten, obwohl sie auf musikalischem Gebiet in unterschiedlichen Bereichen tätig waren, die freundschaftliche Beziehung bis zum Tod Ettingers in ihrer Korrespondenz aufrecht. Auch wenn die Antwortschreiben nicht erhalten sind, vermögen Einsteins Briefe einen Einblick in die Situation von Ettingers Exilzeit zu geben, wie es eine heutige Beschreibung kaum leisten könnte: „[…] ich kann mir das Los eines emigrierten Musikanten in der Schweiz nur zu gut ausmalen – es tröstet nicht, daß Sie viele Leidensgenossen haben".[5] Das Bild, das sich Einstein von „Helvetien" machte, als er in „Mussolinien" auf ein Visum für England wartete, prägte auch nach dem Krieg seine Einschätzung von Ettingers Situation. „Daß das Land des „Tall" [sic!] seit 17 Jahren so gut wie nichts

---

[4] Emil Jucker: Das Werk Max Ettingers, in: *Schweizerische Musikzeitung* 93 (1953), S. 501–502. Art. ‚Max Ettinger', in: Samuel Winiger: *Große jüdische National-Biographie mit mehr als 8000 Lebensbeschreibungen namhafter jüdischer Männer und Frauen aller Zeiten und Länder. Ein Nachschlagewerk für das jüdische Volk und dessen Freunde*, Cernauti [Czernowitz] 1927, Bd. 2, S. 200–201.

[5] Brief Alfred Einsteins an Max Ettinger vom 24. Mai 1938 (ICZ, Nachlaß Ettinger).

für Sie getan hat, ist mir quasi eine Genugtuung, weil es zu meiner Einschätzung der ältesten Republik so gut paßt – ich sage immer: das Unglück der Schweiz ist, daß sie von Schweizern bewohnt ist."[6]

* * *

Mein erster Dank geht an Prof. Dr. Anselm Gerhard, der die Arbeit im Rahmen des vom Schweizerischen Nationalfonds geförderten Forschungsprojektes „Schweizer Musikgeschichte des 20. Jahrhunderts: Die Situation exilierter Komponisten und der Einfluss der Schönberg-Schule" betreute. Mein Mann, Dr. Arne Stollberg, unterstützte die vorliegende Publikation als kritischer Leser sowohl in inhaltlicher als auch redaktioneller Hinsicht. Außerdem möchte ich mich an dieser Stelle bei Dr. Yvonne Domhardt, der Bibliotheksleiterin der Israelitischen Cultusgemeinde Zürich für die engagierte Hilfestellung und den freien Zugang, den sie mir zum Nachlaß des Komponisten gewährte, ganz herzlich bedanken. Sara Imobersteg danke ich für die zur Verfügung gestellte Magisterarbeit sowie die überlassenen Unterlagen.[7] Stellvertretend für die zahlreichen Personen und Institutionen, die meine Quellensuche überhaupt erst möglich machten, möchte ich Thomas Aigner von der Stadt- und Landesbibliothek Wien, Claudio Bacciagaluppi, Edy Bernasconi sowie Roberta Gandolfi vom Schweizer Radio DRS 2, Manuela Grabner von der SUISA, Shoshana Ließmann von der University Library in Jerusalem meinen Dank aussprechen, ebenso der Fonoteca Nazionale Svizzera in Lugano, dem Stadtarchiv Zürich, der Staatsbibliothek zu Berlin sowie der Bayerischen Staatsbibliothek München. Ohne die großzügige finanzielle Unterstützung durch den Schweizerischen Nationalfonds und Herrn François Loeb sowie ohne die Hilfestellung durch die Israelitische Cultusgemeinde Zürich wäre die Publikation des vorliegenden Buches nicht möglich gewesen. Allen genannten Personen und Institutionen gilt mein Dank. Gewidmet ist der Band meinen Eltern.

---

6   Brief Alfred Einsteins an Max Ettinger vom 28. März 1947 aus Northampton (ICZ, Nachlaß Ettinger).
7   Sara Imobersteg: *Komponisten im Schweizer Exil während des ‚Dritten Reichs'*, *dargestellt an ausgewählten Fallbeispielen*, Marburg 1998 (Magisterarbeit: Typoskript).

Geleitwort

Viele Jahrzehnte blieb er unbeachtet; sein Werk schlummerte in den Magazinräumen der Bibliothek der Israelitischen Cultusgemeinde Zürich vor sich hin; nur vereinzelt gab es Anfragen zum jüdischen Komponisten Max Ettinger (1874–1951) – von eingeweihten Kennern. Zu seinem fünfzigsten Todestag wurde im Rahmen einer würdevollen Feier in den Räumen der Israelitischen Cultusgemeinde Zürich des Vergessenen gedacht, der seiner „Hausgemeinde" aus Treue und langjähriger Verbundenheit seinen gesamten musikalischen und persönlichen Nachlaß vermacht hatte. Die mit *Jiddisch Lebn – aus Leben und Werk des Komponisten* überschriebene Gedenkveranstaltung von 2001 erinnerte mit einigem Erfolg an den gebürtigen Lemberger, der 1933 von Deutschland in die Schweiz (zunächst nach Ascona) emigrieren mußte: Seit dem Gedenkkonzert werden in der Schweiz und Deutschland immer wieder in ganz unterschiedlichen Zusammenhängen Werke Max Ettingers aufgeführt, so zuletzt im Mai 2009 im Rahmen eines Gesprächskonzertes „Unerhörte Musik" in München, das an verfolgte und vertriebene Musiker und Musikerinnen erinnerte.

Daß Max Ettingers Erbe im kulturellen Gedächtnis Musikinteressierter nachhaltig und langfristig weiterleben wird, ist das große und umsichtige Verdienst der Zürcher Musikwissenschafterin Dr. Ivana Rentsch: Ihr ist es in höchst dankenswerter Weise gelungen, das Gesamtwerk Max Ettingers im Rahmen des Nationalfondsprojektes „Schweizer Musikgeschichte im 20. Jahrhundert" inhaltlich vollständig zu erschließen und zu dokumentieren. Was nun vorliegt, ist ein bemerkenswertes Konvolut mit dem Titel *Max Ettinger – ein kommentiertes Werkverzeichnis*. Diese wichtige Arbeit ist grundlegend für die Rezeption des reichen Schaffens Max Ettingers; mit ihrer Hilfe wird dem Komponisten dereinst der ihm gebührende Platz in der internationalen Musikwelt zugewiesen werden.

Dr. Yvonne Domhardt
Leiterin der Bibliothek der Israelitischen Cultusgemeinde Zürich
und Verwalterin des Max-Ettinger-Nachlasses

Kommentar

„Der Schrei nach dem Text"
Lemberg – München (1874–1930)

Markus Wolf, genannt Max, Ettinger wurde am 27. Dezember 1874 in Lemberg, der Hauptstadt des österreichischen Galizien,[8] in eine streng gläubige Familie hineingeboren, deren unbestrittenes Oberhaupt sein Großvater war – der Rabbiner Isak Ahron Ettinger. Dank seiner materiellen Unabhängigkeit war es diesem möglich, über Jahrzehnte die Tätigkeit eines Dezisors auszuüben, also eines Lehrers, der religionsgesetzlich bindende Entscheidungen zu treffen weiß. Erst im Jahr 1888 nahm er schließlich den Rabbinerposten in Lemberg an, den er bis zu seinem Tod 1891 innehaben sollte.[9] Da Max Ettinger als kränkliches Kind zu Hause unterrichtet wurde und deswegen den Kreis der Familie weder in seiner Kindheit noch in seiner Jugend verließ, kann die Bedeutung des traditionsbewußten Großvaters für den Enkel nicht hoch genug eingeschätzt werden. Insbesondere in musikalischer Hinsicht erwies sich der Einfluß des Oberrabbiners, der Musik prinzipiell ablehnte, als entscheidend. So hatte es Max Ettinger allein seiner Mutter, die sich wiederholt gegen ihren Schwiegervater stellte, zu verdanken, daß ihm in seiner Jugend eine minimale musikalische Ausbildung zuteil wurde.

Erst mit 24 Jahren vermochte sich Max Ettinger endgültig vom beherrschenden Einfluß des inzwischen verstorbenen Großvaters zu lösen und fuhr mit der Idee, ein Kompositionsstudium zu beginnen, nach Berlin. Obwohl seine rudimentäre musikalische Bildung den Anforderungen, die die Zulassungsprüfung der Hochschule für Musik stellte, nicht gerecht werden konnte, hielt Ettinger an seiner Absicht fest, Komponist zu werden. Um vorerst privat weitere Kenntnisse zu erwerben, wandte er sich an Heinrich von Herzogenberg

---

8   Während Max Ettingers Leben wechselte die Stadt Lemberg nicht nur zweimal ihren Namen, sondern lag im Lauf der Zeit auch in unterschiedlichen Staatsgebieten: Aus dem Habsburgischen Lemberg wurde 1919 das zu Polen gehörige Lwow und schließlich nach 1946 das ukrainische L'viv.

9   Wininger: *Große jüdische Nationalbibliographie* (wie Anm. 4), S. 201.

sowie an Heinrich van Eycken, die ihn beide als Schüler annahmen. Dank seiner beachtlichen Fortschritte wurde Ettinger bereits ein Jahr später an der Akademie der Tonkunst in München aufgenommen, wo er von 1900 bis 1903 ein Kompositionsstudium absolvierte. Als besonders prägend für Ettingers Werk sollte sich dabei der Einfluß seiner Münchner Lehrer Joseph Rheinberger, Ludwig Thuille und Viktor Gluth erweisen. Die Studien bei Ludwig Thuille setzte Ettinger auch nach dem erfolgreichen Abschluß noch zwei weitere Jahre fort. In diese Zeit fällt zudem mit einem von der Altistin Marianne Rheinfeld bei einer Wohltätigkeitssoirée in der Münchner *Cameraderie* gesungenen Lied die erste öffentliche Aufführung einer Komposition Ettingers.[10]

Nach Abschluß seines Studiums versuchte Ettinger zunächst, als Dirigent Fuß zu fassen und nahm in der Konzertsaison 1906/07 eine Kapellmeisterstelle in Saarbrücken an. Wegen seines nach wie vor labilen Gesundheitszustandes mußte er diesen Posten jedoch bereits nach einer Saison wieder aufgeben. Aus demselben Grund trat er vier Jahre später, nach ebenfalls nur einer Konzertsaison, von der Kapellmeisterstelle in Lübeck zurück. Sich auf seine ursprüngliche Absicht besinnend, Komponist zu werden, machte Max Ettinger die Komposition zu seiner Hauptbeschäftigung und ließ sich nach seiner Heirat mit der Sängerin Josefine Krisack für weitere zwanzig Jahre in München nieder.

Von Beginn seiner kompositorischen Laufbahn an stand die Vokalmusik im Zentrum von Ettingers Schaffen. Während dies in den ersten beiden Jahrzehnten des 20. Jahrhunderts zu zahlreichen Liedkompositionen führte, waren die 1920er Jahre geprägt von einer nahezu ausschließlichen Konzentration auf die Oper, wobei dieser Gattungswechsel weniger als Bruch denn vielmehr als Entwicklung zu verstehen ist. Sowohl der Klaviersatz als auch die Textbehandlung in seinen frühen Liedern machen deutlich, daß die intensive Beschäftigung mit der Gattung des Liedes als praktische Vorstudie zur Oper, dem erklärten Ziel Ettingers, gedeutet werden muß.

---

10   Um welches Lied es sich hierbei handelt, kann nicht mehr eruiert werden, da selbst die Zeitungskritik keinen Hinweis auf das gesungene Programm aufweist. Kritik in der *Allgemeinen Zeitung* vom 20. April 1905, Nr. 185 (ICZ, Nachlaß Ettinger: handschriftliche Notiz „Das erste gesungene Lied von Max").

Insgesamt vollendete Ettinger sieben Opern, die an zahlreichen Bühnen Deutschlands aufgeführt wurden, unter anderem in Leipzig, Nürnberg, Hamburg, München, Lübeck, Augsburg, Dortmund, Düsseldorf und Gotha. Neben der Produktion der *Juana* im Rahmen des Tonkünstlerfestes 1925 in Kiel wurde auch der Uraufführung von *Clavigo* in Leipzig besondere Aufmerksamkeit zuteil. Es war dies die erste Uraufführung an der Leipziger Oper unter Gustav Brecher, der mit *Clavigo* die jahrelang durchgeführte Reorganisation des Spielplans abschloß. Bereits in der nächsten Saison folgte, ebenfalls unter Gustav Brecher in Leipzig, die Uraufführung von *Frühlings Erwachen*. Eine letzte Anerkennung für sein Bühnenschaffen erfuhr Ettinger schließlich Mitte der 30er Jahre: Für *Dolores*, seine letzte fertiggestellte Oper, wurde er neben Gabriele Bianchi (*Die vier Jahreszeiten*) und Hanns H. Meyerowitz (*Der 24. Februar*) im Jahr 1936 mit dem *Emil-Hertzka-Gedächtnispreis* ausgezeichnet. Obwohl der Jury mit Ernst Krenek, Karl Rankl, Lothar Wallerstein, Egon Wellesz und Alexander Zemlinsky einflußreiche Persönlichkeiten angehörten, war vor dem Hintergrund der politischen Lage nicht mehr an eine Aufführung von *Dolores* zu denken.

Im Laufe seiner Karriere als Opernkomponist veröffentlichte Max Ettinger mehrere Aufsätze zur Situation der Oper. Die Verbindung von Wort und Ton zieht dort die Frage nach dem Primat des Textes oder der Musik nach sich, eine Frage, die die gesamte Operngeschichte prägt und ihr eine immerwährende ‚Krise' bereitet. Auch Max Ettinger nahm diesen Aspekt zum Ausgangspunkt für seine Reflexionen:

> Wollte die Poesie, das Wort, dominieren, dann mußte die Musik in den Hintergrund treten, und umgekehrt. [...] Bis zuletzt der großartige Vorstoß Richard Wagners zugunsten der Poesie geschah. Während zur gleichen Zeit in Italien Verdi als Gegenpol auftrat. Noch immer sind die Gegensätze also nicht vereint.[11]

Max Ettinger versuchte das ‚Opernproblem' zu lösen, indem er sich nicht für das Primat des Wortes oder der Musik entschied, sondern die Gegensätze aufzulösen trachtete. Die wichtigste Voraussetzung

---

11   Max Ettinger: Zum Problem der Oper, in: *Halbmonatsschrift für das deutsche Theater. Amtliches Organ der Genossenschaft deutscher Bühnenangehöriger* 55 (1926), H. 2, S. 24–25.

für eine geglückte Verschmelzung von Wort und Ton war seiner Ansicht nach die zu jedem Zeitpunkt zu gewährleistende Verständlichkeit des gesungenen Textes. Nur wenn das Wort verstanden wird, ist es ihm möglich, eine der Musik ebenbürtige Rolle zu übernehmen, da es sich in diesem Fall sinnvoll mit dem Ton verbinden kann, ohne der Musik vollständig zum Opfer zu fallen. Da auch die Entwicklung der alten Opernform nichts anderes sei als die „bloße Folge des Strebens, dieser Schwierigkeit Herr zu werden", beabsichtigte Ettinger, den satztechnischen Gegensatz von Rezitativ und Arie aufzugeben. Es galt, einen Stand der Gattungsgeschichte zu überwinden, in welchem das „dramatische Geschehen, der Extrakt der Handlung in wenige gesprochene oder rezitierte Worte gepreßt und das Gefühlsmäßige", bei dem das Wort sekundär war, in die Arie verlegt wurde.[12] Indem er die Unterscheidung zwischen Rezitativ und Arie weitgehend aufgab, bezweckte Ettinger einerseits, in der Arie die Textverständlichkeit zu bewahren, und andererseits, im Rezitativ psychologische Momente zu berücksichtigen.[13]

Notenbeispiel 1: *Juana* (Takt 3 nach Ziffer 73 bis Takt 7 nach Ziffer 74)[14]

12 Ebenda, S. 21.
13 Max Ettinger: Opernprobleme, in: *Blätter des Hamburger Staatstheaters* 1 (1926/27), H. 4, S. 3.
14 Max Ettinger: *Juana*, Oper in einem Aufzug. Dichtung von Georg Kaiser, Klavierauszug, Wien/New York: Universal Edition, U. E. 8273, Copyright 1925, S. 67–68. Abdruck mit freundlicher Genehmigung der Universal Edition, Wien.

In *Juana*, nach Georg Kaisers gleichnamigem Drama, stechen die ariosen Stellen durch die seltene und dadurch auffallende melismatische Stimmführung hervor. Kaisers Vorlage handelt davon, wie der verschollene Juan nach Jahren zu seiner Gattin Juana zurückkehrt und erfahren muß, daß diese mit Jorge, seinem besten Freund, verheiratet ist. Da sich keiner der beiden Freunde ein Leben ohne Juana vorstellen kann, einigen sie sich darauf, daß Juana ohne ihr Wissen einen von ihnen mit einem heimlich vergifteten Trank umbringen soll. Der Diener, beim Gespräch in der Nähe, erzählt Juana von dem gefaßten Plan, worauf diese heraustritt und selbst das Gift trinkt. Bemerkenswerterweise zeichnet sich selbst die vom entgeisterten Juan gestellte Frage nach dem Grund für den Selbstmord, eine Schlüsselstelle der Oper, durch eine syllabische und stark rezitativisch geprägte Stimmführung aus, wodurch die Verständlichkeit gewährleistet und mehr inhaltlich als musikalisch Spannung erzeugt wird. Unmittelbar danach löst sich die Frage Juans in einer kantablen, leicht melismatischen Antwort Juanas auf (Notenbeispiel 1).

Obwohl diese Art der Unterscheidung zwischen Rezitativ und Arioso konventionell anmutet, so ist es deren Verwendung nicht. Die Gesangspartien der Oper sind weitgehend in Dialogform angelegt, wobei die Dialoge eine rezitativische Gestaltung aufweisen. Zudem erinnern auch die eingestreuten Monologe, beispielsweise derjenige des Dieners (Takt 1 nach Ziffer 11 bis Takt 8 nach Ziffer 12), weniger an affektive Stimmungsbilder als vielmehr an Selbstgespräche, gleichsam innere Dialoge, weshalb die rezitativische Umsetzung folgerichtig erscheint. Allein die wiederholt notierten Vortragsanweisungen wie „sehr zart", „sehr weich" oder „feierlich" ermöglichen eine kurze Abkehr vom rezitativischen Gesang, der jedoch durch die Art der Stimmführung sogar an solchen exponierten Stellen nicht vollständig aufgegeben wird. So kann eigentlich nur Juanas ‚Sterbegesang' ab Takt 1 nach Ziffer 76 als Arioso bezeichnet werden, wenngleich es wegen seiner Kürze mehr eine Ahnung eines Arioso als ein wirkliches Arioso darstellt. Die kantable Anlage von Juanas Schlußmonolog erscheint als musikalische Entsprechung des inhaltlichen Höhepunkts, denn ebensowenig wie Juan und Jorge den Selbstmord Juanas erwarten, rechnet das Publikum mit einem ariosen Ende der rezitativisch angelegten Oper.

Die Gesangspartien in *Juana* folgen konsequent der Idee des Sprechgesangs und geben dadurch die Möglichkeiten der Kantabilität preis. Indem die Arie weitgehend hinter dem Rezitativ verschwindet und nurmehr durch die sparsam eingesetzten ariosen Momente erahnt werden kann, ist die Diskrepanz zwischen der in den Aufsätzen des Komponisten erklärten Absicht und dem kompositorischen Resultat augenfällig. Schließlich trat Max Ettinger in seinen Schriften für eine Annäherung von Rezitativ und Arie ein, was besagt, daß das Rezitativische und das Ariose sich aneinander anzupassen haben, und nicht das eine zugunsten des anderen aufgegeben werden soll. Erst in den drei nach *Juana* entstandenen Opern – *Clavigo*, *Frühlings Erwachen* und *Dolores* – fand der Komponist einen Weg, seine Forderung nach einer Assimilierung von Arie und Rezitativ zu erfüllen, ohne ersteres letzterem zu opfern.

In *Clavigo* führte Max Ettinger erstmals die Vortragsanweisungen „cantando" und „parlando" in die Partitur ein, die an jeder Stelle der Oper den Charakter der Gesangspartien festlegen sollen. Nicht die Idee an sich, mit Hilfe von interpretatorischen Angaben eine differenzierte Vortragsweise zu erlangen, sondern deren konsequente Anwendung ist das besondere in den letzten drei Opern. Der Vorteil dieser Strategie liegt darin, daß sie eine vollständige Annäherung der Setzweise von rezitativischen und ariosen Stellen ermöglicht, ohne Gefahr zu laufen, die Differenz ganz aufzugeben. Da Ettinger diese neue Möglichkeit voll ausschöpfte, unterscheiden sich die ariosen von den rezitativischen Stellen nicht mehr durch die Art der Stimmführung, sondern einzig durch die unumgänglich gewordene Kennzeichnung. Neben der satztechnischen Identität von „cantando" und „parlando" stellt auch deren rascher Wechsel ein Charakteristikum der drei letzten Opern Ettingers dar. Als Folge davon ist jeweils nach wenigen Takten die Gesangsweise zu ändern, wobei die Art des Vortrags nicht durch musikalische, sondern allein durch inhaltliche Gegebenheiten bestimmt wird. Analog zum Rezitativ steht beim „parlando" die Verständlichkeit handlungsbestimmender Äußerungen und beim „cantando", vergleichbar der Arie, die Gefühlswelt des Protagonisten im Vordergrund.

Notenbeispiel 2: *Frühlings Erwachen*, I. Akt, 1. Bild (Takt 6 nach Ziffer 3 bis Takt 4 nach Ziffer 5)[15]

[15] Max Ettinger: *Frühlings Erwachen*, Oper in 2 Akten (12 Bildern) nach Frank Wedekind, Klavierauszug mit Text vom Komponisten, [s. a.], S. 3–4. Mit freundlicher Genehmigung der Israelitischen Cultusgemeinde Zürich.

Der Vorteil dieser Textbehandlung ist die Anpassungsfähigkeit der Stimmführung an den zu vertonenden Text, denn in demselben Maße, wie sich die Musik den Akzenten der Sprache anzupassen vermag, ist es ihr möglich, den subtilsten Gefühlsregungen zu folgen. Während die emotionale Textausdeutung primär in den bereits erwähnten Vortragsanweisungen ihren Ausdruck findet, wirkt sich der Sprachduktus des zu vertonenden Textes direkt auf die musikalische Umsetzung aus. Daß es sich hierbei hauptsächlich um eine prosodisch getreue Art der Vertonung handelt und damit die musikalische Entsprechung in erster Linie eine rhythmische ist, kann als zentrales Merkmal von Ettingers Sprachbehandlung gelten.

Notenbeispiel 3: *Clavigo*, I. Akt, 3. Bild (Takt 5 nach Ziffer 99 bis Takt 3 nach Ziffer 101)[16]

16 Max Ettinger: *Clavigo*, Oper in zwei Aufzügen (6 Bildern) nach Goethe, Klavierauszug von Arthur Willner, Wien / New York: Universal Edition, U. E. 8665, Copyright 1926, S. 65–66. Abdruck mit freundlicher Genehmigung der Universal Edition, Wien.

23

Der Sprachduktus des Textes bestimmt die Rhythmisierung der Vertonung und damit die ganze Oper. Durch die zentrale Rolle, die der Text für die Musik spielt, wird in *Clavigo* jede Abweichung vom Wortakzent bedeutungstragend. Während im obigen Beispiel sowohl Guido als auch Sophie ihren Text rhythmisch profilieren, verzichtet Marie bei „Ihr seid grausam" auf jegliche Silbenbetonung, womit sie im Unterschied zu den beiden aktiven Protagonisten ihre Wehrlosigkeit zum Ausdruck bringt.

Harmonisch geschieht an dieser Stelle nur wenig: Ausgehend von As-Dur leitet Ettinger nach es-Moll über und verwendet auf dem Höhepunkt der Verzweiflung Maries den verminderten Dreiklang über a, der sich unmittelbar nach dem verzweifelten „Ich vergehe!" nach as-Moll auflöst. In der weitgehend stillstehenden Harmonik, den charakteristischen leeren Oktaven und der Konzentration auf die Sprachrhythmik ist die Trostlosigkeit der Situation musikalisch eingefangen. Daß die Musik selbst in diesem Moment der völligen Zerrüttung nur kurz in den Takten 1–2 nach Ziffer 101 im Tritonus verharrt, zeigt exemplarisch, wie tief Ettingers Musikauffassung in der Tonalität verwurzelt ist. Wohl finden sich in seinen Werken gelegentlich Momente freier Tonalität, jedoch nur dann, wenn sie in einem Sinnzusammenhang mit der Textaussage stehen. In Anbetracht der musikkritischen Tätigkeit und den in seinen Rezensionen enthaltenen Äußerungen zu Arnold Schönberg, Hanns Eisler, Igor Strawinsky und Alfredo Casella kann vorausgesetzt werden, daß Ettinger durchaus über die unterschiedlichen Entwicklungen zeitgenössischer Musik informiert war, womit sein Verharren in der Tonalität als bewußte Entscheidung erkennbar wird. Folglich gilt der Stoßseufzer, in den Ettinger in einem Aufsatz über Paul Graener sein nicht unproblematisches Lob faßte, gleichermaßen für den Gelobten wie für den Lobenden: „Man hört wieder einen Dreiklang!"[17]

Ettinger entschied sich mit der deklamatorischen Setzweise für ein kleingliedriges Wort-Ton-Verhältnis und nahm die damit verbundene Schwierigkeit, größere formale Zusammenhänge zu gestalten, in Kauf. Die Probleme, die sich ergeben, wenn eine Oper vom einzelnen Wort ausgehend komponiert wird, sind beträchtlich. Indem

---

17 Max Ettinger: Paul Graeners Leben und Schaffen, in: *Theaterzeitung der staatlichen Bühnen Münchens* 1 (1920), S. 2.

sich alle musikalischen Parameter der Textverständlichkeit unterordnen, wird die Sprache zum alleinigen Sinnträger. Da sich die Vertonung ausschließlich am Wort orientiert, ist wohl die Kohärenz zwischen Wort und Ton, nicht jedoch diejenige zwischen den Tönen gewährleistet. Vor diesem Hintergrund kann es nicht überraschen, daß ein übergreifender Zusammenhang in Ettingers Opern weit mehr durch das Libretto als durch eine musikalische Entwicklung gestiftet wird. Folglich steht die formale Anlage der Musik in einem direkten Abhängigkeitsverhältnis zu derjenigen des Librettos. Ettinger, in der Regel sein eigener Librettist, sicherte die textliche Kohärenz durch eine konsequente Dialogisierung der Vorlage. Damit machte er sich den Umstand zunutze, daß im Dialog eine Aussage die nächste nach sich zieht, infolgedessen kleinere Phrasen sinnfällig miteinander verbunden werden können.

Obwohl die Großform also nur durch ein textliches Mittel ermöglicht wird, können Ettingers Opern nicht als musikalisch untermaltes Theater abgetan werden, denn der Dialog ist als Prinzip selbst dort erkennbar, wo er nicht zwingend vom Libretto verlangt wird. Über den Text hinaus prägt die dialogische Anlage die Art der musikalischen Arbeit, die sowohl bei den Singstimmen als auch im Orchester durch ein Nacheinander statt durch eine Zusammenführung der Stimmen geprägt ist. Indem sich die Singstimmen und die einzelnen Instrumentengruppen in der melodischen Bewegung abwechseln, kommt es zu einer am Kontrapunkt orientierten Setzweise. In der Regel konzentriert Ettinger den Dialog in einer sprachbezogenen Melodik, die sich wiederholt in der Motivik des Orchesters spiegelt. Ist dies nicht der Fall, begnügt sich das Orchester mit einer impressionistisch anmutenden, farbigen Untermalung, die sich vollständig der Textverständlichkeit und damit den Singstimmen unterwirft. Dabei erweist sich Ettingers Grundsatz: „Gut instrumentieren heißt in erster Linie, die Stimme nicht decken", als prägend.[18] Um die Möglichkeiten und Grenzen der menschlichen Stimme zu erfahren und daraus Schlüsse für die Instrumentation ziehen zu können, nahm der Komponist gar Gesangsunterricht.[19]

---

18 Ettinger: Zum Problem der Oper (wie Anm. 11), S. 24.
19 Müller: *Deutsches Musiker-Lexikon* (wie Anm. 2), Sp. 300.

Aufgrund der zentralen Rolle, die der Text in Ettingers Werken spielt, ist die Beschaffenheit des Librettos für das Gelingen der Oper von nicht zu überschätzender Bedeutung. Da die Kohärenz der Form hauptsächlich durch das Libretto bestimmt wird, ist die Verständlichkeit des gesungenen Wortes unabdingbar. Ettinger scheint sich dieser Problematik durchaus bewußt gewesen zu sein, war er doch bestrebt, die Gefahr des Scheiterns dadurch zu mindern, daß er die Verständlichkeit auf unterschiedliche Art und Weise zu gewährleisten suchte.

> Das Textbuch darf nicht ganz auf das Wort gestellt, gedanklich nicht allzu belastet sein, und muß vor allem eine klare pantomimisch verständliche Handlung enthalten. Unter Handlung ist nicht nur das rein Stoffliche, sondern die Situationen, die Szenenführung zu verstehen. Hier muß Klarheit herrschen, muß man jederzeit verstehen können, was die Figuren sollen und wollen.[20]

Die Stoffe, die einerseits pantomimische Verständlichkeit ermöglichen und andererseits der zentralen Bedeutung des einzelnen Wortes gerecht werden sollten, fand Ettinger in der Weltliteratur. Während bei seinen ersten beiden Bühnenwerken, *Rialon* und *Der eifersüchtige Trinker* (nach Boccaccios *Decamerone*), Friedrich Freska das Libretto verfaßt hatte, richtete der Komponist bei den nachfolgenden Opern das Textbuch selbst ein. Hierbei griff er auf Werke von Friedrich Hebbel, Georg Kaiser, Johann Wolfgang von Goethe und Frank Wedekind zurück und verzichtete erst bei *Dolores*, seiner letzten fertiggestellten Oper, auf einen bereits bekannten literarischen Stoff. Der hohe Stellenwert der literarischen Vorlage, der sämtlichen Bühnenwerken Ettingers eigen ist, findet in den sorgfältig eingerichteten Libretti seinen Niederschlag. Darin zeigt sich das Bewußtsein des Komponisten, daß der jeweilige Sprachstil aufgrund der zentralen Bedeutung des einzelnen Wortes die gesamte Oper entscheidend prägt.

> Der Komponist braucht das echte dichterische Wort aufs notwendigste, aber er braucht es – für sich, denn nur das wahre, tiefpoetische Wort zeugt in ihm Musik! Aber gleichgültig kann es ihm z. B. sein, ob es Vers oder Prosa ist, denn dies kommt beim Gesang nicht zum Vorschein.[21]

---

20 Vgl. Ettinger: Opernprobleme (wie Anm. 13), S. 3.
21 Ettinger: Zum Problem der Oper (wie Anm. 11), S. 24–26.

Am klarsten zeigt sich die Bedeutung des „dichterischen Wortes" bei Ettingers Umgang mit Goethes *Clavigo* und Wedekinds *Frühlings Erwachen*. Um den Tonfall der Vorlagen im Libretto weitgehend zu erhalten, wandte er eine akribische Art der Kürzung an, die es ihm ermöglichte, den Umfang der Originaltexte zu verringern, ohne mehr als insgesamt ein Dutzend Füllwörter hinzufügen zu müssen. Die Libretti setzen sich ausschließlich aus Repliken zusammen, die aus Satzfragmenten der literarischen Vorlage gebildet wurden. Obwohl nicht mehr in originalen Sätzen, treten die verwendeten Wörter in unveränderter Abfolge auf: Ettinger paraphrasierte nicht, er ließ aus.

Goethe: *Clavigo*, I. Akt, 1. Bild und Ettinger: *Clavigo*, I. Akt, 2. Bild (Die hervorgehobenen Passagen bilden den Text des Librettos):[22]

> CLAVIGO: *Es waren gute Zeiten, Carlos, die nun vorbei sind.* Ich gestehe dir gern, ich schrieb damals mit offnerem Herzen, und wahr ist's, sie hatte viel Anteil an dem Beifall, den das Publikum mir gleich Anfangs gewährte. *Aber* in der Länge, Carlos, man wird der Weiber gar bald satt, und *warst du nicht der erste, meinem Entschluß Beifall zu geben*, als ich mir vornahm, *sie zu verlassen*.
> CARLOS: *Du wärst versauert.* Sie sind gar zu einförmig. Nur, dünkt mich, *wär's wieder Zeit, daß du dich nach einem neuen Plan umsähest*, es ist doch auch nichts, wenn man so ganz auf'm Sand ist.

Während Ettinger durch Wortauslassungen den Text kürzte, reduzierte er die Auftritte, indem er einzelne Bilder zusammenzog. So verminderte er die Zahl der Bilder in *Frühlings Erwachen* von neunzehn auf zwölf und die Akte in *Clavigo* von fünf auf zwei, ohne deswegen vom – wenngleich gekürzten – originalen Wortlaut abweichen zu müssen. In *Clavigo* stellte er zudem die ersten beiden Bilder um, weshalb die Oper im Unterschied zu Goethes Schauspiel in Guilberts und nicht in Clavigos Wohnung beginnt. Einerseits entfällt dadurch ein Umbau des Bühnenbildes und andererseits, was entscheidender ist, rückt Marie Beaumarchais von Beginn an ins Blickfeld. Marie, das wehrlose Opfer, und nicht Clavigo, der leicht beeinflußbare Held,

---

22 Johann Wolfgang von Goethe: *Clavigo. Ein Trauerspiel*, in: Johann Wolfgang Goethe: *Sämtliche Werke nach Epochen seines Schaffens. Münchner Ausgabe*, Bd. 1, hrsg. von Gerhard Sauder, München etc. 1985, S. 698. Ettinger: *Clavigo* (wie Anm. 16), S. 17–18.

oder Carlos, der berechnende Freund, spielt in der Oper die zentrale Rolle. Diese subtil vorgenommene Akzentverschiebung von Clavigo und Carlos hin zur Leidensgestalt Marie findet in der lyrisch anmutenden Vertonung ihre Entsprechung. Es ist die Musik Marie Beaumarchais', die Ettinger in *Clavigo* zum Klingen bringt.

Als Max Ettinger 1928 Frank Wedekinds Kindertragödie *Frühlings Erwachen* vertonte, ergaben sich deutlich größere Schwierigkeiten als nur die formalen Anforderungen an das Libretto. Neben den Ereignissen der Zeit – in die unter anderem der aufsehenerregende Steglitzer Mordprozeß gegen den Gymnasiasten Paul Krantz fiel, der später als Schriftsteller unter dem Namen Ernst Erich Noth bekannt werden sollte – schien Wedekinds Stoff zu verblassen.[23]

> Das Stück [Wedekinds] hatte damals einen starken, kaum je erhofften Erfolg und machte darauf die Runde über die deutschen Schauspielbühnen. Mittlerweile sind aber die Probleme, um die es sich in dem Stück handelt, ziemlich begriffslos geworden.[24]

> Inzwischen ist der Aktualitätswert von „Frühlings Erwachen" längst vergangen, und die in ihm geführte schriftstellerische Rebellion gegen eine vergangene Gesellschaftsordnung und öffentliche Moralanschauung entbehrt in einer Zeit des Krantzprozesses jeder Berechtigung.[25]

Mit seiner Oper *Frühlings Erwachen* bewies Ettinger nicht nur Mut in der Wahl der Vorlage, sondern auch Geschick im Umgang mit dem als veraltet gescholtenen Stoff. So umging er das Problem der verlorenen Aktualität von *Frühlings Erwachen*, indem er den zentralen Konflikt zwischen Kinder- und Erwachsenenwelt weitgehend ausklammerte und allein die Pubertierenden zu Hauptpersonen machte. In der Oper erlangt die Erwachsenenwelt nurmehr in der Professorenkonferenz eine vorübergehende Bedeutung, die jedoch durch die Art der musikalischen Umsetzung sogleich untergraben wird.

---

23 Gerhard Jungfer: Die Hauptverhandlung gegen Paul Krantz im Jahre 1928, in: *Strafverteidiger-Forum. Mitteilungsblatt der Strafverteidigervereinigung des DAV*, 1993, S. 4–11.
24 Willi Weismann, in: *Kölnische Zeitung* vom 20. April 1928, 3. Ausgabe.
25 Ludwig Unterholzner, in: *Neue Augsburger Zeitung* vom 11. November 1929.

Notenbeispiel 4: *Frühlings Erwachen*, III. Akt, 1. Bild (Takt 4 nach Ziffer 4 bis Takt 3 nach Ziffer 9)[26]

26   Ettinger: *Frühlings Erwachen* (wie Anm. 15), S. 116–119.

Professor Zungenschlags in einfachstem F-Dur vorgetragener, nichtiger Gesprächsbeitrag wird vom Klavier hinter der Bühne mit dem Kinderlied *Hänschen klein* karikiert. Zusätzlich überzeichnet wird der Klavierpart durch den charakteristischen Querstand b–h', der durch die hochalterierte vierte Stufe in der Oberstimme bedingt ist. Analog dazu findet sich bei Professor Fliegentod das anstatt im 3/4- nun im 6/8-Takt stehende Kinderlied *Kuckuck, Kuckuck, ruft aus dem Wald*, das ebenfalls durch den Querstand b–h' verzerrt ist. Die Wirkung dieser Dissonanz fällt um so mehr ins Gewicht, als die Passage in B-Dur steht und der Querstand somit die Tonika betrifft.

Ettinger macht die Konferenz zur musikalischen Karikatur, womit er einerseits das Tempo der Szene mindert und ihr andererseits die Schärfe nimmt: Wedekinds Gesellschaftskritik wird zur Groteske. Indem die Bedrohung der Lächerlichkeit preisgegeben wird, büßt die Sphäre der Erwachsenen ihre Bedeutung als Gegenwelt zu den pubertären Protagonisten ein. Zusätzlich verschleiert wird der Antagonismus schließlich durch die Besetzung, die durchweg aus erwachsenen Sängern besteht. Während Wendlas Sopran durchaus mädchenhaft wirken kann, fällt es ungleich schwerer, in Melchiors Bariton oder gar in den Bässen Roberts und Ernsts pubertierende Gymnasiasten zu erkennen. Dadurch wird der sozialkritisch beleuchtete Gegensatz zwischen Jugendlichen und Erwachsenen, der Wedekinds Stück prägte, endgültig aufgehoben. Im Unterschied zur Vorlage avanciert bei Ettingers *Frühlings Erwachen* die Allmacht der Naturtriebe zum Hauptthema. Dies spiegelt sich bei der Vertonung einerseits in der weitgehenden Abkehr vom Sarkasmus und andererseits in der vorherrschenden musikalischen Lyrik. Indem Ettinger aus Wedekinds beißendem Zeitstück der 1890er Jahre eine lyrische Oper der 1920er Jahre machte, löste er das Problem der zu diesem Zeitpunkt anachronistisch wirkenden Stoffwahl.

Notenbeispiel 5: *Frühlings Erwachen*, II. Akt, 3. Bild (Takt 7 nach Ziffer 39 bis Takt 9 nach Ziffer 40)[27]

27   Ettinger: *Frühlings Erwachen* (wie Anm. 15), S. 93.

Der Grundstimmung des Werkes entsprechend, stellt auch Wendlas Gesang nach dem ‚Sündenfall' im Heu einen lyrischen Opernmonolog im eigentlichen Sinne dar. Trotz der oft scharfen syllabischen Deklamation ergreift Ettinger in *Frühlings Erwachen* jede Möglichkeit, die Gesangslinien melodisch zu binden, was in keiner anderen seiner Opern deutlicher zum Ausdruck kommt. Obwohl auch bei dieser Vertonung die Verständlichkeit im Vordergrund steht, fehlt das eigentliche Rezitativ, das durch die faktische Verschmelzung mit dem Arioso obsolet geworden ist.

Zusammenfassend läßt sich festhalten, daß die Art und Weise, wie Ettinger Theaterstücke zu Opernlibretti umarbeitete, eine weitgehend unveränderte Dramaturgie mit sich brachte und damit direkt der Operndefinition des Komponisten entsprach: „Oper – ein Bühnenwerk mit Musik".[28] Insofern die Handlung über Dialoge vermittelt wird und oft in den Gesprächen selbst stattfindet, entfaltet sich das Geschehen größtenteils in Echtzeit. Da sich die Musik in ihrer deklamatorischen Anlage direkt auf den Text bezieht, bewirkt sie, daß die textliche mit der musikalischen Zeit zusammenfällt – die szenische hat sich beiden unterzuordnen. Für die Musik bedeuten die deklamatorischen Anforderungen, die von einer absolut gesetzten Verständlichkeit des einzelnen Wortes ausgehen, daß eine kleingliedrige Formstruktur des Satzes unvermeidlich ist. Der notwendige Schritt von der Klein- zur Großform gelingt Ettinger mit Hilfe eines konsequent dialogischen Aufbaus, der neben dem Libretto auch den musikalischen Satz prägt. Da Ettinger die Verständlichkeit zur Voraussetzung machte, stand einer rein textlich bedingten Großform nichts im Wege, weshalb er auf genuin musikalische Mittel wie beispielsweise eine Zusammenhang stiftende Erinnerungsmotivik verzichten konnte. Obwohl der Komponist beabsichtigte, den Gegensatz zwischen Wort und Ton zu überwinden, brachte seine Verfahrensweise eine deutliche Betonung des Textes mit sich. Gerade weil das Wort wegen des absolut gesetzten Erfordernisses der Textverständlichkeit die weit fragilere Konstitution aufweist, kommt ihm die maßgebende Bedeutung zu. Alle anderen Elemente der Oper – die Musik inbegriffen –

---

28 Ettinger: Zum Problem der Oper (wie Anm. 11), S. 21.

sind flexibler und müssen sich dem Wort unterordnen – ein Axiom, das neben dem Komponisten sowohl der Dirigent als auch die Sänger und selbst der Regisseur zu beherzigen haben. Ettinger befolgte konsequent seinen Grundsatz, daß die Verständlichkeit des Wortes für sämtliche Parameter bestimmend sein müsse, weshalb seine Opern in jeder Beziehung eine Antwort auf den „Schrei nach dem Text" darstellen.[29]

---

29 Max Ettinger: Der Schrei nach dem Text, in: *Ikarus. Im Flug durch die große Welt* 4 (1928), S. 18.

Bekenntnismusik
Berlin – Ascona (1930–1951)

Am 8. Januar 1931 eröffnete das Sternsche Konservatorium, Berlins älteste Musikhochschule, neben seiner Zweiganstalt Charlottenburg mit der Zweiganstalt Kaiserallee ein neues Institut in Berlin-Wilmersdorf, an der heutigen Bundesallee. Die Direktoren Paul Graener und Maxim Jacobson beriefen Max Ettinger als Lehrbeauftragten für Musiktheorie und Komposition an die neugeschaffene Einrichtung. Diese Anstellung als Kompositionslehrer am Sternschen Konservatorium veranlaßte Ettinger zu Beginn der 1930er Jahre zu einem definitiven Umzug von München nach Berlin. Zu diesem Zeitpunkt lebte Ettingers Frau Josi bereits in Ascona, wo Max und Josi Ettinger seit längerem ein Haus besaßen, und betrieb mit der Absicht, die permanent prekäre finanzielle Lage zu verbessern, eine Pension. Das Ehepaar Ettinger war bereits damals auf die Einkünfte aus Ascona angewiesen, die in den langen Exiljahren schließlich zur einzigen Einnahmequelle werden sollten. Wie aus dem Briefwechsel zwischen den Eheleuten aus dieser Zeit ersichtlich ist, waren es in erster Linie finanzielle Gründe, die Ettinger zum Kompositionslehrer werden ließen – „Aus dem Unterrichten mache ich mir nicht viel".[30] Daß der Lehrberuf nicht seiner Neigung entsprach, erleichterte ihm vermutlich den Verlust der Anstellung, der mit der Schließung der Zweigstelle Kaiserallee im Oktober 1931 einherging. Trotzdem fühlte er sich übergangen, als Jacobson, der die Konzession für eine Geigenschule erhalten hatte, alle Lehraufträge an einen Kollegen übergab.

> Nun ist die Zweiganstalt geschlossen, – sie haben keine Konzession bekommen. Dagegen hat Jacobson die Konzession zu einer Geigenschule, – Du erinnerst Dich, wie ich ihm dazu riet, – bekommen, mit Hilfe von Perl, mit dem er jetzt sehr liiert ist; – und zum Dank dafür macht Perl dort alles, auch die Harmonielehre! und ich bin übergangen! Sie genieren sich beide schrecklich; – aber

---

30 Brief von Max an Josi Ettinger vom 24. September 1931 aus Berlin (ICZ, Nachlaß Ettinger).

ich begreife es, in diesen Zeiten denkt halt jeder an sich [...]. Ich bin froh, daß ich alle zusammen nicht sehe.[31]

Der Beginn von Ettingers Schwierigkeiten, Interessenten für seine Bühnenwerke zu finden, fällt ebenfalls in diese Zeit. Zwar waren mehrere Pläne für Aufführungen seiner großen Opern aus den 1920er Jahren im Gespräch, namentlich *Clavigo* und *Frühlings Erwachen*, doch wurde keiner von ihnen verwirklicht. So blieb auch ein Rundschreiben der *Universal Edition* folgenlos, das zum Ziel hatte, Bühnen für *Clavigo* zu gewinnen.[32] Die Augsburger Aufführung von *Frühlings Erwachen* im November 1929 sollte bis heute die letzte Bühnenproduktion einer Oper Max Ettingers bleiben.

Ähnlich erfolglos – wenn nicht noch erfolgloser – wie mit den fertiggestellten Bühnenwerken war der Komponist mit seinen neuen Projekten. Ettinger plante, eine Operette zu schreiben, und versuchte auf jede nur erdenkliche Weise, eine Bühne für das geplante Werk zu finden. Ob es sich dabei um *Rosen von Roccolo* nach dem Text von Werner von der Schulenburg oder um *Die Erzbetrügerin Courasche* handelte, kann hierbei nicht mit letzter Gewißheit festgestellt werden. Vermutlich konzentrierten sich Ettingers Hoffnungen jedoch auf den Operettenplan *Rosen von Roccolo*, da im Unterschied zur *Erzbetrügerin Courasche* das Libretto bereits vorhanden war. Auch scheint Ettinger den Text beim Wiesbadener Theater eingereicht haben – ohne Erfolg.[33] Zudem bezog sich Ettinger in einem Brief an seine Gattin auf eine gemeinsame Unternehmung mit Werner von der Schulenburg, den er bei dieser Gelegenheit als „Kindskopf" titulierte.[34] Im Gegen-

31 Brief von Max an Josi Ettinger vom 6. Oktober 1931 aus Berlin (ICZ, Nachlaß Ettinger).
32 Das Rundschreiben selbst ist nicht auffindbar, jedoch bezieht sich Max Ettinger in seinem Brief an Josi Ettinger vom 1. November 1931 aus Berlin darauf (ICZ, Nachlaß Ettinger).
33 Brief von Max an Josi Ettinger vom 19. September 1931 aus Berlin (ICZ, Nachlaß Ettinger): „Wiesbaden hat auch abgesagt: der Text! Ich glaube, ich habe mir da etwas Schlimmes eingebrockt, – bei der feigen Bande, – sie haben alle nur: moire [Jiddisch: Angst]. – aber wenn wir beide nur gesund und klug sind, kann uns nichts passieren, – ich verliere meinen Humor nicht, – und ich weiß, Du auch nicht!"
34 Brief von Max an Josi Ettinger vom 9. November 1931 aus Berlin (ICZ, Nachlaß Ettinger): „Von Schulenburg eben Brief – das ist ein Kindskopf. Ich will ihm gern 50 % geben, wenn er das Ding anbringt!"

satz zu Ettinger hatte der Schriftsteller bezüglich der Aufführungsmöglichkeiten keine Bedenken, weshalb er sich in erster Linie mit finanziellen Fragen auseinandersetzte. Es sollte ihnen jedoch weder gelingen, den Generalmusikdirektor Gustav Brecher in Leipzig, noch das Theater von Wiesbaden oder eine Berliner Bühne für ihre Pläne zu gewinnen.[35]

Bereits zwei Jahre früher war mit *Der Herr von Pourceaugnac* auf ein Libretto von Hermann Ebbinghaus (nach Molières Vorlage) ein Operettenplan Ettingers an Gustav Brechers Urteil gescheitert. Zu diesem Projekt ist neben dem Textbuch bloß ein Brief des Leipziger Operndirektors Walther Brügmann erhalten, in welchem dieser schreibt, daß Brecher am vorgeschlagenen Stoff überhaupt keinen Geschmack finden konnte, und deshalb Ettinger dringend von einer Vertonung abrät.[36] Während Brecher diesen früheren Operettenplan aus inhaltlichen Gründen zurückgewiesen hatte, führte er bei der Ablehnung des späteren zunächst ökonomische Erwägungen an.

> Wenn wir schon in den Opern-Spielplan künftig wieder Operetten mischen, so müssen es unbedingt zu 70% „erfolgssichere" oder wenigstens „erfolgs-wahrscheinlichere" Sujets sein (– meinetwegen sogar bewährtes Klischee –) als das vorliegende. Schlebe vertritt womöglich noch in verstärktem Maß auch diesen Standpunkt. Was unsereinen an Einzelheiten gefällt, hat gar nichts zu sagen für die kompakte Masse so eines Mittelstadt-Publikums; ich nenne Leipzig „Mittelstadt", in dieser Hinsicht im Verhältnis zu Berlin, Hamburg, München, Frkft., allenfalls (?) noch Köln, und, noch zweifelhafter, Dresden. Die eigentliche Provinzstadt verlangt andere Kost; für mehr als die Première langt der Kreis nicht. Nicht Satire, sondern positivistischen Kitsch wollen Kleinbürger und Arbeitermassen auf die es bei diesem Geschäft ankommt![37]

---

35   Brief von Max an Josi Ettinger 16. November 1931 aus Berlin (ICZ, Nachlaß Ettinger): „Brecher schrieb mir, daß er die Operette nicht brauchen kann! Es käme eventuell nur noch ein Versuch in Berlin in Betracht – aber wo?" Siehe auch Brief von Max an Josi Ettinger vom 24. November 1931 aus Berlin (ICZ, Nachlaß Ettinger): „Schicke Dir zu Deiner Zerstreuung die Briefe von Brecher, – reizend, aber eben nichts zu machen. Sans froh Frau Gräfin."
36   Brief Walther Brügmanns an Max Ettinger vom 6. März 1929 aus Leipzig (ICZ, Nachlaß Ettinger).
37   Brief Gustav Brechers an Max Ettinger vom 15. November 1931 aus Leipzig (ICZ, Nachlaß Ettinger).

Das Antwortschreiben Ettingers ist nicht erhalten, wohl aber Brechers Reaktion darauf:

> Sie haben vollkommen recht, daß Sie, wenn auch in gewohnt liebenswürdiger und konzilianter Weise, mir, Gustav Brecher, „eins auswischen". Mir bleibt gar nichts anderes übrig, als Ihnen von mir persönlich aus vollkommen recht zu geben. Etwas anderes ist es aber mit mir dem Opernleiter inmitten der heutigen mit Gift geladenen und gespannten Atmosphäre hier in Leipzig. Wenn ich heute nach den vielen und sehr berechtigten Angriffen gegen unser Operettenspielen jetzt ein Werk dieser Gattung aufführe, das möglicherweise nicht den erwünschten Kassenerfolg hat, so setzte ich mich nur schlimmsten Angriffen aus, die letzten Endes auch wieder nicht in Ihrem Interesse liegen würden; ist doch sogar schon ein Prozentsatz an Erfolg bei der letzten Prèger-Operette durch die Stimmungsmache der auf frisch-fröhlichen Theaterkrieg lauernden Opposition geschädigt worden. Ich kann nur wiederholen: Wenn ich etwas in den Spielplan heute aufnehme, so muß es entweder ein hochwertiges Stück der ernsten Opernliteratur sein oder eine solche Operette, von deren geschäftlichem Erfolg die Verwaltung und ich überzeugt sind oder richtiger gesagt, an dessen Chancen wir nach Maßgabe unserer Erfahrungen glauben dürfen. Bitte seien Sie nicht böse Ihrem Sie herzlichst grüßenden Brecher.[38]

Ein „hochwertiges Stück der ernsten Opernliteratur" oder eine geschäftlich erfolgreiche Operette waren Alternativen, denen Ettinger mit seinem geplanten Projekt nicht entsprechen konnte. Indirekt wurde der Komponist hierbei zum Opfer der Weltwirtschaftskrise, deren Auswirkungen Brecher vor eine kaum zu lösende Aufgabe stellten. Die vom Stadtrat verfügten Etatkürzungen zwangen ihn, den hohen Standard des Leipziger Theaters aufzugeben und auch Operetten jenseits des Straussschen und Offenbachschen Œuvres zu berücksichtigen. So wurde Ralph Benatzkys *Im weißen Rößl* allein in der Spielzeit 1931/32 61mal aufgeführt.[39] Zumindest ermöglichte der wirtschaftliche Erfolg dieser radikalen Maßnahme, den engagierten Plänen auch in schwieriger Zeit nachzugehen, wie die Leipziger Erstaufführung von Alban Bergs *Wozzeck* zeigt.

Brecher zollte den ökonomischen Forderungen der Zeit Tribut, um schließlich an den politischen zu scheitern. Bereits anläßlich der Uraufführung von Brechts und Weills *Aufstieg und Fall der Stadt*

---

38 Brief Gustav Brechers an Max Ettinger vom 21. November 1931 aus Leipzig (ICZ, Nachlaß Ettinger).

39 Jürgen Schebera: *Gustav Brecher und die Leipziger Oper 1923–33*, Leipzig 1990, S. 49.

Mahagonny am 9. März 1930 war es zu politischen Krawallen gekommen. Die Situation wurde für Brecher zunehmend kritisch und zu Beginn des Jahres 1933 unerträglich, denn ebenso wie der Gewandhauskapellmeister Bruno Walter war auch der Generalmusikdirektor wegen seiner „jüdischen Abstammung" für die Nationalsozialisten unhaltbar. Von Beginn an planten die neuen Machthaber in Leipzig die Absetzung Brechers, der schließlich Ende Februar 1933 entlassen wurde. *Der Silbersee* von Georg Kaiser und Kurt Weill war die letzte Uraufführung unter Brecher, deren politisches Gewicht zu einer regelrechten Wallfahrt führte, die sämtliche Theaterschaffende der Weimarer Republik nach Leipzig fahren ließ.[40] Der trotz der Störungen durch die Nazis außerordentliche Premierenerfolg besiegelte das Schicksal Gustav Brechers.

Nicht zuletzt wegen der ständig unsicherer werdenden politischen Lage blieb Ettinger nichts anderes übrig, als seine Arbeit auf die unterschiedlichsten Zweige auszuweiten. Deutlicher noch als die Lehrtätigkeit zeigt dies die Beschäftigung des Opernkomponisten mit Filmmusik. Vermutlich brachte Ettinger seine Anstellung am Sternschen Konservatorium, in deren Rahmen er auch Kurse für Tonfilmkomposition leitete, auf die Idee, Filmmusik zu schreiben.[41] So zeichnete er im Auftrag der Berliner Titania-Film GmbH für die Musik von insgesamt sieben Dokumentarfilmen verantwortlich, die allesamt im Jahr 1931 entstanden. Mit diesen Filmen über Norwegen, die Hafenstädte Brasiliens, über Chile und die Kordilleren sollten dem deutschen Publikum Gegenden nahegebracht werden, deren Besuch außer Reichweite stand.

Im darauffolgenden Jahr schrieb Ettinger schließlich die Musik für den Tonfilm *Knalleffekt*, der ebenso wie die Partitur verschollen ist. Aus dem im Nachlaß Ettingers aufbewahrten Drehbuch ist einzig ersichtlich, daß der Film einen gleichnamigen Schlager sowie Teile aus Giuseppe Verdis *Il Trovatore* enthielt.[42] Die banale Handlung steht freilich in keinem Verhältnis zu dem beträchtlichen Aufwand, der für die Verfilmung betrieben wurde. Während die musikalische Leitung bei Max Ettinger lag, führte Franz Ludwig Hörth, der Operndirektor

---

40 Ebenda, S. 88.
41 Vgl. Programm eines Sommerkurses für Tonfilmlehre von Mai bis Oktober 1931 am Sternschen Konservatorium in Berlin (ICZ, Nachlaß Ettinger).
42 Brief der Titania-Film GmbH an Max Ettinger vom 22. April 1936 aus Berlin (ICZ, Nachlaß Ettinger).

der Berliner Staatsoper, Regie, und Helge Roswaenge, der erste Tenor der Staatsoper, wurde als Hauptdarsteller sogar für ein ganzes Jahr engagiert. Sowohl der Produzent der Titania-Film GmbH als auch Max Ettinger versprachen sich von dem Film einen großen Erfolg. Derweil drängte Josi Ettinger wegen der besorgniserregenden politischen Entwicklung auf einen sofortigen Umzug ihres Mannes nach Ascona, was vor dem Hintergrund des laufenden Filmprojektes keinem der daran Beteiligten gelegen kam. Schließlich schrieb der Produzent nach Ascona, um Josi Ettinger von der Bedeutung des Films zu überzeugen und sie zu bitten, ihren Mann nicht weiter mit ihren Briefen zu „ärgern". Dabei unterließ er es nicht, auf die finanziellen Vorteile hinzuweisen, was in Anbetracht der chronischen Geldnot des Ehepaares Ettinger mit Sicherheit das schlagendste Argument war.

> [...] und es sind sonst noch namhafte Kräfte bei diesem Film beteiligt, und Du weißt wie wichtig das ist, daß Max zum ersten Mal im Tonfilm hereinkommt, die Musik dazu schreibt und in dauerndem Kontakt mit den Leuten endlich mal die gebührende Anerkennung dadurch finden kann. Er hat uns einen wunderschönen neuen Schlager geschrieben, muß jetzt alle Gesangseinlagen, die Roswaenge singt, bearbeiten; die ganze musikalische Leitung liegt in seinen Händen, und er kann doch nicht jetzt, nachdem er einmal die ganze Sache angefangen hat, plötzlich verreisen und alles liegen lassen. [...] Sei vernünftig, ärgere Max nicht weiter mit Briefen, da er ja selbst furchtbar unruhig ist und die ganze Zeit verreisen will, aber selbst eingesehen hat, daß die Sache viel zu wichtig ist, um jetzt alles im Stich zu lassen. Es ist der Anfang von seiner sogenannten Tonfilm-Karriere, von der wir uns alle sehr viel versprechen, denn schließlich kann er viel mehr als die anderen, und was beim Tonfilm verdient wird, kannst Du Dir selbst denken.[43]

Wie sehr Ettinger auf eine „Tonfilm-Karriere" hoffte und wie intensiv er sich mit weiteren Projekten auseinandersetzte, bezeugen mehrere im Nachlaß erhaltene Exposés: *Der Schneesturm* nach Puschkin, *Ein Schuß in den Nebel* nach Jens Peter Jacobsen, *Der Bindfaden* nach Boccaccios *Decamerone*, *Der Kammersänger* nach Frank Wedekind und Georg Büchners *Wozzeck*. Da jedoch zum einen der erwartete Erfolg von *Knalleffekt* ausblieb und zum anderen die politische Situation zunehmend unsicherer wurde, mußte Ettinger seine Hoffnungen auf eine Karriere als Komponist beim Tonfilm gänzlich aufgeben.

43 Brief des Produzenten der Titania-Film GmbH an Josi Ettinger vom 21. Juni 1932 aus Berlin (ICZ, Nachlaß Ettinger).

Als Max Ettinger 1930 nach Berlin gekommen war, hatte er hoffnungsvoll in die Zukunft blicken können. Er war Kompositionslehrer am Sternschen Konservatorium, Gustav Brecher hatte in Leipzig soeben seine Bearbeitung von Gaetano Donizettis *Lucia di Lammermoor* herausgebracht, und eine Karriere beim Tonfilm stand in Aussicht. Die Ernüchterung folgte nur zu bald: Nach wenigen Monaten verlor Ettinger seine Anstellung am Konservatorium, seine Opern wurden nicht mehr gespielt, seine Operettenpläne fanden keine Unterstützung, und Kompositionsaufträge für weitere Filmmusiken blieben aus. Alles in allem war Ettingers Berliner Zeit geprägt von zahlreichen Hoffnungen, vergeblichen Bemühungen und wachsender Resignation.

> Mit Flam war ich noch nicht zusammen. Ich hörte nur von der Debüser … wollen sehen. Auch die Verbindung zu Scherchen durch sie, – ich will ihn für „Frühl. Erw." interessieren, – vielleicht könnte man eine Aufführung zusammenbringen …
> Aber ich schreibe heute an Böhm … Morgen kommen Schulenburgs für einen Tag her, – wir sind dann bei Fr. Dolly zusammen.
> Ich warte auf Empfang bei Ebert.
> Ich warte auf Empfang bei Flenk
> Ich warte auf Antwort von Furtwängler
> Ich warte auf einen Film
> und ich könnte es beliebig fortsetzen. Und das nennst Du interessant und anregend?! Der Teufel soll es holen, – ich schmeiße alles hin und komme zu Dir[44]

Eine letzte Anerkennung erhielt Ettinger für seine *Alt-Englische Suite*, die Wilhelm Furtwängler erst in Hamburg und Berlin dirigierte und anschließend in das Programm für seine England-Tournee von 1932 aufnahm. Ettingers Versuche, Furtwängler auch für andere Werke, etwa die *Alte-Tanz-Suite*, zu interessieren, schlugen indessen fehl.[45] Kurze Zeit später versagte zudem Ernst Krenek seine Unterstützung bei der Suche nach Aufführungsmöglichkeiten für Ettingers Opern mit der Begründung, daß er selbst wegen seines *Karl V.* in schwierigen Verhandlungen mit der Wiener Staatsoper stecke und deswegen nichts für seinen Kollegen tun könne.[46]

44 Brief von Max an Josi Ettinger vom 19. November 1931 (ICZ, Nachlaß Ettinger).
45 Brief Wilhelm Furtwänglers an Max Ettinger vom 7. Juli 1933 aus Berlin (ICZ, Nachlaß Ettinger).
46 Brief Ernst Kreneks an Max Ettinger vom 9. April 1934 aus Wien (ICZ, Nachlaß Ettinger).

Trotz großer Anstrengung sollte es Max Ettinger nicht gelingen, als Komponist in Berlin Fuß zu fassen. Es kann deshalb nicht verwundern, daß in den Briefen an Josi der Wunsch, nach Ascona umzuziehen, immer lauter wurde.[47] Als ihm seine Frau mitteilte, daß in Ascona ein Kino eröffnet werden sollte, war er sogleich begeistert. Mit den Erfahrungen, die er bei der Titania-Film GmbH gesammelt hatte, sah er sich als idealen Leiter des neuen Kinos, woraus jedoch ebenfalls nichts wurde.[48] Schließlich zog Ettinger, ohne jegliche Aussicht auf Arbeit, im Sommer 1933 zu seiner Frau in die Schweiz.

Max Ettinger wurde von den politischen Umständen in ein Exil getrieben, das offiziell nicht als solches anerkannt war, da jüdische Flüchtlinge in der Schweiz erst ab Juli 1944 als an Leib und Leben gefährdet galten.[49] Er kam zu einem Zeitpunkt nach Ascona, als das Eidgenössische Justiz- und Polizeidepartement betreffend einreisender „Israeliten" klare Weisungen an die kantonalen Polizeibehörden erlassen hatte, wonach die Schweiz für jüdische Flüchtlinge ausschließlich als Durchgangsland galt. Erschwerend kam hinzu, daß neben der Staatszugehörigkeit auch der Status Ettingers permanent in der Schwebe lag. Obwohl Lemberg nach dem Ersten Weltkrieg polnisch geworden war, reiste der Komponist als österreichischer Staatsangehöriger in

47 Brief von Max an Josi Ettinger vom 10. Oktober 1931 (ICZ, Nachlaß Ettinger): „Ich möchte schrecklich gern zurück, denn hier ist es gar nicht schön und wird jeden Tag mieser. Aber anderseits wenn ‚Gott behüte der Frieden ausbricht', daß eines von meinen 1000 Unternehmungen wird, dann müßte ich ev. mein Kommen verschieben." Siehe auch Brief von Max an Josi Ettinger vom 1. November 1931 aus Berlin: „[…] und ich leide schon scheußlich unter Kleinigkeiten sogar, wie z. B. das Leben in möblierten Zimmern und was alles dazugehört! Und dann das immer aufs Neue vergebliche Mühen, und der-Welt-nachlaufen müssen … Nein, es ist kein leichtes Leben hier!" Brief von Max an Josi Ettinger vom 14. November 1931 aus Berlin: „100 Sachen habe ich angefangen, und nichts will werden, – wie eine Pechsträhne …"
48 Brief von Max an Josi Ettinger vom 24. November 1931 aus Berlin (ICZ, Nachlaß Ettinger): „Nun möchte ich wissen, wie Du auf die geradezu geniale Idee kommst, daß Meier ein Kino gegenüber Burgo bauen würde?! Der Platz dazu wäre ideal herrlich! Ich würde es mit meinen Beziehungen zum Film, -Verleiher und -Industrie ausgezeichnet leiten. Du hast doch zu niemandem etwas gesagt? Vorsicht, sonst macht es Meier mit jemand anders. Sind Meiers zu Weihnachten da? Ich bringe einen fertigen Plan mit. Es wäre ein sicheres Geschäft …".
49 Carl Ludwig: *Die Flüchtlingspolitik der Schweiz seit 1933 bis zur Gegenwart (1957)*, Bern 1966, S. 294.

die Schweiz ein. Im Melderegister der Stadt Zürich wurde er im Jahr 1940 jedoch als Deutscher und 1945 als Staatenloser geführt, was als Folge der allgemeinen Ausbürgerung jüdischer Emigranten von 1941 zu verstehen ist.[50] Die erste Bestätigung von Ettingers Flüchtlingsstatus findet sich erst für das Jahr 1950 – fünf Jahre nach Kriegsende![51]

An die lange Zeit verweigerte Anerkennung des Flüchtlingsstatus' jüdischer Emigranten war ein allgemeines Erwerbsverbot geknüpft, das selbst unentgeltliche Arbeit jeglicher Art mit einschloß.[52] Die einschneidende Wirkung, die die jederzeit mögliche Ausweisung und das Erwerbsverbot auf Ettingers Leben hatten, kann wohl kaum überschätzt werden. Mit dem Erwerbsverbot gingen gravierende finanzielle Schwierigkeiten einher, die existenziell wurden, als Ettingers Haus – die von Josi Ettinger betriebene Pension – einem Bankenkonkurs zum Opfer fiel. So finden sich im Nachlaß Ettingers Briefe des Verbandes Schweizerisch Israelitischer Armenpflege, der Ettinger für 1938 und 1943 finanzielle Unterstützung zusagte.[53]

Max Ettingers Schweizer Jahre standen in engem Zusammenhang mit der Israelitischen Cultusgemeinde Zürich ICZ, deren Mitglieder weitgehend sein einziger Kontakt zur Umwelt gewesen zu sein scheinen. Es lag daher für den kinderlos gebliebenen Komponisten nahe, seinen Nachlaß der ICZ zu vermachen. Daß anläßlich der Einweihungsfeier des neuen Gebäudes der Israelitischen Cultusgemeinde im Jahre 1939 Ettingers Oratorium *Das Lied von Moses* gespielt wurde, zeigt, in welchem Maße die jüdische Gemeinde sich dem Komponisten verbunden fühlte. Die Zusammenarbeit mit dem Männerchor *HASOMIR* und dem Zürcher *Omanut*, dem Verein zur Förderung jüdischer Kultur in der Schweiz, ermöglichte Ettinger wenigstens sporadische Aufführungen seiner Werke. Auch nach dem Krieg blieb Ettinger dem jüdischen Umfeld verbunden, indem er neben seiner Tätigkeit als Komponist jüdischen Flüchtlingskindern Singstunden und Religionsunterricht erteilte.

---

50 Melderegister der Stadt Zürich (Stadtarchiv Zürich, ohne Signatur).
51 Bescheinigung der IRO vom 28. April 1950 (ICZ, Nachlaß Ettinger).
52 Carl Ludwig: *Die Flüchtlingspolitik der Schweiz seit 1933 bis zur Gegenwart (1957)* (wie Anm. 49), S. 52–54.
53 Briefe des Verbandes Schweizer Israelitischer Armenpflege an Max Ettinger vom 23. November 1938 und 15. Februar 1943 (ICZ, Nachlaß Ettinger).

Neben dem engen Kontakt zur jüdischen Gemeinde finden sich keine Hinweise auf Versuche Ettingers, sich ins Schweizer Musikleben einzugliedern; selbst ein Aufnahmeantrag für den Schweizer Tonkünstlerverein fehlt. Insofern kann es nicht erstaunen, daß Ettingers zwanzigjähriger Aufenthalt in der Schweiz außerhalb jüdischer Kreise nur selten wahrgenommen wurde. Ausnahmen bilden allein die wenigen Aufführungen von Ettingers Oratorien in der Zürcher Tonhalle – deren finanzielles Risiko er in der Regel selbst zu tragen hatte – sowie die gelegentlich vom Schweizer Rundfunk übertragenen Werke.

> 1938 sandte Radio Bern meine „Juana" in einer ausgezeichneten Wiedergabe, 1939 mein Vocalquartett nach den berühmten Rubayat des persischen Dichters Omar Chajjam, 1940 ein neues Vocalquartett nach Fabeln von Lafontaine. Für das Radio Monte Ceneri bearbeitete ich auf Bestellung fünf Psalmen des italienischen Meisters Benedetto Marcello, die dann wiederholt gesendet wurden.[54]

Die Kompositionen, die Ettinger nach seinem Gang ins Schweizer Exil verfaßte, unterscheiden sich in zweierlei Hinsicht wesentlich von den früheren. Erstens weisen sie keine Opuszahlen mehr auf, sind jedoch datiert, und zweitens ist ein auf jüdische Themen hin verlagerter Schwerpunkt erkennbar. Indem sich Ettinger dem Jüdischen zuwandte, kehrte er nicht bloß im abstrakten Sinn zu den Wurzeln seines Volkes, sondern auch zu seinen persönlichen Ursprüngen zurück.

> [...] daß ich einer der wenigen jüdischen Komponisten bin, der aus einer alten, orthodoxen Familie stammt, dessen Vorfahren berühmte Gelehrte waren und der in seiner Jugend noch fleißig Talmud studierte, also das Judentum wirklich kennt und erlebt hat.[55]

Den Auftakt zu seiner von jüdischer Thematik geprägten Schaffensphase bildete *Das Lied von Moses*. Für den Berliner Chor der Prinz-Regenten-Synagoge unter Leitung von Leo Kopf geschrieben, fand die Uraufführung des Oratoriums im September 1936 anläßlich einer Bialik-Tagung des Zionistischen Vereins im Berliner Bach-Saal statt, „was aber für die nichtzionistischen Kreise Grund genug war, der Veranstaltung fernzubleiben …".[56] Dieser Umstand sollte von da an in

---

54 Max Ettinger: Wollen und Geschehen (wie Anm. 1), S. 29.
55 Brief Max Ettingers an Salli Levi vom 10. März 1937 aus Ascona (ICZ, Nachlaß Ettinger).
56 Max Ettinger: Wollen und Geschehen (wie Anm. 1), S. 29.

mehr oder weniger gravierender Weise alle Aufführungen von Ettingers Werken prägen, besonders jedoch die beiden während des Krieges in Zürich aus der Taufe gehobenen Oratorien *Königin Esther* und *Jiddisch Lebn*. Die Reihe von Ettingers geistlichen Chorwerken gipfelte schließlich im 1947 komponierten *Jiddisch Requiem*, einer Totenklage für die Opfer des Krieges. Darin verknüpfte er Dichtungen von Lajser Aychenrand und Chaim Nachman Bialik zu einem Text, in dessen Zentrum die Bitte um Ruhe für die Toten steht. Das Oratorium endet mit dem hoffnungsvollen Trost: „Auch für uns kommt besseres und schöneres Erleben." Wie aus seinem Aufsatz zum *Requiem* ersichtlich ist, verstand Ettinger diesen Ausspruch nicht als Zeichen bloßer Hoffnung, sondern durchaus als warnende Mahnung an alle Nicht-Juden. „Qui mange d'Israël – en meurt …"[57]

Bezüglich seiner Hinwendung zu jüdischen Themen drängt sich die Vermutung auf, daß Ettinger in die Reihe jener Komponisten einzureihen ist, die mit dem Ziel einer genuin „jüdischen Kunstmusik" zum Selbstverständnis ihres Volkes beitragen wollten. Der Ausgangspunkt für die Entwicklung einer dezidiert „jüdischen Kunstmusik" lag im Schaffen der russischen Komponisten um Rimsky-Korsakoff, deren Impulse die Diskussion über die Besonderheiten „jüdischer Musik" ausgelöst hatten.[58] In der Regel wird die um 1900 in Rußland einsetzende Tätigkeit Joel Engels, die in der 1908 gegründeten *Gesellschaft für jüdische Volksmusik* gipfelte, als erste Periode auf dem Weg zur „jüdischen Kunstmusik" bezeichnet.[59] In diesen Kontext gehören außerdem die Sammlungen Abraham Zebi Idelsohns, der zu Beginn des 20. Jahrhunderts seine musikethnographische Arbeit in Palästina begann. Nachdem die Lieder gesammelt worden waren, stellte ihre Harmonisierung den nächsten Schritt dar, wobei die Skepsis gegenüber solchem Vorgehen die Diskussion über eine „jüdische Musik" bereits in den 1920er Jahren prägte. Obwohl in den meisten Fällen abgelehnt, wurde der Harmonisierung zumindest die positive Wirkung zugestanden, westliche Ohren an „jüdische Musik" zu gewöhnen und dadurch den Weg zur „jüdischen Kunstmusik", dem

---

[57] Max Ettinger: Jiddisch Requiem II, in: *Israelitisches Wochenblatt* 48 (1948), H. 41, S. 27.

[58] Lenonid Leonidovic Sabaneev: *Die nationale jüdische Schule in der Musik*, Wien etc. 1927.

[59] Vgl. Joachim Stutschewsky: *Mein Weg zur jüdischen Musik*, Wien 1935, S. 21.

eigentlichen Ziel der Bemühungen, zu ebnen.⁶⁰ Ausschließlich im Kontext einer Nationalmusik erscheint es möglich, Musik in direkte Relation zu einem Volk zu bringen. In diesem Sinne werden die nationalen Eigenschaften zum zentralen, die Kompositionsweise prägenden Element. Das Judentum paßt insofern in dieses Schema, als die Juden als Volk ohne Land definiert werden, deren Heimat die „gemeinsame Geschichte, Volkszugehörigkeit, der Glauben sowie das Sein und Werden" ist.⁶¹ Um gemäß dieser Auffassung „jüdische Musik" komponieren zu können, ist es ausschlaggebend, sich zu seinen Wurzeln zu bekennen, denn „die jüdische Musik ist ein glühendes und unmittelbares Bekenntnis zum eigenen Volkstum!"⁶²

Die Möglichkeit einer „jüdischen Musik" steht und fällt mit der Prämisse, daß dem Nationalen im Kompositionsvorgang eine grundsätzliche Bedeutung zukommt. Ettinger war sich der Problematik einer „jüdischen Musik" durchaus bewußt, was sowohl in einem Berner Referat von 1936 als auch in seinem Briefwechsel mit Salli Levy deutlich wird.⁶³ So begrüßte er die Gründung sowie die Aktivitäten des *World Center for Jewish Music in Palestine* und stellte sich der Organisation vollständig zur Verfügung, gab jedoch gleichzeitig seiner Kritik an der Idee einer „jüdischen Musik" Ausdruck.

> Denn es erhebt sich leicht die Frage: gibt es eine Jüdische Musik? Und wir wollen doch nicht gleich ins nationalistische Fahrwasser … Ich könnte noch viel darüber sagen, aber der Raum gestattet dies nicht – und Sie verstehen mich

---

60 Sabaneev: *Die nationale jüdische Schule in der Musik* (wie Anm. 58), S. 14: „Übrigens zeitigte dieser Kampf des Organismus der Volkslieder mit den Impressionen europäischer Formen schließlich ein positives Ergebnis, indem er die Möglichkeiten erleichtert hat, in das Wesen des jüdischen Nationalmelos einzudringen." Siehe auch Heinrich Berl: *Das Judentum in der Musik*, Stuttgart etc. 1926, S. 104: „‚Drüben' hat man keine starre Melodie auf einen Text; es gibt nur einen melodischen Keim, aus dem heraus jeder singt: ein durchaus schöpferisches Verhältnis zur Melodie. Diese schöpferische Dynamik ist der westliche Mensch nicht gewöhnt. Darum verlangt er nach einer starren Festlegung der Melodie, denn nur so vermag er sie in sich aufzunehmen. Und daraus ergibt sich die Notwendigkeit der Bearbeitung."
61 Stutschewsky: *Mein Weg zur jüdischen Musik* (wie Anm. 59), S. 31.
62 Ebenda, S. 33.
63 Max Ettinger: *Jüdische Musik*, Referat aus dem Jahr 1936 (Typoskript: ICZ, Nachlaß Ettinger). Briefe Max Ettingers an Salli Levy vom 10. März und 17. Dezember 1937 aus Ascona (ICZ, Nachlaß Ettinger).

sicherlich. Der beste und richtigste Titel [für die Zeitschrift des Weltzentrums jüdischer Musik] wäre: Musik der Juden!, weil er alles in sich schließt. […] und es müßte nicht nur „jüdisches" sein, – eben nur: Musik von Juden.[64]

Zeitgleich mit dem *Jiddisch Requiem* – und über ein Jahrzehnt nach der Oper *Dolores* – komponierte Ettinger mit dem Ballett *Der Dybuk* sein letztes Bühnenwerk. Da Heinz Rosen, der Ballettdirektor des Basler Theaters, den *Dybuk* mit seiner Kompanie uraufführen wollte, arbeitete Ettinger von Beginn an mit ihm zusammen. Die Inszenierung in Basel war so gut wie versprochen, außer daß der Theaterdirektor Egon Neudegg im Juni 1947 eine definitive Zusage von dem noch fertigzustellenden dritten Akt abhängig machte: „Ich möchte gerne Ihr Werk auf das Generalrepertoire für die Saison 1947/48 nehmen, kann es aber nicht eher offiziell darauf setzen, bis ich es vollkommen kennengelernt habe."[65] Bereits fünf Tage später bestätigte das Theater Basel, den dritten Akt erhalten zu haben, so daß der nächste Schritt darin bestand, den Termin für ein Vorspielen des *Dybuk* zu finden. Zunächst wurde der Termin auf den 27. September angesetzt, dann auf den 13. Oktober, etwas später auf den 18. Oktober 1947 und schließlich auf September 1948 verschoben, bis gar der „Klavierauszug des DYBUK auf eine uns unerklärliche Weise unauffindbar geworden" war und erst ein neuer angefertigt werden mußte.[66] Aller Wahrscheinlichkeit nach fand ein Vorspielen ebensowenig statt wie es auch bis heute zu keiner Aufführung gekommen ist. Heinz Rosen, der die Hoffnung noch nicht aufgegeben hatte, legte der Theaterleitung wiederholt eine Aufführung nahe – vergeblich.[67]

Das Basler Theater scheint dem Komponisten keinerlei Begründung für die schleichende Absage gegeben zu haben, die in Anbetracht der anfänglichen Zusicherung erstaunen muß. Aufschlußreich erscheint einzig eine Neujahrskarte von Heinz Rosen an Max Ettinger: „Wenn auch die Leute hier den Knie-Schlotter haben und nicht

---

64 Brief Max Ettingers an Salli Levi vom 10. März 1937 aus Ascona (ICZ, Nachlaß Ettinger).
65 Brief Egon Neudeggs an Max Ettinger vom 13. Juni 1947 aus Basel (ICZ, Nachlaß Ettinger).
66 Brief Egon Neudeggs an Max Ettinger vom 1. September 1948 aus Basel (ICZ, Nachlaß Ettinger).
67 Brief Heinz Rosens an Egon Neudegg vom 13. November 1947 aus Basel (ICZ, Nachlaß Ettinger).

wagen, in der jetzigen Situation ein Ballett mit jüdischem Thema zu geben – wir werden es doch geben – und hoffentlich bald!!"[68]

Ettingers Ballett *Der Dybuk* basiert auf der gleichnamigen dramatischen Legende aus dem Umfeld der Chassidim von Solomon Rappoport-Ansky. Während die Vorlage in der Sprache der Chassidim, in Jiddisch, steht, entschied sich Ettinger für eine Übersetzung ins Deutsche, da sowohl der Sopran als auch die Flüsterstimme die Handlung kommentieren und zur Verständlichkeit beitragen sollten. Die Legende erzählt die Geschichte von der unglücklichen Liebe Leas und Chanans, die zum Tod des Verliebten führt, worauf dieser als Dybuk in die Geliebte einfährt. Als der Wunderrabbi versucht, den Geist aus Lea auszutreiben, stirbt auch diese und findet zusammen mit Chanan die Erfüllung ihrer Liebe im Jenseits.

Der Chassidismus basiert auf der Überzeugung, daß der Mensch nur durch ein Leben in Hoffnung und Freude zu Gott gelangen könne und nicht durch Askese, wie sie von der Kabbala vorgeschrieben wird. Ausgehend von diesem Grundgedanken werden Musik und Tanz als feste Bestandteile in die Religionsausübung einbezogen, was dem Chassidismus einen großen Zulauf bescherte.[69] Dementsprechend spielen Musik und Tanz mit ihrer andauernden Präsenz auch im *Dybuk* eine herausragende Rolle. Einerseits erfüllt die Musik folkloristische Zwecke bei der Verkündung der bevorstehenden Hochzeit Leas durch den Brautvater, der Hochzeitsfeier und bei dem im chassidischen Brauchtum verwurzelten Tanz der Braut mit armen Frauen. Andererseits übernimmt sie eine religiöse Funktion in den Gebetsszenen der Talmudschüler und bei der Austreibung des Dybuk aus Lea. In Anbetracht der handlungstragenden Rolle der Musik scheint sich eine Vertonung des Stoffes förmlich aufzudrängen, eine Idee, die neben Max Ettinger etwa auch Joel Engel, Leonard Bernstein, Michael White verwirklichten.[70]

---

68   Karte Heinz Rosens an Max Ettinger vom 31. Dezember 1947 aus Basel (ICZ, Nachlaß Ettinger).
69   Norman Lamm: The religious thought of Hasidim. Text and Commentary, in: *Sources and Studies in Kabbalah, Hasidism and Jewish Thought*, Bd. 4, hrsg. von Norman Lamm, New York 1999, S. 400–401.
70   Bühnenmusik: *Hadybuk* (1924) von Joel Engel. Opern: *Il Dibuk* (1928–30) von Lodovico Rocca; *The Dybbuk* (1928–31) von David Tamkin; *The Dybbuk* (1960–62) von Michael White; *Der Dybuk* von Karl Heinz Füssl (1970). Ballette: *The Dybbuk* (1974) von Leonard Bernstein; *The Dybbuk* (1977) von Robert Starer.

Die stilisiert anmutende Legende Anskys ist geprägt von einer stilistischen Diskrepanz, die vom Gegensatz zwischen den in gewählter Sprache geführten Dialogen und der folkloristisch motivierten Musik herrührt.[71] In Ettingers *Dybuk* spielt dieser Antagonismus keine Rolle, da mit den Dialogen auch sämtliche religiösen Diskussionen und somit die rationalen Aspekte der Handlung fehlen. Die in den Gesprächen von Anskys Vorlage hervortretenden Zweifel der Protagonisten, die deren Innenwelt kennzeichnen, werden ausgeblendet und das Geschehen auf die sichtbare Handlung reduziert. Während bereits in Anskys Legende der Dybuk, welcher der unglücklichen Liebe Chanans und Leas entspringt, im Mittelpunkt steht, werden in Ettingers Ballett alle anderen Handlungsstränge so vollständig gekappt, daß er zum alleinigen Thema avanciert.

Um die oft innerlich ablaufenden Prozesse für ein Handlungsballett verwendbar zu machen, nahmen Ettinger und Rosen kleinere Ergänzungen an der Legende vor. So werden in Anskys zweitem Akt die Erlebnisse Leas auf dem Friedhof ausschließlich in Form von Berichten Dritter wiedergegeben, wohingegen es im Ballett zu einer sichtbaren Szene kommt, in der Chanan einen zentralen tänzerischen Auftritt erhält. Des weiteren zog Ettinger den dritten und vierten Akt der Vorlage, die beide im Haus des Reb Azriel spielen, zu einem einzigen Akt zusammen. Ist es in Anskys Legende erst möglich, den Dybuk auszutreiben, nachdem ein jüdisches Tribunal sein Urteil gefällt hat, so spielt sich in Ettingers Ballett eine direkte Auseinandersetzung zwischen dem Wunderrabbi Reb Azriel und der vom Dybuk besessenen Lea ab. Die zahlreichen Versuche des Rabbis, den Dybuk zu vertreiben, und die Reaktionen Leas darauf lassen den dritten Akt des Balletts zu einem sich ekstatisch steigernden Tanz werden.

Jeder der drei Akte wird im Sinne eines Mottos mit einem kurzen Sopransolo eröffnet, das formal an denjenigen Vierzeiler anknüpft, mit welchem Anskys Legende beginnt und endet. Auf den Sopraneinsatz folgt jeweils unmittelbar eine Flüsterstimme, die die in der Legende enthaltenen Dialoge kurz paraphrasiert und damit zum Verständnis der Handlung beiträgt.

---

71 Solomon Ansky: *The Dybuk and other writings*, hrsg. von David G. Roskies, New York 1992, S. XXVI.

Notenbeispiel 6: *Der Dybuk*, I. Akt, 1. Bild (Takte 1–33)[72]

72 Max Ettinger: *Der Dybuk*, Ballett in 3 Akten, Szenario nach der Legende von Ansky von Heinz Rosen, Klavierauszug, autographe Reinschrift, [s. a.], in der Israelitischen Cultusgemeinde Zürich, S. 1–2. Abdruck mit freundlicher Genehmigung der Israelitischen Cultusgemeinde Zürich.

Neben diesen eröffnenden vokalen Partien fügt sich das Werk aus geschlossenen instrumentalen Stücken zusammen. Die kurz gehaltenen Teile entsprechen direkt dem szenischen Ablauf des Librettos, dessen Verständnis nicht zuletzt durch die bestechende Einfachheit des musikalischen Satzes erleichtert wird. Vergleichbar mit der unangetasteten Textverständlichkeit, die das primäre Ziel in den um

Jahre früher fertiggestellten Opern Ettingers darstellte, nimmt im *Dybuk* die optische Sinnfälligkeit der Handlung die zentrale Stelle ein. Sie wird durch die klar hörbare Kleingliedrigkeit der Musik insofern unterstützt, als die Abgrenzung der szenischen Teile akustisch nachdrücklich verdeutlicht wird.

Ettingers Ablehnung einer nationalen jüdischen Musik spiegelt sich in gewisser Weise auch in seinem *Dybuk* wider: Obwohl die Wahl des Sujets die Absicht suggeriert, jüdische Musik zu schreiben, ist in Ettingers Ballett eine klare Distanz zu solchem Vorhaben erkennbar. Selbstverständlich steht außer Frage, daß die Legende Anskys einen hohen jüdischen Symbolgehalt aufweist, der jedoch für Ettinger offenbar nur in thematischer Hinsicht entscheidend gewesen ist. Wie die Konzentration auf jüdische Themen in seiner Exilzeit zeigt, besteht auch beim *Dybuk* der Zweck der gewählten Stoffvorlage darin, dem Publikum jüdische Traditionen nahezubringen. Dies tritt hier um so deutlicher zutage, als gerade im Unterschied zu den früheren Kompositionen mit jüdischer Thematik das Ballett für das Basler Theater und damit für ein überwiegend nicht-jüdisches Publikum geschrieben wurde. Jüdisches Gedankengut weiterzugeben, ohne dabei in das Fahrwasser einer Nationalmusik zu geraten, scheint Ettingers Absicht bei seinen Kompositionen mit jüdischer Thematik gewesen zu sein.

Da das Bestreben, spezifisch Jüdisches in der Musik zu suchen, Max Ettinger fremd war, kann es nicht verwundern, daß in seinem Werk weder in melodischer noch in harmonischer oder formaler Hinsicht Ansätze zu einer „jüdischen Kunstmusik" (wie auch immer diese aussehen mag) erkennbar sind. Ettingers Tonsprache unterscheidet sich weder im *Dybuk* noch in den übrigen Werken mit jüdischer Thematik grundsätzlich von seinen Kompositionen aus der Zeit vor dem Exil. Selbst die wiederholt aufgegriffenen jiddischen Volkslieder werden – vergleichbar mit den Textvorlagen in seinen Opern – als unveränderlich gegeben behandelt und dringen nicht tiefer in die musikalische Faktur ein. Schließlich bilden die Zurücknahme musikalischer Mittel, die auf der Tonalität beharrende Harmonik sowie die grundsätzliche Kleingliedrigkeit der Form maßgebende Konstanten von Ettingers gesamtem Schaffen. Obwohl mit der Neuorientierung im Exil ein thematischer Wechsel hin zu jüdischen Stoffen einhergeht, bleibt sich Ettinger in der Verwendung musikalischer Mittel treu.

Abbildungen
Mit freundlicher Genehmigung der Israelitischen Cultusgemeinde Zürich

Abbildung 1: Max Ettinger (links) mit seinen Brüdern.
Foto: D. Leopold, Lemberg

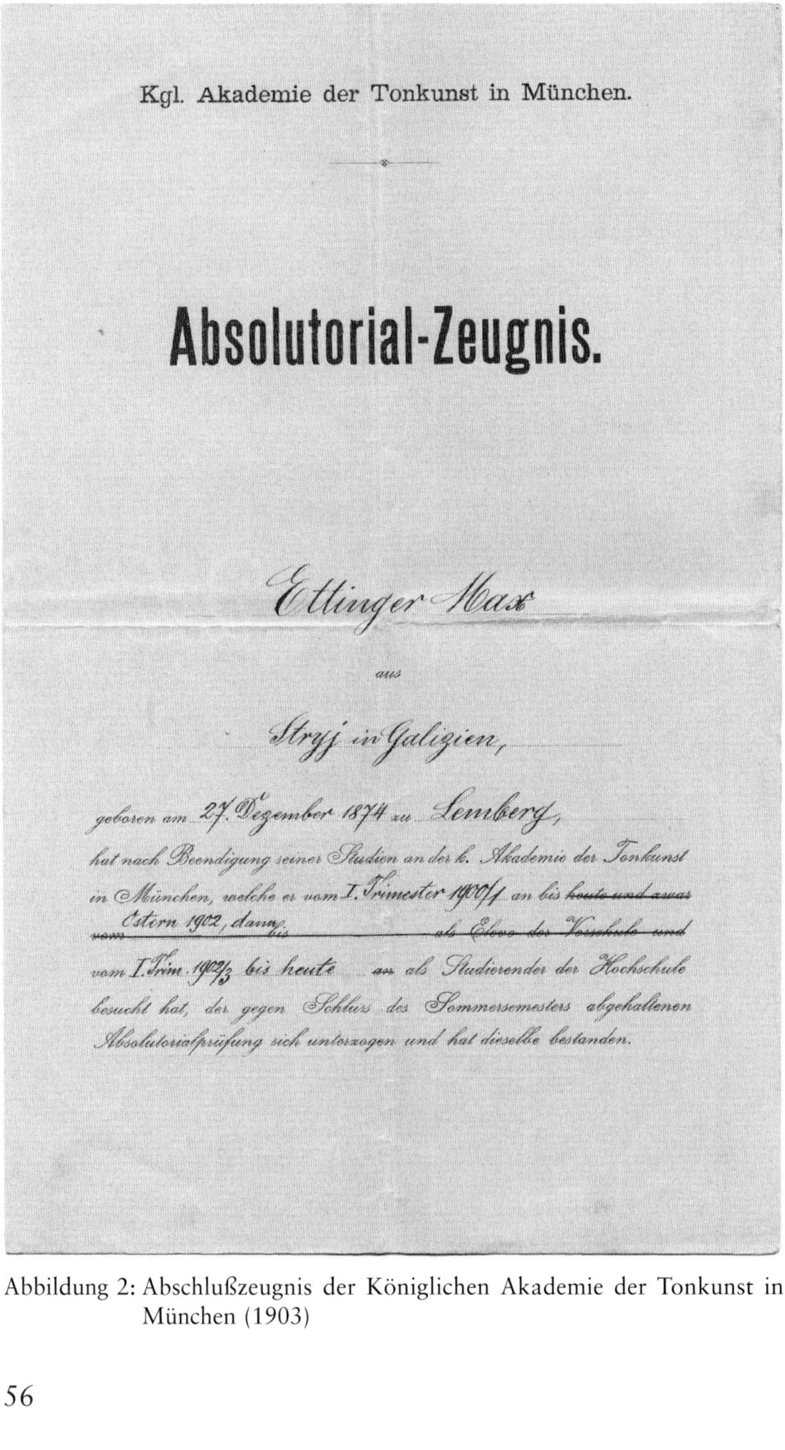

Kgl. Akademie der Tonkunst in München.

Absolutorial-Zeugnis.

Ettinger Max

aus

Stryj in Galizien,

geboren am 27. Dezember 1874 zu Lemberg,

hat nach Beendigung seiner Studien an der k. Akademie der Tonkunst in München, welche er vom I. Trimester 1900/1 an bis ~~heute und zwar~~ Ostern 1902, dann ~~vom~~ bis ~~als Eleve der Vorschule und~~ vom I. Trim. 1902/3 bis heute ~~an~~ als Studierender der Hochschule besucht hat, der gegen Schluss des Sommersemesters abgehaltenen Absolutorialprüfung sich unterzogen und hat dieselbe bestanden.

Abbildung 2: Abschlußzeugnis der Königlichen Akademie der Tonkunst in München (1903)

Nach den bei der Prüfung abgelegten Proben lassen sich seine Leistungen bezeichnen, wie folgt:

in de*m* Hauptfache

Kontrapunkt als gute,

in den obligatorischen Fächern (Nebenfächern):

Klavier als genügende,
Chorgesang als sehr gute,
Musikgeschichte als genügende.

Bemerkungen:

München, den 4. Juli 1903.

Der k. Ministerialkommissär: Der k. Direktor:

Abstufung der Noten: Sehr gut = I, gut = II, genügend = III, ungenügend = IV.

Abbildung 3: Max Ettinger.
    Foto: Freya Krah, Kiel

Abbildung 4: Max Ettinger.
    Foto: Freya Krah, Kiel

Abbildung 5: Max Ettinger (1928).
    Foto: Pieperhoff, Leipzig

Abbildung 6: Max Ettinger (1928).
    Foto: Pieperhoff, Leipzig

Abbildung 7:
Max Ettinger (1928).
Foto: Pieperhoff, Leipzig

Abbildung 8:
Max und Josi Ettinger
in Ascona

Abbildung 9:
Josi Ettinger in Ascona

Abbildung 10:
Max Ettinger in Ascona

Abbildung 11: Josi Ettinger in Ascona

Dokumente

Verzeichnis der Schriften von Max Ettinger

Aufsätze und Zeitungsartikel

Alte Hebräische Melodien bei einem Alt-Italienischen Meister, in: *Schweizerische Musikzeitschrift* 85 (1945), H. 2, S. 49–50.

Alt-englische Suite (Meister des 17. Jahrhunderts) bearbeitet für großes Orchester [Autorschaft nicht eindeutig geklärt], in: [?] [Kopie: ICZ, Nachlaß Ettinger].

Der Esther-Stoff. Zur Uraufführung meines Biblischen Oratoriums „Königin Esther", in: *Israelitisches Wochenblatt* 46 (1946), H. 43, S. 11 [1. Teil], sowie 46 (1946), H. 44, S. 13 [2. Teil].

Der Schrei nach dem Text, in: *Ikarus. Im Flug durch die große Welt* [Berlin: Luftfahrt-Verlag] 4 (1928), S. 18.

Die Musik der Araber, in: [?], 10. Jg., S. 1035–1037 [Kopie: ICZ, Nachlaß Ettinger].

Ein großer deutscher Künstler [Hans Pfitzner], in: [?], 10. Jg., S. 503–504 [Kopie: ICZ, Nachlaß Ettinger].

Gedanken über Film und Musik, in: *Freiburger Zeitung* vom 18. September 1929, Nr. 255, Zweites Abendblatt.

Gegenwart und Zukunft der Oper, in: [?], S. 136 [Kopie: ICZ, Nachlaß Ettinger].

Goethes Beziehung zur Musik, in: *Das Prisma. Blätter der Vereinigten Stadttheater Duisburg-Bochum* 2 (1926), H. 17, S. 177–181, sowie in: *Süddeutscher Musik-Kurier. Fränkischer Kurier* vom 23. Februar 1926, S. 8.

Italienische Kammermusik, in: *Musikblätter des Anbruch* 9 (1926), H. 1, S. 38–39.

„Jiddisch Requiem", in: *Israelitisches Wochenblatt* 48 (1948), H. 40 (1948), S. 33 [1. Teil], sowie 48 (1948), H. 41, S. 27.

Komponist und Dirigent. Eine Phantasie, in: *Das Prisma. Blätter der Vereinigten Stadttheater Bochum-Duisburg* 6 (1930), S. 57–59 [Kopie: ICZ, Nachlaß Ettinger].

Max Ettingers Weg und Werk, in: *Israelitisches Wochenblatt* 49 (1949), H. 51, S. 33.

Max Hofmüller, in: [?], S. 126–128 [Kopie: ICZ, Nachlaß Ettinger].

Mordechai Gebirtig zum Gedenken, in: *Israelitisches Wochenblatt* 49 (1949), H. 2, S. 28.

Münchner Theaterkunst, in: [?], S. 183–186 [Kopie: ICZ, Nachlaß Ettinger].

Opernfunk – Funkoper!, in: *Funk. Die Wochenschrift des Funkwesens* [Berlin] (1930), H. 21, S. 110.

Opern für den Rundfunk, in: *Funk. Die Wochenschrift des Funkwesens* [Berlin] (1930), H. 13, S. 75–76.

Opernprobleme, in: *Blätter des Hamburger Staatstheaters* 1926/27, H. 4, S. 1–3.
Parsifal, Richard Strauss und – Bold, in: [?], 10. Jg., S. 1226 [Kopie: ICZ, Nachlaß Ettinger].
Paul Graener. Sein Leben und Schaffen, in: *Theaterzeitung der staatlichen Bühnen Münchens* 1 (1929), Nr. 5, S. 1–3, sowie in: *Weimarer Blätter* vom Juni 1920, S. 310–314.
Reichs-Schulmusikwoche in München, in: *Berliner Tagblatt* vom 1. November 1928, Nr. 517.
Selbsterziehung des Rundfunkhörers. Betrachtung und Mahnung!, in: *Funk. Die Wochenschrift des Funkwesens* [Berlin] (1930), H. 10, S. 37–38.
Volksbühne und Oper, in: *Welttheater* (1928), S. 100–101.
Warum ich Wedekinds „Frühlings-Erwachen" zur Oper machte, in: [*Freiburger Zeitung?*] [Kopie: ICZ, Nachlaß Ettinger].
„Weisheit des Orients" op. 24, in: *Allgemeine Musik-Zeitung* 48 (1921), S. 407–409.
Wollen und Geschehen. Rückschau zum 70. Geburtstag, in: *Israelitisches Wochenblatt* 44 (1944), H. 51, S. 29.
Zum Problem der Oper, in: *Halbmonatsschrift für das deutsche Theater. Amtliches Organ der Genossenschaft deutscher Bühnenangehöriger* 55 (1926), H. 2, S. 21–25.

Rezensionen

„Beethoven und die Gestalt" von Fritz Cassirer (Berlin/Leipzig: Deutsche Verlagsanstalt, 1925), in:
— *Musikblätter des Anbruch* 8 (1925), S. 341–342.
— *Musik-Blatt der Vossischen Zeitung* vom 2. Mai 1925, S. 1.
— *Die Musik* 17 (1925), S. 459–460.
Zahlreiche Zeitungsrezensionen für den *Berliner Börsen-Courier* und die *Münchener Neusten Nachrichten* aus den 1920er Jahren [Kopien: ICZ, Nachlaß Ettinger].

Ausgewählte Aufsätze von Max Ettinger

Max Ettinger: *Zum Problem der Oper*

In: *Halbmonatsschrift für das deutsche Theater. Amtliches Organ der Genossenschaft deutscher Bühnenangehöriger* 55 (1926), H. 2, S. 21–25.

Nachstehender bekenntnisreicher Aufsatz aus der Feder Max Ettingers, dessen Operneinakter „Juana" und „Der eifersüchtige Trinker" vor einiger Zeit im Nürnberger Stadttheater und dessen „Clavigo" nach Goethe kürzlich an der Leipziger Oper ihre Uraufführung erlebten, ist deshalb besonders beachtenswert, weil Ettinger reiche Gaben sowohl des Schaffenden wie des Kritikers in sich vereinigt.

Die Dinge sind allmählich so kompliziert geworden, daß nichts übrig bleibt, als sie einmal ganz einfach anzufassen. Festzustellen ist zuerst, daß dieses merkwürdige Kunstgebilde, dieses mixtum compositum, trotz aller Anfeindungen, trotz öfteren Grabesgeläutes immer noch lebt und stärkste Anziehung auf das Publikum und auf den schaffenden Musiker ausübt. Sie ist, was man so nennt, nicht umzubringen. Während jedes Musikwerk seine besondere Benennung hat: Sonate, Symphonie, Kantate, Choral, Lied usw., heißt Oper: „Werk" schlechthin. Ja sogar der Zusatz Musikwerk – „opera in musica" – ist fortgefallen; Oper, Werk schlechthin. Das Musikwerk. Versucht es doch alle Elemente der Musik in sich zu vereinen: *absolute* Musik, vom Tanz herkommend, dieser aus *Gebärde* und *Bewegung* entstanden, und *Vokal*musik, vom Lied herkommend, dieses aus dem *Laut* entstanden. Aus dem Laut entstand auch die Sprache, die Quelle der Dichtung – eine Vereinigung also von Musik und Dichtung. Oper – ein Bühnenwerk mit Musik. Das gesungene Wort ist charakteristisch für diese Kunstart, zum Unterschied von Melodram und Pantomime. Die beiden Komponenten, Musik und Dichtung, sollen ein neues Ganzes bilden. Aber ihre Verbindung, der Kitt, der sie zusammenhält, das gesungene Wort, bleibt meistens unverständlich. *Hier liegt die Wurzel des Zwiespalts*, der eine vollkommene Verschmelzung scheinbar unmöglich macht.

Die Geschichte der Oper ist denn auch nichts anderes als die Schilderung verschiedener Versuche zur Lösung dieses Konflikts. Bald überwiegt der Einfluß der Poesie, der das Wort in den Vordergrund stellt, bald, der fruchtlosen, unbefriedigenden Versuche müde, dominiert die Musik und kümmert sich um das Wort überhaupt nicht. Auch die Entwicklung der alten Opern*form* ist nur eine Folge des Strebens, dieser Schwierigkeiten Herr zu werden. Das dramatische Geschehen, der Extrakt der Handlung wird in wenige gesprochene und rezitierte Worte gepreßt. Diese waren dann irgendwie verständlich. Das Gefühlsmäßige, bei dem das Wort nicht mehr so wichtig schien, wurde in die Arie, ins Ensemble verlegt. Hier herrschte nur die Musik.

Ein kleiner Ausflug ins Historische soll zeigen, daß diese Divergenz sich schon bei [der] Entstehung der Oper bemerkbar machte. Auch die griechischen Tragödien waren Opern. Der Text wurde gesungen, rezitiert und mit der Kithara begleitet. Zweitausend Jahre später erfaßt die Menschheit wieder die Sehnsucht nach den Wundern dieser Kunstart. Kunde davon ward ihnen durch aufgefundene alte Manuskripte. In Florenz, im Palast des Grafen Bardi, fanden jene berühmten Zusammenkünfte der feingebildeten „Dilettanten" und „Ästheten" statt, in denen die Rettung der Musik aus den Armen ihres „Todfeindes", des „Kontrapunkts" beschlossen wurde. Denn die „Könner", die „Kontrapunktiker", hatten wieder einmal die Musik zugrunde gerichtet: eine Ausartung in leere Künsteleien, ein wüstes Durcheinander von 16 und mehr Stimmen – das war der Zustand, in dem sich unsere Kunst zu Ende des 16. Jahrhunderts befand. Graf Bardi empfiehlt denn auch den Komponisten, dafür zu sorgen, daß „das Wort so deutlich wie möglich verstanden werde", und der berühmte Komponist Caccini spricht von „jener Musik, welche die Worte nicht gut verstehen läßt" – er wolle sich vielmehr „jener von Plato und anderen Philosophen so sehr gelobten Manier zuwenden, die da bekräftigen, Musik sei nichts als Sprache und Rhythmus, und erst zuletzt der Ton, nicht umgekehrt.

Diese Kunstfreunde erfanden nun etwas „ganz Neues", das „Rezitativ mit akkordlicher Begleitung": die Geburt der Oper aus dem Geiste der Reaktion gegen das rein Musikalische. 1594 entstand das erste Kunstwerk nach den neuen Prinzipien: die Oper „Daphne" von Jacopo Peri, dem Langhaarigen, wie sie ihn nannten. Reine Deklamation, Überwiegen des Poetischen. Das Werk hatte Erfolg und wurde sogar alljährlich wiederholt. Doch 13 Jahre später erscheint der große Claudio Monteverdi, schon vierzigjährig und ein berühmter Komponist, mit seiner Oper „Orpheo" auf dem Plan. Ein ganz anderes Bild! Warme, ariose Melodiebildung, moderne Harmonik und die Hauptsache: das Orchester wird zur Charakterisierung herangezogen, bekommt eine selbstständige Stellung. Der Schwerpunkt wieder ins Musikalische! Das Poetische allein genügte nicht, befriedigt zu wenig. 300 Jahre der Entwicklung können wir überspringen, es dreht sich im großen und ganzen immer um dasselbe. Bald ist es die Musik allein, die herrscht, wie der Siegeszug der italienischen Oper und des bel canto zeigt, der über 100 Jahre dauert und zu dessen Repräsentanten auch Händel gehört. Dann kommt in der französischen Oper, mit ihrem Höhepunkt Gluck, die Poesie zu ihren Rechten. Bei Mozart, Beethoven und Weber ist Musik wieder die Hauptsache. Vorübergehend wird versucht, in der sog. „großen Oper" den Schwerpunkt ins Szenische zu verlegen, was zur Ausstattungsoper führt. Endlich gelingt der großartige Vorstoß Wagners zugunsten der Poesie, während in Italien Verdi gleichzeitig den Gegenpol repräsentiert.

Das Problem ist heute noch dasselbe, nur komplizierter und schwieriger durch das gewaltige Anwachsen des Orchesterapparats und – was noch schlimmer – durch die Unbedenklichkeit der Komponisten, die sich um die Verständlichkeit des Wortes nicht kümmern und zugleich diesem selben Wort schwierigste philosophische und psychologische Fragen anvertrauen. Der historischen Entwicklung zufolge bereitet sich gegenwärtig wieder eine Reaktion gegen das Überwiegen des Poetischen zugunsten des rein Musikalischen vor. Aber gleichgültig, ob tonale oder atonale Musik gemacht werden wird: die Zeiten des bel canto, in denen man sich um das Wort und auch um die dramatische Handlung überhaupt nicht kümmerte, kehren nicht wieder. Und ebenso ist es klar, wollte man die Verständlichkeit des Wortes allein um jeden Preis erzielen, hieße dies die Oper zum Schauspiel machen, denn die Wirkung der Musik, das, was die Oper erst zum eigenen Kunstwerk erhebt und ihren Hauptreiz bildet, müßte dann ganz in den Hintergrund treten. Am Ende bleibt das gesprochene Wort immer noch dem rezitierten vorzuziehen.

Doch die ganze Problemstellung ist heute eine völlig andere. Wir müssen uns endlich an die Tatsache halten, daß die Oper das poetische Wort nicht entbehren kann und daß dieses unentbehrliche Wort unverständlich ist und bleibt. Es kann sich nur um die rein praktische Frage handeln: Wie umgeht man diesen Mangel am ehesten, wie verringert man die Divergenz, wie verkleinert man die Lücke am besten? Zuerst einmal dadurch, daß sämtliche Faktoren, Komponist, Dirigent, Regisseur und Sänger, dieses Zentralproblem als solches sehen und sich bei ihrer Arbeit ständig vor Augen halten. Die Mittel zur Abhilfe sind wohl alle schon irgend einmal durchdacht und erprobt, aber vielleicht noch nie gleichzeitig von allen gemeinsam in Angriff genommen worden. Auch im Fall Wagner nicht, denn hier war der Komponist sich selber das größte Hindernis durch sein alles überflutendes Orchester und dadurch, daß er das Wort mit allzu Schwerem und Kompliziertem behaftete. Seine Forderung nach dem Sing-Schauspieler war ein vergebliches Bemühen, wie die Tatsachen beweisen. Das Verlangen, daß der Sänger Konsonanten „spuckt", ist vergeblich, es schadet nur den Stimmen und hilft nicht.

Für den Komponisten ergibt sich vor allem aus der klaren Einsicht, daß das gesungene Wort unverständlich bleibt, eine Begrenzung der Ausdrucksmöglichkeiten der Oper. Er kann alles durch die Handlung, die Situation, Bewegung und Ausdruck geben, aber nichts durch das Wort allein. Daraus darf man aber nicht folgern, daß dem Komponisten gleichgültig sein kann, was er komponiert. Der Komponist braucht das echte dichterische Wort aufs notwendigste, aber er braucht es – für sich, denn nur das wahre, tiefpoetische Wort zeugt in ihm Musik! Aber gleichgültig kann es ihm z.B. sein, ob es Vers oder Prosa ist, denn dies kommt beim Gesang nicht zum Vorschein.

Das Wichtigste ist vor allem eine einfache, pantomimisch klare und verständliche Handlung, aus der der Zuhörer jederzeit ersehen kann, um was es sich handelt. Selbstverständlich muß der Komponist soviel vom Gesanglichen verstehen, um genau zu wissen, welche Stimmlagen beim jeweiligen Sänger am ausdrucksvollsten sind (also Gesangsunterricht für den Komponisten), und ebenso, daß er dementsprechend instrumentiere. *Gut instrumentieren heißt in erster Linie die Stimme nicht decken.* Alle heutigen Partituren würden anders aussehen, wenn dem Komponisten der Gedanke an die Schwerverständlichkeit des gesungenen Wortes immer vor Augen stünde. Das wären nur die primitivsten Forderungen an den Komponisten, wenn er Langweile, den Tod jeder Kunst, vermeiden will.

Die Aufgabe des Kapellmeisters sind klar – es sind die des Schauspielregisseurs: er sorgt für Aufbau und Zusammenfassung, für Tempo und Dynamik, er gibt sogar auch die Farben im Orchester. Daß er noch ganz anders „abtönen" wird, wenn er immer an das „Wort" denkt, ist selbstverständlich.

Ganz neue Aufgaben aber treffen den Opernregisseur. In diesem Punkt ist bis jetzt so gut wie nichts geschehen. Das Dekorative, das Kostümliche, die Beleuchtungskünste sind viel nebensächlicher, als man ahnt. All dies braucht vielleicht die gesprochene Dichtung – siehe Max Reinhardt. Wagners „Gesamtkunstwerk" wäre eher im Drama möglich und wünschenswert, denn dort fehlt das hauptsächlich erregende und ergreifende Element: die Musik. Im Besitze dieses Zaubermittels – was braucht es da noch anderer Künste? Wir haben Instrumente, wir haben Sänger – genügt dies nicht, den Himmel zu stürmen? Sollen wir nur den Ehrgeiz haben, das Publikum der „Revuen" durch Ausstattungskünste in die Opernhäuser zu locken, statt jene einzig wertvolle geistige Welt, die heute abseits steht und fast nie eine Oper besucht, weil sie sich abgestoßen fühlt und sie „gräßlich" und „langweilig" findet? Das kommt daher, weil die Musik in der Oper – es scheint paradox, aber es ist so – nicht genügend zum Ausdruck kommt! *Der Opernregisseur sei Musiker*, beschäftige sich vor allem mit der Musik und nur mit der Musik! Seine Arbeit beginne schon in den Einzelproben, jedes Wort, jede Melodie muß in Gebärde, Ausdruck und Bewegung übersetzt werden. Dies wäre wahre Regie aus dem Geiste der Musik und nur mit der Musik! Nicht *wo*, sondern *wie* der Darsteller auftreten soll, muß ihm gezeigt werden. Man verlange nicht vom Sänger Unmögliches, nämlich Deutlichkeit, sondern hole aus seinem Gesicht und seinem Körper – unentdeckte und unerforschte Gebiete – das Möglichste heraus. Willig wird der Sänger folgen, wenn er bei sich diese Möglichkeiten entdeckt, wenn sie bei ihm vorentwickelt sind.

Dies führt uns zu den Aufgaben des Sängers. Jeder Sänger sei auch Tänzer! (Umgekehrt ist es nicht möglich, sonst gäbe es keine Pantomime.) Nicht Sing-Schauspieler, sondern Sing-Tänzer! Kein Zweifel, daß die Wiederbelebung des modernen Tanzes, der Versuch, Melodie und Rhythmus durch Gebärde und Bewegung auszudrücken, den Zweck hat, dem Sänger die ihm fehlenden Mittel zu geben. Schon der Gang und Schritt des Sängers ist von dem des Schauspielers grundverschieden. Und aus der Vermehrung seiner rhythmischen Ausdrucksmöglichkeit durch den tanzgeschulten Körper wird der Sänger ungeahnte Bereicherung auch für seine stimmlichen Modulationsmittel gewinnen. Caruso oder die Gutheil-Schoder waren gewiß nicht gelernte Tänzer, aber sie verstanden es, auf Grund genialer Anlage die Musik durch ihren Körper auszudrücken. Dies ist der wahre Grund ihrer Zauberwirkungen! Und diese leider seltene geniale Anlage muß durch rhythmische Tanzstudien ersetzt werden.

Welche Rückwirkungen und Folgen ein solches Ausdeuten der Musik, eine solche Darstellungsweise haben könnte, ist gar nicht auszudenken. Der Komponist hätte es seinerseits nicht mehr nötig, so überaus deutlich zu sein, so dick zu unterstreichen, alles durchs Orchester ausdrücken zu müssen. Die komplizierten Harmonien und Orchesterklänge, die Hypertrophie des Details wären größtenteils überflüssig und damit auch das Streben nach ständiger Vergrößerung des Apparats. Durchsichtigkeit und Klarheit wären die natürlichen Folgen und dadurch wieder leicht der Zusammenhang mit dem „guten" Publikum gewonnen. Denn momentan steht es doch so, daß die moderne Musik sozusagen in der Luft hängt; sie ist eigentlich nur eine Angelegenheit für Musiker. Der Kapellmeister wäre nicht mehr nur durch die „Schwierigkeiten" einer Partitur gereizt, die es zu „bewältigen" gilt. Liegen doch die wirklichen Schwierigkeiten ganz wo anders! So würden sich die einzelnen Faktoren gegenseitig befruchten und das Resultat wäre dann von selber: deutliches Verstehen. Bleibt auch das Wort unverständlich – der *Sinn* des Wortes wäre deutlich gemacht! Und diese Forderungen gelten ebenso für ein Werk von Mozart als von Schönberg.

Goethe läßt den Laertes in „Wilhelm Meister" sagen: „Wenn Musik die Bewegungen des Körpers leitet, ihnen Leben gibt und ihnen zugleich das Maß vorschreibt, wenn Deklamation und Ausdruck schon vom Kompositeur auf mich übertragen werden: So bin ich ein ganz anderer Mensch ..."

Max Ettinger: *Warum ich Wedekinds „Frühlings Erwachen"
zur Oper machte*

In: *Freiburger Zeitung* vom 14. April 1928.

Zur heutigen Uraufführung des Werkes im „Neuen Theater"

Zehn Jahre sind es her, daß Frank Wedekind tot ist. Nicht der große Moralist, nicht der mutige Kämpfer und Bahnbrecher, nicht der glänzende Dramatiker, mich zog vor allem der Dichter, der Poet an. Und bei der Wahl von „Frühlings Erwachen" zum Textbuch meiner Oper bestach mich vor allem die tiefe Poesie des Werkes. Einzelne Stellen, wie die Ballade von der kopflosen Königin, Wendla im Blumengarten, sind wahre Gedichte in Prosa. Aber auch das lebensbejahende Moment der Dichtung zog mich mächtig an. Aufschlußgebend und bezeichnend: der Dichter widmet sein Werk „dem vermummten Herrn". Wer, was ist der vermummte Herr? Das Leben selber, das uns oft, meistens in Vermummung gegenübertritt. „Du lernst mich nicht kennen, ohne dich mir anzuvertrauen", sagt der Vermummte zu Melchior, der sich ihm nicht anvertrauen will, ohne ihn zu kennen. Auch dem jungferlichen Moritz erscheint das Leben auf seinem Jammerwege, bevor er sich erschießt, – aber in anderer Gestalt, in Gestalt eines leichtfertigen, gutherzigen Mädchens. Aber Moritz ist schwächer, lebensunfähiger als Melchior, er greift nicht zu. Dieser Gegensatz der beiden Jungens, des weichen, phantastischen, sentimentalischen, etwas wehleidigen Moritz, der „vor Wehmut über sein Los schluchzt", und des gesunden, scheinbar pessimistisch angehauchten Melchior, der mit Wendla im Walde philosophiert, aber nach kurzem Bedenken, auch er dem Tode nahe, sich dem Vermummten aufs Geratewohl überläßt, die Gegenüberstellung dieser beiden Knabentypen zog mich zutiefst an. Vielleicht war in mir selber etwas von beiden?

Ein Lebenskaleidoskop zieht das Werk an uns vorüber: die süße kleine Wendla scherzt mit ihrer Mutter, die Knaben vertrauen sich flüsternd ihre Jugendnöte an, die reifenden Mädchen, dem Puppenspiel entwachsen, schwärmen von Kindern, die sie haben möchten, der überarbeitete und übernächtigte, an seiner dumpfen Sehnsucht und Scham fast erstickende Moritz sieht im Mondschein Spukgestalten seiner überhitzten Phantasie, und, als erster Aktschluß, die wundervolle Begegnung Melchior und Wendlas im Walde. Zweiter Akt: – Wieder Wendla mit ihrer Mutter; – halb wissend, halb unklar, halb Kind, halb Weib, forscht das Mädchen, drängend und flehend, – „wen in der Welt soll ich denn fragen, als dich", nach dem Geheimnis der Menschwerdung, worauf die Mutter nur zu sagen weiß: man müsse „den Mann, mit dem man verheiratet ist, lieben, lieben – – –", – und dann, gleich darauf, ein schwüles, schweres Gewitter, berauschend duftendes Heu, – unbewußt, triebhaft, hemmungslos finden sich die jungen Menschenkinder, – gleich wie in Gottfried Kellers wundervoller Novelle „Romeo und Julia auf dem Dorfe". Hierauf Wendla in ihrem Blumengarten, – vielleicht der Höhepunkt der Dichtung, – strahlend, glücklich, „oh, wie ich die Nacht geschlummert habe!" – und jetzt der grausame Gegensatz als zweiter Aktschluß: der arme Moritz, in der Schule durchgefallen, will nicht mehr leben; seine unterdrückte, schwüle Sinnlichkeit läßt ihn alles wahnsinnig übertrieben leben, er muß sich erschießen: Ilse, ein Modell, kommt vorbei, – „ein Wort hätt' es gekostet", – aber Moritz ist eben Moritz, er kann seine Hemmung nicht überwinden, – sein Schicksal! Der dritte Akt reicht in Shakespearesche Bezirke: die Professoren-Szene, eine bitter-ironische Karikatur, damit auch der Humor nicht fehle. Das schaurige Begräbnis des Selbstmörders Moritz, mit dem herrlichen poetischen Ausklang: Ilse und Martha, das Mädchen, das eine stille Neigung für ihn hatte, streuen Blumen auf das Grab (eine Begegnung zwischen Moritz und Martha kommt, – o Zartheit des Dichters; – bezeichnenderweise nicht vor). Wendla im Bett; sie sehnt sich hinaus, „im Abendschein über die Wiesen gehen", die Mutter verzweifelt: „Warum hast du mir das getan", – die Schmidtin mit ihren Geheimmitteln kommt. Letzte Szene: auf seiner Flucht aus der Besserungsanstalt gelangt Melchior auf den Friedhof, findet Wendlas Grab, Moritz erscheint ihm, den Kopf unterm Arm, – schon ist er dem Tode nahe, da rettet ihn, im letzten Augenblick, sein gesunder Instinkt, sein starker Selbsterhaltungstrieb, – sein Schicksal! Der vermummte Herr erscheint und führt ihn mit sich fort, – hinaus ins Leben – – –, indes Moritz sich in sein Grab zurücklegt und – – „lächelt".

Auch in meiner Komposition, in der musikalischen Fassung und Umwertung war mit hauptsächlich das Poetische führender Leitgedanke, daneben das bewußte Empfinden, daß Musik die Wirkung der Dichtung steigert und zugleich alles Problematische des Geschehens mindert. Die Lyrismen ergaben sich aus den Naturstimmungen und dem Gefühlsmäßigen, das Dramatische aus der Handlung und dem Charakteristischen, eine wechselnde Folge vom Melodischen und Rezitativischen. Auf formale und technische Fragen einzugehen, muß ich mir versagen, insbesondere auf die metamorphosenhafte Wandlung der musikalischen Motive, die keimhaft wachsend aufs Verschiedenste sich entfalten – ich lasse hier lieber das Werk für sich allein sprechen – und überzeugen.

Max Ettinger: *Gedanken über Film und Musik*
In: *Freiburger Zeitung* vom 18. September 1929, Zweites Abendblatt.

„Durch das Sehen tritt der Mensch in die Welt, durch das Hören tritt die Welt in den Menschen" (Oken, 1779–1851). – Gibt es ein schöneres Wort über die enge Verbundenheit und Zusammengehörigkeit dieser unserer edelsten Sinne?

*

Gebärde und Laut haben dieselbe Wurzel, beide sind Ausdruck von Empfindungen und Erregungen, Schmerz und Lust drücken sich in beiden gleichermaßen aus, beide ergänzen und steigern einander.

*

Sie sind nicht untrennbar miteinander verbunden –: man kann stumm weinen und lautlos lachen; der Laut gar ist im Tonmaterial schon völlig losgelöst und verselbständigt.

*

Wunderbar ist der Weg von natürlichem „Ausdruck" zu „Kunst"! Das Theater ist die höchste Vereinigung von künstlerischem Sehen und Hören.

*

Wir kennen bis jetzt im Theater das gesprochene und gesungene Wort und, von Musik begleitet, Tanz und Pantomime. Im Film nun erscheint eine neue ungeahnte Möglichkeit einer künstlerischen Verbindung von Laut und Gebärde.

*

Richard Wagners Idee vom Gesamtkunstwerk – ob richtig oder falsch, vielleicht auch nicht neu, denn die Griechen wußten schon davon – hat in unserer Zeit jedenfalls Wirkungen und Folgen gezeugt, die nicht verschwinden werden: das Zusammenwirken der Künste.

*

Der Film soll und muß stumm sein können, dort wo er nicht „Ausdruck" ist. – Warum kann die Masse einer sportlichen Veranstaltung stumm zusehen? – Aber dort, wo der Film künstlerischer Ausdruck sein will, muß er seine Ergänzung in Musik suchen; denn keine Kunst kann allein alles sagen, auch die Gebärde nicht.

*

Stummer Ausdruck muß auf die Dauer unerträglich werden.

*

Das Bedürfnis nach Musik, das Gefühl für die Unzulänglichkeit des ganz stummen Filmes wurde zuerst vom Zuschauer empfunden. Dadurch wurde die Befriedigung dieses Bedürfnisses nicht dem Schöpfer des Films, dem Produzenten, zugeschoben, sondern dem Reproduzierenden, dem Theaterbesitzer, der mit dem Publikum in Berührung steht. Die unglückseligen Folgen dieser Verkehrtheit waren einerseits, daß wahllos zuviel Musik gemacht wurde, und daß andererseits das Problem des Verhältnisses von Film zu Musik, von Anfang an nicht richtig gesehen, demzufolge sich nicht schrittweise zusammen mit der Entfaltung des Films entwickeln konnte. Statt nun den Grundirrtum einzusehen und auf die Quellen zurückzugehen, wird noch heute dieser Verkehrtheit Vorschub geleistet und das Übel durch das Gewohnheitsgesetz der Trägheit fast unausrottbar gemacht.

*

Die jedesmalige Zusammenstellung der Musik zum schon fertigen Film, also hinterher, sei es beim Verleih, sei es beim Theater, ist viel komplizierter, als der einzig richtige Weg: die Entstehung der Musik gleichzeitig mit dem Film.

*

Das bisherige Ballspiel zwischen Produktion, Verleih und Theater über Pflege und Fürsorge des vernachlässigten, unbequemen, aber nun einmal nicht mehr aus der Welt zu schaffenden Musik-Stiefkindes wird in dem Maße immer mehr aufhören, als aus dieser Dreifaltigkeit eine Einheit wird. Unsere Spitzenfirmen vereinigen allmählich in sich diese drei Sparten und werden nun leicht merken, wie außergewöhnlich wichtig eine künstlerische und praktische Lösung dieser Frage ist – und sie werden auch den Weg finden.

*

Der Weg, den die Filmkunst in 30 Jahren zurückgelegt hat, ist einfach phantastisch. Die Musik, die ihre Aufgabe vorläufig nur im Begleiten und Unterstützen sieht, hat sich selbstredend auch gewandelt. Aus dem wahllosen Musizieren ist eine feine, ausdrucksvolle, höchstentwickelte Illustrations-Technik geworden, die der Handlung, auch der inneren, bis in die letzten Details zu folgen versucht. Ihr Material entnimmt sie der Masse schon vorhandener Musik, in der Auswahl unterstützt von fleißig zusammengestellten und mit genauen Stimmungsinhaltsangaben versehenen Katalogen und Verzeichnissen. Freilich schmeckt dies oft nach Kochrezept und Stimmungs-Zettelkasten.

*

Illustrationsrezepte sind auch deshalb bedenklich, weil die Kapellmeister, die Illustratoren, an gewissen Stellen zu demselben Stück, das sich nun einmal in dieser Situation „bewährt" hat, immer wieder greifen, wie das in der Tat oft der Fall ist. Diese nun schon sattsam bekannten „Stimmungen" verursachen statt Steigerungen nur eine unliebsame, störende Ablenkung, und wirken komisch, wenn dasselbe Stück einmal in einer ganz anderen Beziehung erklingt. – Und wie, wenn in den unerschöpflichen Film-Möglichkeiten eine unvorhergesehene, noch nicht vorgemerkte Kombination erscheint? „Das haben wir noch nicht gehabt, Herr Lehrer?" Dann muß der Illustrator komponieren und macht — Kapellmeister-Musik!

*

Die musikalische Illustration befindet sich überdies noch in einem ganz anderen grundlegenden Irrtum: vielleicht sollten die Filmvorgänge überhaupt nicht geschildert, illustriert werden, – wozu denn? Man sieht sie doch, und zwar in stärkster, eindringlichster Weise, mit all den großen, unwiderstehlichen Mitteln, die eben nur der Film allein hat – kann man eine Großaufnahme noch steigern? – vielleicht sollte die Musik an solch entscheidenden Stellen etwas ganz anderes zu sagen haben: die innersten Regungen bloßlegen, auf intimste Beziehungen hinweisen? Nicht wiederholen – sondern selbständig ergänzen! Vielleicht sollte sie dann am leisesten sein, wenn es auf der Leinwand am lautesten zugeht – und umgekehrt? Vom Kapellmeister, der in der Sache drin steht, in ewiger Angst, nicht fertig zu werden, gejagt und gehetzt, von diesem, mag er noch so begabt sein, kann man unmöglich Lösungen von Problemen und Beschreiten neuer Wege verlangen und erwarten. Dies ist Mission des schöpferischen Musikers.

*

Der dramatische Komponist, sei er Schöpfer von Opern, Operetten, Tanz oder Revue, ist an erster Stelle berufen, das Problem Film und Musik anzugreifen.

*

Nicht, daß es dem Komponisten, der vor einer ganz neuen Aufgabe steht, gleich gelingen wird – aber, da nur er es schaffen kann, muß man ihm Gelegenheit und Zeit geben.

In den Höchster Farbwerken experimentieren jahraus, jahrein Hunderte von Chemikern ...

*

Verschiedenste Aufgaben treffen den Komponisten der Filmmusik. Die meisten wird er mit seiner bisherigen Technik bewältigen: Aufzüge, Märsche, Tänze, Stimmungen jeder Art. Hier kann er auch schon Vorhandenes benützen, ja oft sogar mit Bekanntem stärkere Wirkung erzielen – also auch illustrieren. Anders aber bei Spielszenen höherer Art, in denen die Bilder, immer wieder durch Großaufnahmen unterbrochen, oft nur wenige Sekunden dauern, dazwischen oder gleichzeitig ganz andere Bilder, wo alles auf die Nuance ankommt, das eigentliche, unnachahmliche Wesen und Gebiet des Filmes. Hier kann der Komponist nicht mehr mit herkömmlichen Themen, mit Melodieeinfällen arbeiten – hier heißt es elastisch sein, hier kommt es auf die Vieldeutigkeit des Tonmaterials an, auf Ritardandis und Accellerandis, auf Fermaten und Pausen ganz neuer Art; dies sind die Stellen, wo jede Illustration versagt, versagen muß – und dies sind die Stellen, auf die es hauptsächlich ankommt und in Zukunft noch mehr ankommen wird; wahres, lockendes Neuland für den Komponisten. Nervenzerrende, aufwühlende Wirkungen sind da zu erreichen, mit geringsten Mitteln, mit einem Aufwand von fast nichts.

*

In der Filmkomposition können alle Stile und Arten Verwendung finden; am wenigsten aber Programm-Musik, denn diese gleicht am ehesten der Illustration.

*

Gleichzeitigkeit im Film=Kontrapunkt in der Musik.

*

Aber werfet dem Komponisten ja nicht immer vor, er sei „unerfahren" und „unpraktisch"; denn diese Eigenschaften sind es ja gerade, die ihn befähigen, etwas außerhalb der sogenannten „Erfahrung und Praxis", auf deutsch „Routine" genannt, zu finden.

*

Noch nie hat Routine, noch nie haben praktische Erfahrungen ein Problem gelöst, neue Wege gewiesen, eine Sache vorwärts gebracht.

*

Die bisherigen originalen Filmkompositionen sind fast durchweg hochinteressante und wertvolle Werke. Doch scheint hier vorläufig noch ein Zuviel und ein Zuwenig zu herrschen. Zuviel, indem der ganze Film durchkomponiert ist; zuwenig, indem sich die originale Musik nur illustrierend und beschreibend verhält.

*

Gewiß, die Musik der Filmkomposition wird manchmal nicht so stark sein, als die vom Illustrator an mancher Stelle verwendete Musik eines großen Meisters, – aber sie ist zu dieser Situation erfunden, und dies macht sie stärker als jeder andere!

*

Der „unerfahrene" Komponist muß mit dem „erfahrenen" Kapellmeister zusammenarbeiten. Diese beiden wieder zusammen mit dem Dichter und dem Regisseur. In dieser Viereinigkeit liegt die einzig mögliche Lösung dieses hochwichtigen Problems – ja, die Zukunft des Filmkunstwerkes!

*

Auch die kommende künstlerische Filmkomposition wird alle Faktoren und Ideen zusammenfassen: originale Musik, freie Illustration, Geräusche und Pausen.

*

Geräuschmusik ist etwas ganz anderes als Nachahmung vorkommender Geräusche! Nichts Peinlicheres, als ein Schuß im Orchester, wenn oben geschossen wird. Dies ist fast wie ein Hinweis auf etwas, was der Film nicht kann, während er in Wirklichkeit dies gar nicht will, sonst könnte ja jemand in der Kulisse reden und singen! Etwas anderes, wenn z.B. das Gähnen eines Löwen durch ein Posaunen-Glissando illustriert wird: dies ist keine Nachahmung mehr, sondern eine komische Wirkung.

*

Man muß mit der absurden Vorstellung brechen, daß beim Film andauernd Musik gemacht werden muß. Auch wo sie nichts zu sagen hat. Man muß dieses kostbare Ausdrucksmittel schonen, damit es dann zu um so größerer Wirkung kommt. Man muß das Publikum von dem fortwährenden Lärm entwöhnen. Wenn bei jeder Vorstellung zwei Stunden lang rücksichtslos und unnötig Musikgeräusche gemacht werden, so erinnert dies eben noch an die Herkunft des Films von der Schaubude.

Zur Tagesschau gehört ebensowenig Musik wie zur unausweichlichen Reklame.

Sparen, Sparen! „Wirtschaft, Horatio!"

Wir müssen uns an den stummen Film gewöhnen, um den Musikfilm besser genießen zu können. Weniger wird auch hier mehr sein.

*

Die Pause ist eines der stärksten Mittel der Filmmusik. Ich kann mir auch gut eine Situation denken, in der der Regisseur sich sagt: hier lasse ich die Handlung einen Augenblick stehen, mache eine Filmpause und gebe die Stimmung durch Musik, Musik als das Primäre! In wechselnden Wellenbewegungen hört bald einmal die Musik auf, bald wieder der Film, und läßt die andere Kunst allein reden.

*

Was fehlt dem Film heute noch? Der Filmdichter und der Filmkomponist.

*

Das Vorführungstempo muß endlich ein für allemal festgesetzt, überall das gleiche werden. Dann wird die Übereinstimmung der Vorgänge mit der, selbstredend so elastisch als möglich geschriebenen Musik automatisch eintreten. Dies ist sicher viel einfacher, als die kompliziertesten Apparate, die es versuchen, die Musik auf das Fließband mitzuphotographieren. Der letzte Ausgleich, die letzte Nuance liegt dann in Händen des Kapellmeisters – sonst würde das Ganze mechanisch und tot.

Des Kapellmeisters harrt überdies noch eine andere wichtige Aufgabe, bei der er seinen Geschmack und sein Können zeigen kann: im Arrangement der mit dem Film zusammen gelieferten, mit ihm zusammen entstandenen und unlösbar verbundenen Musik für sein Orchester, sei es noch so klein, sei es noch so groß.

*

Die Zusammenarbeit der vier Hauptfaktoren, des Dichters, Regisseurs, Komponisten und Kapellmeisters, wird erst das neue Filmkunstwerk schaffen. Diese Vierheit wird auch bestimmen, ob in einzelnen Filmen Komposition oder Illustration vorherrschen soll.

*

Alles liegt in den Händen der großen Produktionsfirmen: Herr Generaldirektor, Sie haben das Wort!

*

„Die beste Filmmusik ist die, die man nicht hört!" – ein ebenso böses wie dummes Wort! Nie wieder soll es ertönen!

*

Vielleicht ist gerade der ernste und künstlerische Musikfilm berufen, dem Stumpfsinn und der Pest der heutigen „modernen" Jazz-Operette und der Revue ein Ende zu machen – denn er hat die Gunst des Publikums!

*

Wann kommt die Musikfilm-Volksbühne?

*

Der Gedanke von „Film-Festspielwochen" ist kein Zufall, ist auch mehr als nur eine geniale Idee. Er ist Beweis für die folgerichtige Entwicklung des Films zum Kunstwerk und seiner Kraft zur Zeugung von bleibenden, repertoirebildenden Meisterwerken!

Max Ettinger: *Opernfunk – Funkoper!*
In: *Funk. Die Wochenzeitschrift des Funkwesens* 7 (1930), H. 10, S. 110.

Opernfunk – das ist Funk für die Oper, im Dienste der Oper, ein Mittel zur Übertragung, Verbreitung und Popularisierung von Opernaufführungen aus Opernhäusern durch den Funk. Wie dieser wunderbare Apparat Handelsnachrichten oder Wetterberichte an alle bringt, so in der Abteilung „Kunst" auch vollständige, fertige Operndarbietungen, auch aus entfernteren Kunstzentren.

Eine der hauptsächlichsten Leistungen des Rundfunks besteht vorzüglich darin, schon vorhandenes Kulturgut durch Übermittlung an die weiteste Öffentlichkeit, und vor allem an bisher noch nicht erfaßte Teile der Bevölkerung, heranzubringen. In welcher Weise ist dies bis nun geschehen, auf welche Weise soll es weiter geschehen? Bleiben wir bei der Oper, als wichtigstem und aktuellem Teil vorhandenen Kulturgutes. Freilich kann der Opernfunk nicht daran vergessen machen, daß die Oper in erster Linie ein Bühnenwerk ist, daß das sichtbare Geschehen, vorläufig wenigstens, nicht übertragen werden kann, daß also ein wichtiger Teil des Ganzen verlorengeht. Man versucht diesem Mangel auf verschiedene Weise zu begegnen und ihn zu verringern, vor allem durch vorsichtige Auswahl der Werke, die für den Opernfunk geeignet erscheinen, also derjenigen Opern, in denen das rein dramatisch äußerliche Geschehen nicht das absolut Entscheidende ist, oder in denen szenische Effekte nicht eine besondere Rolle spielen.

Der Hauptnachteil aber der Übertragung von Opernaufführungen aus Opernhäusern liegt in der Zeitdauer der meisten Opernwerke, die den Hörer, der nur mit einem Sinn aufnehmen kann, bei dem das Ohr nicht durch das Auge entlastet werden kann, überanstrengt und ermüdet, so daß sein Interesse nach einer bestimmten Zeit nachläßt und auch nachlassen muß. Zwei Stunden scheinen wohl nach den bisherigen Erfahrungen das Maximum zu sein, das man einem aufmerksamen Radiohörer für ein Opernwerk zumuten darf. Jedenfalls hat der Opernfunk, künstlerisch sowohl als sozial, das große Verdienst und die wichtige Aufgabe, das Opernkunstwerk in seiner originalen Form und Erscheinung, auch im Klanglichen, seinen zahllosen Hörern getreu zu übermitteln!

Nimmt nun derart der Opernfunk höchste Rücksicht auf das vorhandene Kunstwerk und stellt sich ganz in dessen Dienste, so will der Begriff „Funkoper" gewiß auch dasselbe Ziel erreichen, aber von einer anderen Seite her, auf einem anderen Wege und mit anderen Mitteln. Wollen wir das Wesentliche, den Opernextrakt, geben, nämlich dramatische Musik allein, dann müssen wir vor allem an die Übermittlungsmöglichkeiten, in erster Linie an den Apparat, und dann auch an den Hörer denken. Wir verletzen nicht die Pietät gegen das Kunstwerk, wenn wir es zu seinen eigenen Gunsten verändern und umgestalten, sondern wir versuchen, ihm damit den großen Dienst zu erweisen, es für den Funkhörer verständlich zu machen und wirksam zu gestalten. Funkoper – das ist die Oper für den Funk! Die Möglichkeit einer für den Funk und seine besonderen Bedingungen und Erfordernisse neu zu schaffende Oper soll von mir nicht erörtert werden. Jeder Künstler, dem eine solche Aufgabe gestellt würde, müßte sich auf seine besondere Art und Weise mit ihr auseinandersetzen und würde wahrscheinlich zu neuen Resultaten kommen. Dasselbe gilt übrigens auch für jeden anderen Auftrag zu Funkkompositionen. Wichtig bleibt nur, daß solche Aufgaben überhaupt gestellt werden, und man kann die Forderung danach gar nicht oft und energisch genug erheben! Und kein Zweifel, daß die dafür aufgewendeten Beträge sich sicherlich rentieren würden. Denn das Funkrepertoire muß sich allmählich, wenigstens in seinen Hauptwerken, aus künstlerischen und ökonomischen Gründen auf Wiederholungen stützen können.

Hauptmerkmal der Funkoper – im Gegensatz zum Opernfunk – ist der Wechsel des Schauplatzes. Nicht mehr im Theater, die Aufführung findet im Senderaum statt. Es ist klar, daß wir erst dadurch die Möglichkeit erhalten, das Werk für die besonderen Zwecke des Rundfunks einzurichten. In erster Linie mit Rücksicht auf die Zeit. Aber das Kürzen darf nicht rücksichtslos vorgenommen werden, sondern im Gegenteil muß daraus eine straffere, dramatischere Zusammenfassung und infolgedessen eine stärkere Wirkung hervorgehen. Immer selbstredend vom Standpunkt der andersartigen Bedingungen und Verhältnisse des Rundfunks aus gesehen. Denn welcher verantwortungsvolle Künstler würde es sonst wagen, einen gewaltsamen Eingriff in den natürlich gewachsenen und gewordenen Organismus eines Kunstwerkes vorzunehmen, wenn nicht besondere Notwendigkeiten dafür vorlägen? Freilich gehört eben ein Künstler zu dieser Aufgabe, der stilistisch, theoretisch sowohl als praktisch, genügend erfahren, Liebe und Verständnis für das Werk hat und die Verantwortung auch trägt! Das idealste sind wohl diejenigen Opern, die sich ohne jede Bearbeitung zur Übertragung auch aus dem Senderaum eigenen. Ich erwähne als Beispiel hier den „Fidelio"!

Aber mit der entsprechenden Zeitdauer allein ist's noch nicht getan. Beim Senden einer Funkoper müßte angestrebt werden, das Interesse des Hörers immer wach zu halten, ihm nicht nur „schöne Musik", sondern auch dramatische Erregung zu übermitteln. Man müßte versuchen, die Szene, die er nicht sieht, ausführlich zu schildern. Warum sollte dies nicht möglich sein? Fangen wir beim Personenverzeichnis an. Eine lebhafte, farbig-plastische Beschreibung der handelnden Figuren macht den Beginn. Eine ebensolche Schilderung der Szene hat zu folgen. Warum sollen die szenischen Bemerkungen, ein Teil des Ganzen, dem Hörer einfach unterschlagen werden? Es finden sich, bei sorgfältiger Überlegung, stets leicht Stellen in der Musik, zu denen der Sprecher die handelnden Vorgänge erzählen kann. Dies müßte jedoch in knappster und geistreichster Weise geschehen, hier darf kein Platz für Banalitäten sein. Bei modernen Werken müßte der Text dazu am besten vom Dichter oder Komponisten selbst geschrieben werden. Bei Verwandlung und Szenenwechsel könnten während der Zwischenmusik erläuternde Bemerkungen eingestreut werden. Gewiß, es kommt jedesmal auf das betreffende Werk an – und jedes Werk verlangt eine andere stilistische Behandlung –, aber sicher ist die Bedeutung des Ansagers für die Funkoper noch nicht recht erkannt und nicht genügend ausgenutzt.

Besonders geeignet für Bearbeitung – fast könnte man sagen: „Verwandlung" – in Funkopern wären die herrlichen ungehobenen Schätze alter Musik, die auf der heutigen Bühne, mit Recht oder Unrecht, keine Wohnstätte mehr haben. Wenn die Renaissance der Händelschen Opern auf dem Theater keinen Fuß fassen konnte und schon wieder vorüber ist, so könnten sie als Funkoper neu erstehen und bleibende Geltung behalten. Denn etwas anderes ist es, eine dramatische Handlung sichtbar zu machen, etwas anderes, sie erzählen. Ist das erstere aus Zeit, Mode und Kostümgründen nicht mehr gut möglich, so kann, von all dem losgelöst, das letztere noch sehr gut bestehen. Ebenso auch könnte eine Ehrenrettung sogenannter „undramatischer" Opern vorgenommen werden – man denke nur an die herrliche „Euryanthe" von Weber, an Schumanns „Genoveva" und ähnliche Meisterwerke –, die alle für den Opernfunk, auch textlich, zu bearbeiten wären und in dieser Form neues Leben und neue Wirksamkeit gewännen! Das wäre eine große und sicher lohnende Aufgabe, da würde die Funkoper ein wahrer „Schatzgräber", da wäre jede Sendung eine wirkliche „Sendung"!

Betrachten wir rückblickend nochmals die wesentlich unterschiedliche Art des Opernfunks und der Funkoper, so können wir zusammenfassend wohl sagen, daß jede von ihnen wichtige Aufgaben zu erfüllen hat.

Doch ist es gewiß auch notwendig, klar zu erkennen, daß jede von ihnen eine andere Mission zu erfüllen hat. Der Opernfunk dient der Verbreitung und Popularisierung des bekannten Opernrepertoires in seiner originalen Form – die Funkoper den unbekannten Schätzen der Weltliteratur und dem heutigen, vielleicht ebenso unbekannten Schaffen, beides nach vorsichtiger Auswahl, in entsprechenden Bearbeitungen und Inszenierungen.

Auf ein Schlagwort gebracht: Opernfunk für die Gegenwart, Funkoper für die Vergangenheit und für die Zukunft – soweit wir Heutigen Zukunft sind!

Max Ettinger: *Jüdische Musik*

Referat vom 1. November 1936 in Bern [Typoskript: ICZ, Nachlaß Ettinger].

Gibt es eine jüdische Musik? Wenn wir diese Frage bejahen, stellt sich sogleich eine andere, vielleicht schwieriger zu beantwortende ein: was ist jüdische Musik? Die naheliegende Antwort wäre: Jüdische Musik ist Musik von Juden, – denn wer sollte denn sonst jüdische Musik schreiben, als eben Juden. Doch wissen wir zugleich genau, daß nicht alle von Juden geschriebene Musik jüdisch zu sein braucht, beispielsweise Mendelssohns Sommernachtstraum-Musik. Dabei haben wir noch gar nicht versucht, den Begriff jüdisch in der Musik irgendwie zu klären und zu präzisieren. Was also ist jüdische Musik? Könnte man diese Frage auch in der Bildenden Kunst stellen? Etwa – was ist jüdisch in Max Liebermanns Bildern? Oder kann ein architektonisches Werk jüdisch genannt werden? Hier tritt uns das paradoxe dieser Fragestellung offen entgegen, – es sei denn, man müßte constatieren, daß niemand jüdischer gemalt hätte als Rembrandt – und daß die Hagia Sofia ein jüdischer Bau wäre. – Hat Heine jüdisch gedichtet …?

Bei dieser Gelegenheit möchte ich einmal kurz die Sonderstellung der Musik unter den Künsten andeuten. Musik ist die menschlichste unter den Künsten, insofern als sie ganz nur ein Werk, eine Erfindung des Menschen ist. Die Bildende Kunst entnimmt ihre Formvorstellungen der uns umgebenden Welt, – die Architektur den physikalischen Gesetzen derselben. Die Dichtung gar arbeitet mit den in der Sprache festgehaltenen Begriffen und Vorstellungen. Einzig die Musik hat ihre Gedankenassoziationen aus sich selber geschaffen, sie ist durchaus und vollkommen eine unabhängige Schöpfung des Menschen. Es würde den Rahmen dieses Vortrages überschreiten, näher auf diese Gedankengänge einzugehen, – aber vielleicht helfen uns diese Andeutungen eher zu einer Erklärung der Tatsache, warum gerade auf dem Gebiete der Musik solche Probleme zur Diskussion stehen. Also noch einmal: was ist jüdische Musik? Nun, wir könnten auch fragen: gibt es eine Ungarische, eine Russische Musik? Was ist Ungarisch oder Russisch in der Musik? Ich glaube, jeder musikinteressierte Mensch hat sofort eine bejahende Antwort auf die erste Frage, und wird doch sofort in Verlegenheit kommen, wenn er den anderen Teil derselben definieren müßte, nämlich: was ist Ungarische Musik? Man würde kaum über Äußerlichkeiten wie: bestimmte Tonfolgen, Intervalle, Rhythmen, – oder gar Gemeinplätze wie: sentimental, feurig und ähnlich herauskommen. Als ob die sogenannte „feurige" Ungarische Musik nicht stellenweise äußerst sentimental wäre, – und umgekehrt die Russische Musik, die sentimentale, ausgelassen feurige! Sie sehen, wie leicht – und auch wie schwer Meinungsäußerungen auf diesem Gebiete sind … . Und nun gar erst in unserem Falle des so fraglichen Komplexes der jüdischen Musik! Musik eines Volkes, das seit 2000 Jahren ohne Raum ist, über die Welt zerstreut, überall mit ungeheurer Zähigkeit, Kraft und Treue sich anklammernd und zu diesem Zwecke den guten und auch bösen Einflüssen des Gastvolkes sich hingebend, – sie aufnehmend.

Gestatten Sie mir an dieser Stelle scheinbar abzuschweifen, einen Umweg über das Persönliche zu machen. Ich sage: über das Persönliche. Ich bin kein Historiker, – ich will Ihnen in keiner Weise mit Gelehrsamkeit kommen, – ich möchte dem Quell lebendigen Lebens nahekommen, – und will Ihnen deshalb von meinen eigenen Erleben berichten. Ich stamme aus einer alten orthodoxen Familie, Enkel berühmter Rabbiner. In meiner Jugend studierte ich Hebräisch und Talmud. Von 1900 an lebte ich in Deutschland, und seit 1930 in der Schweiz. 1921 wurde in Nürnberg meine Musikalische Tragödie „Judith", nach Hebbel uraufgeführt. Der dortige erste Kritiker des ersten, schon damals sehr national eingestellten Blattes schrieb unter anderem sehr Lobenden: „Als Komponist gewinnt Ettinger durch sein offenes Bekenntnis zu seiner Konfession, oder sagen wir in diesem Falle besser, Rasse. Seine Musik ist durchaus hebräischen Ursprunges; so evident treten diese natürlichen Anlagen zutage, daß man fast sagen konnte, die Juden haben hier einen nationalen Tondichter". Ich habe mich immer, natürlich und selbstverständlich, als Jude gefühlt. Unbefangen und naiv machte ich Musik, ohne zu ahnen, daß sie hebräischen Ursprungs sei. Danach schrieb ich viele andere Werke in ganz anderen Stilarten. Jetzt, nach 15 Jahren, entstand: „Das Lied von Moses", Worte der Heiligen Schrift, für 4 Soli, Chor und Orchester, von dessen erfolgreicher Uraufführung ich eben aus Berlin zurückkomme. Sie werden selber in den Schlußnummern unseres Programmes Gelegenheit haben festzustellen, wie sehr in beiden Werken, auch im Melodischen, der gleiche Stil vorherrscht. Besonders erwähnen möchte ich folgendes. Zur Zeit, als ich den Plan zu diesem Werk faßte, beschäftigte ich mich intensiv mit dem großartigen Hebräisch-Orientalischen Musikschatz des berühmten Musikforschers Idelsohn. Abraham Zebi Idelsohn, 82 geb., ging 1905 nach Südafrika, 1906 nach Jerusalem, wo er über 15 Jahre blieb, und wo er ein Institut für jüd. Musik gründete. Seit 1922 ist er in Amerika Professor am Hebrew Union College in Cincinnati. Er sammelte, fotografierte, notierte alle überlieferten Melodien der Juden. Mich interessierten damals vor allem die Jemenitischen Weisen, die mich derart begeisterten, daß ich eine Anzahl von ihnen in meinen „Moses" aufnahm. In einer Einführung zur Premiere schrieb ich: diese Melodien aus der Sammlung Idelsohn sind wahrhaft herrliche Eingebungen, gar nicht „jüdisch" im gewöhnlich gebräuchlichen Sinne, auch nicht orientalisch gefärbt, nicht im geringsten „folkloristisch", – sondern einfach schön, tief und originell, – keinen Vergleich mit irgendwelchen melodischen Emanationen der Geschichte, wie der Gregorianische Choral und ähnliche Schöpfungen scheuend. Aber welch Wunder, wie schlingt sich lückenlos das Band über die Jahrhunderte hinweg. Niemand hört bei der Aufführung heraus, wo Jemen beginnt und Europa aufhört! Und nun möchte ich versuchen, auch Ihnen ein Erlebnis ähnlicher Art zu vermitteln. Sie hören als nächste Nummer des Programmes die Uraufführung eines Klavierwerkes: „An den Wassern Babylons", Gesänge Babylonischer Juden. Lassen Sie sich einiges aus Idelsohns Vorrede zitieren: „1000 Jahre lang hatten die Babylonischen Juden die führende Rolle in der Judenheit, bis zum Tode ihres großen Lehrers Rab Hay Gaon, 1038 n. Chr. In der Nähe Bagdads das Grab Esra des Schreibers, und das Grab des Propheten Jezekel ist auch den Arabern heilig. Berühmte Talmudschulen, – die Gelehrten sprechen ein reines, schönes Hebräisch. Es sind schöne Menschen von aufrechter Haltung. Älteste geschichtlich bekannte Ansiedlungen außerhalb Palästinas, die ununterbrochen bestanden hat und keinen merklichen Einflüssen anderer jüd. Gemeinden ausgesetzt war, – ihr traditioneller Gesang enthält deshalb uralte Elemente. Die Synagogalen Gesänge sind in 13 Weisen geordnet: Pentateuch, Propheten, Hohelied, Ruth, Klagelieder, Esther, Psalmen, Sprüche, Job, Quinot, Tefills und zwei Arten Selichot. Daß sie hohen Alters sind und Volksgesang, geht daraus hervor, daß sämtliche alte jüd. Zentren dieselben haben. Sie müssen demnach bereits vor der Zerstörung des II. Tempels Volksgesang gewesen sein. Clemens von Alexandrien, 150–220 n. Chr. führt Aristoxanes an, welcher den Terpander, 675 vor Chr.!, berichtet, er habe die Psalmweise der Juden benützt, um eine Hymne an Zeus zu verfassen: er ermahnt die Kirchensänger, die heidnisch griechischen Gesänge zu beseitigen und die jüdischen einzuführen, denn nur sie seien im Stande, das wahre Andachtsgefühl zu erwecken. Der jüdische Gesang wurde niemals durch Konzile oder Verordnungen festgesetzt, sondern hat sich im Volke instinktiv erhalten, da er Volksgesang war. Sie sind nicht in steife Formeln eingezwängt, sondern frei, Herzensandacht. Deshalb haben sie ihre Lebenskraft und Geschmeidigkeit behalten. In der Knappheit der Form ist ihr ganzes Gemüt ausgedrückt, ihr ganzes Gefühl – darum ist das hebräische Motiv so kernig, lebensfähig und ewig frisch. Was zurückzuführen ist auf ihre Richtung zur konzentrischen Einheit in der Weltanschauung …"

Aus der fast unübersehbaren Fülle der notierten Melodien habe ich 24 ausgewählt und unverändert aneinandergereiht, nur kontrapunktisch bereichert. Und nun urteilen Sie selber, ob diese Gesänge an irgend etwas anklingen, ob sie an irgend etwas erinnern, was man sonst als „jüdisch" zu bezeichnen liebt … Bewundern Sie die einfache Schönheit dieser Melodien, ihre hohe Originalität! Und dann denken Sie einen Augenblick an den heutigen, modernen Synagogalen Gesang von Sulzer und Lewandowsky, der nach der endgültigen Emanzipation der Juden in Europa entstanden ist, – und Sie müssen zugeben, daß unmöglich etwas Gemeinsames in all diesen Erscheinungen zu finden ist, – ganz abgesehen von der Kunstmusik, die Juden geschaffen, z. B. Halevys „Jüdin" oder Mahlers „Lied von der Erde", und dennoch ist alles Musik von Juden, drückt jüdisches Empfinden, jüdische Seele aus!

Gibt es nun Jüdische Musik? Gibt es etwas Jüdisches in der Musik?

Es gibt etwas, was Tradition heißt, – dies Wort nicht auf Sitten und Gebräuche allein beschränkt. Tradition ist Übergabe, – ein Weitergeben. Was sich bewährt, geht in die Tradition ein, wird weitergegeben, im Volksgedächtnis aufbewahrt. Oft wird Tradition unterbrochen, – gewaltsam von außen, entwicklungsgemäß von innen, – dann heißt es zerrissene Fäden wieder knüpfen, verloren gegangene Spuren wieder aufsuchen.

Wie sich die Gattung Baum in zahllose Abarten teilt, von denen jede ihre Eigenart bewahrt und weitergibt, so auch die Gattung Mensch.

Was sich bewährt, geht in die Tradition ein, – und so entscheidet sich auch die Frage nach der Qualität und Wertung von selber …

Aber ich glaube, der liebe Gott würde herzlich lachen bei der Vorstellung, daß eine Eiche mehr wert sein wollte, als die Palme …

Werkverzeichnis

Abkürzungen

A	Alt	Ltg.	Leitung
B	Baß	Libr.	Libretto
Bar.	Bariton	Mand.	Mandoline
Bck.	Becken	MCh.	Männerchor
BKlar.	Baßklarinette	MS	Mezzosopran
Bl.	Blatt	Ob.	Oboe
BPos.	Baßposaune	o. J.	Ohne Jucker-Nummer
Btb.	Baßtuba	op.	Opus
Cel.	Celesta	Orch.	Orchester
Cemb.	Cembalo	Picc.	Piccolo
chron.	chronologisch	Pk.	Pauke
EH	Englischhorn	Pos.	Posaune
Ex.	Exemplar	Qnt.	Quintett
FrCh.	Frauenchor	Qu.	Quartett
Fg.	Fagott	r.	recto
Fl.	Flöte	R.	Reihe
gem.Ch.	gemischter Chor	Rez.	Rezitativ
Git.	Gitarre	S	Sopran
Glck.	Glockenspiel	S.	Seite
gr.Orch.	großes Orchester	Sax.	Saxophon
Gr.Tr.	Große Trommel	Schlzg.	Schlagzeug
H.	Heft	Singst.	Singstimme
Harm.	Harmonium	StrOrch.	Streichorchester
Hrf.	Harfe	T	Tenor
Hr.	Horn	T.	Takt
ICZ	Israelitische Cultusgemeinde Zürich	Tam.	Tamtam
		Tamb.	Tamburin
Insz.	Inszenierung	Tb.	Tuba
J	Jucker-Verzeichnis	Trgl.	Triangel
KA	Klavierauszug	Trp.	Trompete
Kb.	Kontrabaß	UA	Uraufführung
Kfg.	Kontrafagott	UE	Universal Edition, Wien
Kl.	Klavier	v.	verso
Klar.	Klarinette	V.	Violine
kl.Orch.	kleines Orchester	Va	Viola
Kl.Tr.	Kleine Trommel	Vc.	Violoncello
KnCh.	Knabenchor	Xyl.	Xylophon
Lt.	Laute		

Kammermusik

Sonate für Violine und Klavier op. 10 (J 169)

Datierung:
Münchener Zeitung vom 8. Juni 1923, Nr. 155: „Die Violinsonate Opus 10 von Max Ettinger ist in der Form etwas frei, zeichnet sich aber durch aparten Ideengehalt und warme Empfindung aus. Sie wurde von Albert Krämer und Richard Staab sehr ansprechend gespielt. Dr. G. G."

Besetzung:
V., Kl.

Umfang:
1. Adagio molto. 78 T.
2. Allegretto non troppo. 127 T.
3. Finale: Allegro molto – Adagio – Allegro molto. 213 T.

Autographe:
– Partitur:
  Zürich, ICZ
  32 S., gebunden, paginiert
  Unterschrieben, nicht datiert
  [Titelseite] <u>Sonate</u> | *für* | *Klavier und Violine* | *von* | *Max Ettinger* | *Opus 10*
  [S. 1–8] 1. Satz; [S. 9–17] 2. Satz; [S. 18–32] 3. Satz
– Violinstimme:
  Zürich, ICZ
  8 S., gebunden, paginiert
  Unterschrieben, nicht datiert
  [Titelseite] *Sonate* | *von Max Ettinger.* | *Dem lieben* | *Arthur Lowenstein* | *u. seiner „congenialen"* | *Stradivari* | *Ascona* | *Weihnachten 1935* | *Max Ettinger*

Widmung:
Dem Violinisten Arthur Lowenstein gewidmet.

Sonate für Violoncello und Klavier op. 19 (J 170)

Datierung:
München, März 1916
UA: Zürich, ICZ Großer Saal, 25. November 2001
Vc.: Gyula Petendi, Kl.: Daniel Bosshard

Besetzung:
Vc., Kl.

Umfang:
401 T.

Autograph:
- Partitur:
Zürich, ICZ
56 S., nicht gebunden, paginiert
Unterschrieben, datiert [S. 56, hinter Doppelstrich] *München 23 März 1916*
[Titelseite] *Sonate für Cello und Klavier | von | Max Ettinger op. 19*

Ausgabe:
- Ediziun Trais Giats Ardez [Schweiz] ETG 091, Copyright 1998
Hrsg.: Gyula Petendi
39 S.

Quintett op. 20 (J 171)

Datierung:
2. Juni – 21. November 1916

Besetzung:
Fl., Ob., Klar., Fg., Kl.

Umfang:
1. *Phantasie.* 269 T.
2. *Zwischenspiel.* 152 T.
3. *Gesang.* 115 T.
4. *Tanz.* 213 T.
4. *Marsch.* 123 T.
5. *Schlußrondo.* 226 T.

Autographe:
- Partitur:
Zürich, ICZ
76 S., nicht gebunden, Bögen nummeriert
Unterschrieben, datiert: [2. 6. – 21. 11. 1916]
[Titelseite] *Meiner lieben Frau gewidmet! | Quintett | für | Flöte, Oboe, Clarinette, Fagott | u. | Klavier | Opus 20 | Max Ettinger | Hohenzollernpl. 1*
[S. 1–23] Phantasie. [S. 1] 2. 8. 16
[S. 24–29] Zwischenspiel. [S. 24] 6. 8. 16, [S. 29] 25. 8. 16
[S. 30–40] Gesang. [S. 30] 25. 8. 16, [S. 40] 12. September 1916.

[S. 41–48] *Tanz.* [S. 41] *18. 9. 16*
[S. 49–57] *Marsch.* [S. 49] *4. 10. 16*, [S. 57] *18/10. 1916 München*
[S. 58–72] *Schlußrondo.* [S. 58] *21. 10. 16*, [S. 72] *21/11. 1916*
– Klaviersatz:
  Zürich, ICZ
  60 S., geheftet, paginiert
  Unterschrieben, nicht datiert
  [Titelseite] „*Meiner lieben Frau gewidmet!*" | *Quintett* | *für Flöte, Oboe, Clarinette, Fagott und Klavier Opus 20* | *von* | *Max Ettinger*
– Klarinettenstimme:
  Zürich, ICZ
  24 S., geheftet, paginiert
  Unterschrieben, nicht datiert

Streichquartett op. 32 (J 173)

Datierung:
München, 6. Januar – 17. März 1922
UA: Berlin, Meistersaal Köthenerstraße
Bassermann-Quartett

Besetzung:
2 V., Va, Vc.

Umfang:
1. Appassionato. 213 T.
2. Lento – Adagio – Lento. 133 T.
3. Moderato. 257 T.

Autographe:
– Partitur:
  Zürich, ICZ
  40 S., nicht gebunden, paginiert
  Unterschrieben, datiert [6. 1. – 17. 3. 1922]
  [Titelseite] *Streichquartett op 32* | *Max Ettinger*
  [S. 2–13] 1. Satz. [S. 13] *6. 1. 22*
  [S. 14–21] 2. Satz. [S. 14] *18/2 22*, [S. 21] *2. 3. 22*
  [S. 21–34] 3. Satz. [S. 21] *2. 3. 22*, [S. 34] *München* | *17. 3. 22*
– Partitur:
  Zürich, ICZ
  34 S., nicht gebunden, paginiert
  Unterschrieben, nicht datiert
  [Titelseite] *Streichquartett op 32* | *Max Ettinger*
  [S.1–11] 1. Satz

[S. 12–18] 2. Satz
[S. 19–30] 3. Satz: Vide: T. 65–71 [S. 21–22], T. 167–183 [S. 27–28]

Alt-Englische Meister für Violine und Klavier (J 180)

Besetzung:
V., Kl.

Umfang:
6 Stücke von Henry Purcell:
1. *Jig*. 41 T.
2. *Farewell*. 48 T.
3. *Trumpet Tune and Rigadoon*. 40 T.
4. *Rondeau*. 40 T.
5. *Minuet and Saraband*. 56 T.
6. *Trumpet Tune and Hornpipe*. 48 T.

6 Stücke aus dem Fitzwilliam Virginal Book:
1. *Galliard – Moderato non troppo* (William Byrd). 49 T.
2. *Pawles Wharfe* (Giles Farnaby). 29 T.
3. *Dr. Bull's Juell* (John Bull). 33 T.
4. *Worster Braules* (Thomas Tomkins). 32 T.
5. *Pavana – Molto largo* (William Byrd). 64 T.
6. *Corranto and the Irish Ho-Hoane – Poco allegro – Largo – Poco allegro* (Anon.). 51 T.

Autograph:
[Verschollen]

Originalausgabe:
– *Ausgewählte Stücke. Henry Purcell und Aus Fitzwilliam Virginal Book. Bearbeitet für Violine und Klavier von Max Ettinger.*
Edition Peters Nr. 4156a / 4156 b (11012 / 11013)
Copyright 1932 by C. F. Peters, Leipzig
Heft 1: 16 S. [1958], Heft 2: 16 S. [1959]

Alte Meister Weisen (J 181)

Anmerkung:
Der Klaviersatz wurde von Max Ettinger, die Violinstimme von Maxim Jacobson herausgegeben.

Besetzung:
V., Kl.

Umfang:
1. Johann Adam Birkenstock (1687–1733): *Allegro* [aus: Sonate op. 1, Nr. 3]. 100 T.
2. De Tremanis (um 1736): *Sarabanda* [aus: Sonate op. 1 Nr. 10]. 52 T.
3. De Tremanis: *Minuetto* [Aus: Sonate op. 1, Nr. 9]. 77 T.
4. Pietro Locatelli (1693–1764): *Largo* [aus: Sonate op. 8, Nr. 1]. 21 T.
5. Gaetano Pugnani (1731–1798): *Amoroso* [aus: Sonate op. 6, Nr. 4]. 81 T.

Autograph:
[Verschollen]

Originalausgabe:
- Edition Peters Nr. (1.) E.P. 4225, (2.) E.P. 4226, (3.) E.P. 4227, (4.) E.P. 4228
  Copyright 1932 by C. F. Peters, Leipzig
  Reihe: *Alte Meister Weisen. Original-Werke, herausgegeben von Maxim Jacobson und Max Ettinger.* (1.) 4 S., (2.) 4 S., (3.) 4 S., (4.) 4 S. [+ je 4 S. Violinstimme]

Aus der Serenade Nr. 7 von W. A. Mozart (J 182)

Anmerkung: Der Klaviersatz wurde von Max Ettinger, die Violinstimme von Maxim Jacobson bearbeitet.
Fußnote [S. 3]: *Originalfassung nach der Gesamtausgabe. Die Violinstimme für den Solisten ist von M. Jacobson neu bearbeitet.*

Besetzung:
V., Kl.

Umfang:
1. Andante. 135 T.
2. Menuett. 106 T.
3. Rondo. 455 T.

Autograph:
[Verschollen]

Originalausgabe:
- Edition Peters. Nr. 4371
  Copyright 1932 by C. F. Peters, Leipzig
  23 S. [+ 11 S. Violinstimme]

Englische Klaviermusik aus dem Fitzwilliam-Virginal-Book (J 183)

Besetzung:
Kl.

Umfang:
1. William Byrd (1543–1623): *Galliard.* 49 T.
2. Giles Farnaby (geb. 1560): *Pawles Wharfe.* 29 T.
3. John Bull (1563–1628): *Dr. Bull's Inell.* 33 T.
4. Thomas Tomkins (1573–1656): *Worster Branles.* 33 T.
5. William Byrd: *Pavana.* 65 T.
6. Anon.: *Corranto.* 12 T.
7. Anon.: *The Irish Ho-Hoane.* 26 T.
8. John Bull: *A Gigge. Doctor Bull's my selfe.* 29 T.
9. Anon.: *Corranto.* 25 T.
10. Anon.: *Why aske you.* 33 T.
11. William Byrd: *Wolseys Wilde.* 37 T.
12. William Byrd: *La Volta.* 49 T.
13. Giles Farnaby: *Bony sweet Robin.* 49 T.
14. William Byrd: *Rowland.* 51 T.
15. Martin Peerson (1590–1651): *The Fall of the Leafe.* 33 T.
16. William Byrd: *Galiarda.* 49 T.

Autograph:
– Partitur:
    Zürich, ICZ
    34 S., nicht gebunden, nicht paginiert
    Unterschrieben, nicht datiert
    [Titelseite] *Englische Klaviermusik | aus dem | Fitzwilliam-Virginal-Book | ausgewählt und bearbeitet | von | Max Ettinger*

Anmerkung:
Jede Nummer mit Notiz des Komponisten:
1. *Tanz unter lachenden Strähnen!*
2. *Innigstes Lied ohne Worte!*
3. *Ländliches Idyll!*
4. *Ein Stück voll Schumannscher Laune!*
5. *Pathetischer Tanz voll mystischer Schönheit!*
6. *Schlichter Reigen!*
7. *Mächtige Hymne!*
8. *Eine Widmung des Komponisten an sich selber, – voll behaglicher Heiterkeit!*
9. *Im Mozart-Stil!*
10. *Schumann's: „Warum"!*
11. *Herrlichste Waldstimmung!*
12. *Tanz voll ausgelassener Heiterkeit!*

13. *Innigstes Lied ohne Worte!*
14. *Ballade ohne Worte!*
15. *Herbststimmung a la Haydn!*
16. *Nachtanz in lieblicher Wehmuth!*

Purcell-Album (J 184)

Besetzung:
[Kl.]
Anmerkung: Keine Besetzungsangaben, in Klaviersatz notiert.

Umfang:
1. *A New Irish Tune.* 24 T.
2. *Minuet.* 16 T.
3. *Dance.* 18 T.
4. *Saraband.* 16 T.
5. *Minuet.* 31 T.
6. *Hornpipe.* 12 T.
7. *Minuet.* 16 T.
8. *Jig.* 20 T.
9. *Trumpet Tune.* 12 T.
10. *Sarabande.* 16 T.
11. *Jig.* 12 T.
12. *Rigadoon.* 16 T.
13. *A Minuet.* 15 T.
14. *Minuet.* 16 T.
15. *Rondeau.* 40 T.
16. *Air.* 16 T.
17. *Menuet.* 16 T.
18. *Farewell.* 24 T.
19. *Air.* 12 T.
20. *Hornipi.* 12 T.
21. *A New Scotch Tune.* 12 T.
22. *Trompet Tune.* 16 T.
23. *Rondo.* 40 T.
24. *Hornpipe.* 16 T.
25. *A New Ground.* 31 T.

Autograph:
– Partitur:
   Zürich, ICZ
   52 S., nicht gebunden, paginiert
   Unterschrieben, nicht datiert
   [Titelseite] *Purcell-Album | ausgewählt u. bearbeitet | von | Max Ettinger*

Offenbachiana (J 179)

Besetzung:
V., Kl.

Umfang:
1. Moderato. 31 T.
2. Tranquillo. 36 T.

Autograph:
- Partitur:
  Zürich, ICZ
  8 S., nicht gebunden, nicht paginiert
  Unterschrieben, nicht datiert
  [Titelseite] *Offenbachiana | für | Violine mit Klavier | von | Max Ettinger*
  [S. 3–5] Moderato; [S. 5–7] Tranquillo

Sarabande nach Johann Ludwig Krebs (J 185)

Besetzung:
V., Kl.

Umfang:
29 T.

Autograph:
- Partitur:
  Zürich, ICZ
  4 S., nicht gebunden, nicht paginiert
  Unterschrieben, nicht datiert
  [Titelseite]: *Sarabande | Johann Ludwig Krebs | 1713–1780 | für Violine und Klavier | bearbeitet | von | Max Ettinger*

Air nach G.B. Pescetti (o. J)

Besetzung:
V., Kl.

Umfang:
28 T.

Autograph:
- Partitur:
  Zürich, ICZ
  4 S., nicht gebunden, nicht paginiert
  Unterschrieben, nicht datiert
  [Überschrift] *Air | G. B. Pescetti | für Violine u. Klavier | bearbeitet von | Max Ettinger*

Suite für Violine und Klavier (J 177)

Datierung:
UA: Basel, 14. Januar 1943

Besetzung:
V., Kl.

Umfang:
1. Con moto, espressivo e pesante. 245 T.
2. Andante, molto tranquillo e cantabile. 87 T.
3. Poco maestoso, alla marcia. 104 T.
4. Rondo allegretto. 255 T.

Autographe:
- Partitur:
  Zürich, ICZ
  28 S., geheftet, paginiert
  Unterschrieben, nicht datiert
  [Titelseite]: *Suite | für Violine und Klavier | von | Max Ettinger*
  [S. 1–7] 1. Satz; [S. 8–13] 2. Satz; [S. 14–18] 3. Satz; [S. 19–25] 4. Satz
- Violinstimme:
  Zürich, ICZ
  8 S., geheftet, paginiert
  Unterschrieben, nicht datiert
  [Titelseite]: *18 Min | Suite | für Violine und Klavier | von | Max Ettinger |* <u>*Violine*</u>.

Sonatine für 2 Violinen (J 178)

Datierung:
Ascona, Juni 1938

Besetzung:
2 V.

Umfang:
1. Grave. 140 T.
2. Lento. 83 T.
3. Allegretto. 170 T.
4. Piu mosso. 36 T.

Autographe:
- Partitur:
  Zürich, ICZ
  16 S., geheftet, paginiert
  Unterschrieben, nicht datiert
  [S. 1, über Systemen] *Sonatine für 2 Violinen | Max Ettinger*
  [S. 1–4] 1. Grave; [S. 5–8] 2. Lento; [S. 8–13] 3. Allegretto; [S. 13–14] 4. Piu mosso
- Partitur:
  Zürich, ICZ
  12 S., geheftet, paginiert
  Unterschrieben, nicht datiert
  [Titelseite] *Clemens Oppenheimer | gewidmet | Sonatine | für 2 Violinen | von | Max Ettinger. | Mit schönsten Grüßen! | Max Ettinger | Ascona, 13 Juni, 1938*
  [S. 1–4] 1. Grave; [S. 4–7] 2. Lento; [S. 7–11] 3. Allegretto; [S. 11–12] 4. Piu mosso
- Partitur:
  Zürich, ICZ
  12 S., gebunden, paginiert
  Unterschrieben, nicht datiert
  [S. 1, Überschrift] *Sonatine für 2 Violinen | Max Ettinger*
- Violinstimme (V. I):
  Zürich, ICZ
  8 S., geheftet, paginiert
  Unterschrieben, nicht datiert
  [Titelseite] *Sonatine | für | 2 Violinen | von | Max Ettinger. | Violine I*
- Violinstimme (V. I):
  Zürich, ICZ
  8 S., gebunden, paginiert
  Unterschrieben, nicht datiert
  [S. 1, Titelseite] *Sonatine | für | 2 Violinen | von | Max Ettinger*
- Violinstimme (V. II):
  Zürich, ICZ
  8 S., geheftet, paginiert
  Unterschrieben, nicht datiert
  [Titelseite] *Sonatine | für | 2 Violinen | von | Max Ettinger. | Violine II*
- Violinstimme (V. II):
  Zürich, ICZ
  8 S., gebunden, paginiert
  Unterschrieben, nicht datiert
  [S. 1, Titelseite] *Sonatine | für | 2 Violinen | von | Max Ettinger*

Streichquartett über chassidische Melodien (J 174)

Datierung:
Ascona, Juli 1945

Besetzung:
2 V., Va, Vc.

Umfang:
533 T.

Autograph:
- Partitur:
  Zürich, ICZ
  20 S., gebunden, paginiert
  Unterschrieben, datiert: [S. 16] *Ascona, Juli 1945*
  [Titelseite] *Streichquartett | nach chassidischen Melodien | von | Max Ettinger*

Aufnahme:
- Decca K1795 (1947)
  The Amsterdam Quartett
  1 Schallplatte

Sonate für Violoncello und Klavier (J 175)

[Verschollen]

Phantasie über zwei jiddische Volkslieder (J 176)

Datierung:
April 1946

Besetzung:
V., Kl.

Umfang:
Nr. 1: 38 T.
Nr. 2: 70 T.

Autographe:
- Partitur:
  Zürich, ICZ

8 S., nicht gebunden, paginiert
Unterschrieben, datiert: [Titelseite] *28. IV. 1946 | Lavaterstr. 33*
[Titelseite] *28. IV. 1946 | Lavaterstr. 33 | Phantasie über | Zwei jiddische Volkslieder | für Violine mit Klavier | von | Max Ettinger.*
− Violinstimme:
Zürich, ICZ
4 S., nicht gebunden, nicht paginiert
Unterschrieben, nicht datiert
[Überschrift] *Zwei jiddische Volkslieder | für Violine und Klavier | Max Ettinger*

Orchesterwerke

Ouverture zu „Was ihr wollt" op. 4 (J 159)

Datierung:
Beendet in München, im August 1906
UA: München, 20. Dezember 1909

Besetzung:
2 Fl., 2 Ob., 2 Klar. in A, 2 Fg., 2 Hr. in F, 2 Trp. in C, Pk. in A und E, StrOrch.

Umfang:
406 T.

Autograph:
− Partitur:
Zürich, ICZ
68 S., gebunden, paginiert
Unterschrieben, datiert: [S. 66, unter Doppelstrich] *München im August 1906*
[Titelseite] *Op. 4 | Ouverture | zu | Was ihr wollt | von | Shakespeare | für kleines Orchester | von | Max Ettinger*

Alt-Englische Suite op. 30 (J 160)

Datierung:
UA: Berlin, Coventgarten, 1. April 1904
Ltg.: Wilhelm Furtwängler

Besetzung:
3 Fl., Picc., 3 Ob., EH, 2 Klar., BKlar., 3 Fg., 1 Kfg., 4 Hr., 3 Trp., 3 Pos., Tb., Pk., StrOrch.

Umfang:
1. *Walsingham* (nach William Byrd). 99 T.
2. *Wolseys Wilde* (nach William Byrd). 36 T.
3. *The Maydens Song* (nach William Byrd). 100 T.
4. *Why aske you* (nach Anon.). 33 T.
5. *The Bells* (nach William Byrd). 108 T.
6. *The Kings Hunt* (nach John Bull). 91 T.

Autograph:
[Verschollen]

Originalausgabe:
- F. E. C. Leuckart, Leipzig F. E. C. L. 9231
  Copyright 1932, assign. to Associated Music Publishers Inc., New York
  Alt-Englische Suite nach Meistern des XVII. Jahrhunderts (Aus dem Fitzwilliam-Virginal Book)
  69 S.

Traumbilder op. 31 (J 161)

Besetzung:
2 Fl., Picc., 3 Ob., EH, 3 Klar. in B, 3 Fg., 4 Hr. in F, 3 Trp. in C, 3 Pos., Tb., Hrf., Glck., Bck., Tamb., Trgl., Pk., Xyl., Gr.Tr., Kl.Tr., StrOrch.

Umfang:
Ich sah im Traume:
1. Dürers „Melancholie". 87 T.
2. Li-Tai-Pe, in einer Mondnacht, an einem Flussufer, mit Flöte und Laute. 104 T.
3. Casanova, in einen Ballsaal tretend. 104 T.

Autographe:
- Partitur:
  Zürich, ICZ
  42 S., geheftet, paginiert
  Unterschrieben, nicht datiert
  [Titelseite] *„Traumbilder"* | *3 Lieder ohne Worte für großes Orchester* | *von* | *Max Ettinger* | *op. 31* | *Partitur*
  [S. 1–5] 1. *Melancholie*; [S. 6–12] 2. *Li-Tai-Pe*; [S. 13–35] 3. *Casanova*
- KA:
  Zürich, ICZ
  20 S., nicht gebunden, paginiert

Unterschrieben, nicht datiert:
[Titelseite] *„Traumbilder" | 3 Lieder ohne Worte | für großes Orchester | von | Max Ettinger op. 31 | Klavierauszug*
[S. 1–5] 1. *Melancholie*; [S. 6–9] 2. *Li-Tai-Pe*; [S. 10–15] 3. *Casanova*

Bearbeitung:
Max Ettinger: *Melancholie*, Adagio für Violine und Klavier (J 172)
1. Satz der *Traumbilder* op. 31. 87 T.

- Autograph (Partitur):
  Zürich, ICZ
  4 S., nicht gebunden, nicht paginiert
  Unterschrieben, nicht datiert
  [Überschrift] *Melancholie | Adagio für Violine und Klavier | Max Ettinger*
- Autograph (Violinstimme):
  Zürich, ICZ
  4 S., nicht gebunden, nicht paginiert
  Unterschrieben, nicht datiert
  [Überschrift] *Melancholie | Adagio für Violine und Klavier | von | Max Ettinger*
- Autograph (Violinstimme):
  Zürich, ICZ
  4 S., nicht gebunden, nicht paginiert
  Unterschrieben, nicht datiert
  [Titelseite] *Dürer „Melancholie" | für Violine und Klavier | von | Max Ettinger | Violine*

Alte Tanz-Suite nach Tremais op. 42 (J 162)

Datierung:
1933

Besetzung:
2 Fl., 2 Ob., 2 Klar. in B, 2 Fg., 2 Hr. in F, 2 Trp., Pk., StrOrch.

Umfang:
352 T.

Autograph:
[Verschollen]

Originalausgabe:
- Leuckart, Leipzig Nr. L 9240
  Copyright 1933 by Leuckart
  36 S.

„An den Wassern Babylons",
Gesänge Babylonischer Juden (J 163a)

Datierung:
UA [in Fassung für Kl.]: Bern, 11. Oktober 1936
Kl.: Georg Weiher

Besetzung:
1 Fl., 1 Ob., 1 Klar. in B, 2 Trp. in C, 1 Pos., Schlzg., StrOrch.

Umfang:
429 T.

Autographe:
− Partitur:
  Zürich, ICZ
  40 S., nicht gebunden, paginiert
  Unterschrieben, nicht datiert
  [Titelseite] *„An den Wassern Babylons" | Gesänge Babylonischer Juden (original Melodien) | für kleines Orchester | von | Max Ettinger | Partitur*
− KA:
  Zürich, ICZ
  16 S., nicht gebunden, nicht paginiert
  Unterschrieben, nicht datiert
  [Titelseite] *„An den Wassern Babylons" | „On the waters of Babylon" | Gesänge Babylonischer Juden | Songs of Babylonic Jews | für kleines Orchester | for small orchestra | von | by | Max Ettinger*

Konzert für Horn (J 164)

Datierung:
Ascona, September 1938

Besetzung:
− Solo: Hr.
− Orch.: Pk., StrOrch.

Umfang:
1. Allegro. 183 T.
2. Adagio. 63 T.
3. Allegro non troppo. 194 T.

Autographe:
- Partitur:
Zürich, ICZ
56 S., nicht gebunden, paginiert
Unterschrieben, datiert [S. 49, unter Systemen] *Ascona, September | 1938*
[Titelseite] *Eduard Leloir | gewidmet | Konzert für Horn | mit Steichern u. Pauke | von | Max Ettinger | Partitur*
[S. 1–18] 1. Satz; [S. 18–30] 2. Satz; [S. 30–49] 3. Satz
- KA:
Zürich, ICZ
32 S., nicht gebunden, paginiert
Unterschrieben, nicht datiert
[Titelseite] *Konzert für Horn | mit Streichern und Pauken | von | Max Ettinger | Klavierauszug*
[S. 1–9] 1. Satz; [S. 10–15] 2. Satz; [S. 15–25] 3. Satz
- Skizze:
Zürich, ICZ
20 S., nicht gebunden, paginiert
Nicht unterschrieben, nicht datiert
[S. 3, durchgestrichen] *Dem Berner Stadtorchester | und seinem 1 Hornisten | Gerhard Thulke | gewidmet | Konzert für Horn | mit Streicher und Pauken | von | Max Ettinger | Partitur.*
481 T.

Widmung:
Eduard Leloir gewidmet.
Anmerkung: Ursprünglich dem Berner Stadtorchester und dessen 1. Hornisten Gerhard Thulke gewidmet.

Suite für Orchester nach Girolamo Frescobaldi (J 168)

Besetzung:
2 Fl., 2 Ob., 2 Klar., 2 Fg., 2 Hr. in F, 2 Trp. in C, Pk., StrOrch.

Umfang:
1. *Capriccio Pastorale.* 51 T.
2. *Corrente.* 33 T.
3. *Fughetta.* 23 T.
4. *Canzona.* 54 T.
5. *Corrente.* 37 T.
6. *Fuga.* 61 T.

Autograph:
- Partitur:
Zürich, ICZ
44 S., nicht gebunden, paginiert
Unterschrieben, nicht datiert
[Titelseite] *Suite für Orchester | nach | Girolamo Frescobladi | 1583–1643 | bearbeitet u. instrumentiert | von | Max Ettinger*
[S. 1–10] *Capriccio Pastorale*; [S. 11–12] *Corrente*; [S. 13–14] *Fughetta*; [S. 15–23]; *Canzona*; [S. 24–25] *Corrente*; [S. 26–40] *Fuga*

Sonatine für Streichorchester nach Giovanni Battista Pescetti (J 165)

Datierung:
Ascona, März 1939
UA: Radio Monte Ceneri, 1. Januar 1941

Besetzung:
StrOrch., Cemb. ad lib.

Umfang:
1. Allegro. 123 T.
2. Moderato assai. 27 T.
3. Presto. 73 T.

Autograph:
- Partitur:
Zürich, ICZ
12 S., geheftet, paginiert
Unterschrieben, datiert: [S. 9, unter Doppelstrich] *Ascona, März 1939*
[Titelseite] *Sonatine | für Streichorchester | von | Giovanni Battista Pescetti | 1704–1766 | bearbeitet von | Max Ettinger*
[S. 1–4] 1. Satz; [S. 4–7] 2. Satz; [S. 8–9] 3. Satz

Concertino für Flöte mit Streichorchester nach Padre Martini (J 167)

Datierung:
UA: Radio Monte Ceneri, 1. Januar 1941

Besetzung:
- Solo: Fl.
- Orch.: StrOrch., Cemb. ad lib.

Umfang:
1. Moderato. 20 T.
2. Andante. 48 T.
3. Allegro e brillante. 32 T.

Autograph:
- Partitur:
  Zürich, ICZ
  16 S., nicht gebunden, paginiert
  Unterschrieben, nicht datiert
  [Titelseite] *9–10 Min.* | *Conertino für Flöte* | *mit Streichorchester* | *von* | *Padre Martini* | *1706–1784* | *bearbeitet* | *von* | *Max Ettinger*
  [S. 1–4] 1. Satz; [S. 4–7] 2. Satz; [S. 7–12] 3. Satz

Cantus Hebraicus (J 166)

Datierung:
Ascona, 2. Mai – Juni 1943

Besetzung:
1 Fl., 1 Ob., 1 Klar., 1 Fg., 2 Hr., 2 Trp., Hrf., Schlzg., StrOrch.

Umfang:
181 T.

Autograph:
- Partitur:
  Zürich, ICZ
  28 S., nicht gebunden, paginiert
  Unterschrieben, datiert: [S. 1] 2. 5. 1943
  [Titelseite]: *Cantus Hebraicus* | *Variationen über eine* | *Alte Hebräische Melodie* | *für Orchester* | *von* | *Max Ettinger*

Stimmenmaterial:
- Israeli Music Publications, P. O. Box 6011, Tel-Aviv, Israel

Ausgabe:
- Taschenpartitur:
  Israeli Music Publications Ltd. P.O. Box 6011, Tel Aviv. Copyright 1959
  Study Scores of Orchestral Works and Chamber Music, 50. (1962)

Bühnenwerke

Rialon op. 11 (J 1)

Datierung:
UA: München, Deutsches Theater, 30. Mai 1911
Insz.: Friedrich Freska

Libretto:
Pantomime in 7 Bildern
Nach Friedrich Freska
Libretto: Max Ettinger

Besetzung:
[?]

Umfang:
1390 T.

Autograph:
– Particell:
 Zürich, ICZ
 124 S., geheftet, paginiert
 Nicht unterschrieben, nicht datiert
 [S. 1, Überschrift] *Rialon*
 Anmerkung: Die Anmerkung *Walzer S. 276* [das Particell umfaßt nur 124 Seiten] auf Seite 38a der Skizze legt die Vermutung nahe, daß es sich hierbei um ein Particell für die Erstellung eines Klavierauszugs handelt.

Die lustigen Weiber von Windsor (J 15)

Datierung:
München, 1920
UA: München, Kammerspiele
Anmerkung: Unter Nr. 15 von Emil Jucker aufgeführt in: *Max Ettinger. Verzeichnis seiner musikalischen Werke*, Zürich 1953

Libretto:
Musik zu „Die lustigen Weiber von Windsor" von William Shakespeare nach Henry Purcell, bearbeitet von Max Ettinger

Besetzung:
[?]

Autograph:
[Verschollen]

Der eifersüchtige Trinker op. 14 (J 2)

Datierung:
UA: Nürnberg, Stadttheater am Ring, 7. Februar 1925
Ltg.: Ferdinand Wagner
Insz.: Otto Kraus
Anmerkung: Die Uraufführung von *Der eifersüchtige Trinker* bildete den ersten Teil des Abends, die Uraufführung der *Juana* den zweiten.

Libretto:
Musikalische Tragikomödie in 1 Aufzug (16 Szenen)
Nach Boccacios *Decamerone*
Libretto: Max Ettinger

Besetzung:
- Solisten: Tofano (B); Ghita, sein Weib (S); Lippo, ihr Vetter (T); Anna, ihre Amme (A); 1. Trinker (T); 2. Trinker (B); 3. Trinker (B); 1. Mädchen (S); 2. Mädchen (S); 3. Mädchen (A)
- Chor: SATB
- Orchester: 3 Fl., 2 Picc., 2 Ob., 1 EH, 2 Klar., 1 Bklar., 3 Fg., 1 Kfg., 4 Hr., 3 Trp., 3 Pos., 1 Btb. in C, 3 Pk., Gr.Tr., Kl.Tr., Bck., Tam., Trgl., Glck., Tamb., 2 Hrf., StrOrch. (in möglichst großer Stärke)

Umfang:
- Ouverture: 70 T.
- Szene: 117 T. / 2. Szene: 93 T. / 3. Szene: 69 T. / 4. Szene: 260 T. / 5. Szene: 16 T. / 6. Szene: 56 T. / 7. Szene: 22 T. / 8. Szene: 54 T. / 9. Szene: 242 T. / 10. Szene: 211 T. / 11. Szene: 313 T. / 12. Szene: 233 T. / 13. Szene: 64 T. / 14. Szene: 58 T. / 15. Szene: 110 T. / 16. Szene: 388 T.

Autographe:
- Partitur [Reinschrift]:
  Zürich, ICZ
  423 S., gebunden, paginiert
  Nicht datiert, nicht unterschrieben
  [Titelseite] *„Teofano und Sora Ghita"* | *von* | *Max Ettinger* | *Partitur*
  [S. 1] *„Der eifersüchtige Trinker"* | *(„Teofano und Sora Ghita")* | *(Komisch tragische Oper)* | *Musikalische Tragikomödie in einem Aufzug.* | *Text nach*

Boccaccio's Decamerone | von Friedrich Freska. | Musik von | Max Ettinger | Partitur.
3. Szene: Vide: *Ettinger!* T. 1–134 [S. 68–93] / Vide: T. 176–194 [S. 101–105]
8. Szene: Vide: T. 8–10 [S. 137–138]
9. Szene: Vide: *Uraufführung* T. 93–135 [S. 168–176] / Vide: *Urauff.* T. 196–222 [S. 185–190] / [S. 197–235]
10. Szene: Vide: *1925 Urauf.* T. 66–102 [S. 209–216]
11. Szene: Vide: T. 402–439 [S. 300–308]
16. Szene: Vide: *1925 Urauff.* T. 342–346 [S. 418–419]
Anmerkung: Der Beginn der 12. Szene, der in der Reinschrift nicht bezeichnet ist, muß in Anlehnung an die Skizze und die Klavierauszüge auf S. 284 angesetzt werden.

– Partitur [Skizze]:
Zürich, ICZ
462 S., nicht gebunden, nicht durchgehende Bogenzählung
Nicht datiert, nicht unterschrieben
[Titelseite] „*Der eifersüchtige Trinker*" | („*Tofano und Sora Ghita*") | *Musikalische Tragikomödie* | *(komisch-tragische Oper) in einem Aufzuge* | *Text nach Boccacio's Decamerone* | *von* | *Friedrich Freksa* | *Musik von* | *Max Ettinger op. 14* | *Partitur*
Anmerkung: Bisweilen nur Singstimmen notiert, Orchestersatz mehrfach ausgespart.

Abschriften:

– KA:
Zürich, ICZ
212 S., gebunden, paginiert
[Titelseite] *Der eifersüchtige Trinker* | „*Tofano und Sora Chita*" | *Komisch tragische Oper in einem Aufzug.* | *Musikalische Tragikomödie in einem Aufzug* | *Text nach Boccacio's „Decamerone".* | *von* | *Friedrich Freska* | *Musik* | *von* | *Max Ettinger.* | *Klavierauszug* | *von* | *Ernst Riemann.*

– KA:
Zürich, ICZ
232 S., gebunden, paginiert
[Titelseite] *Der eifersüchtige Trinker* | *von* | *Max Ettinger* | *Klavierauszug* <u>*Chor*</u>
[S. 1] Der eifersüchtige | Trinker. | Musikalische Tragikomödie in einem Aufzug. | Text nach Boccacios „Decamerone" | von | Friedrich Freska | Musik von Max Ettinger Op. 14 | Klavierauszug | von | Ernst Riemann.
Anmerkung: Hierbei handelt es sich um eine Abschrift des von Ernst Riemann eingerichteten KA durch eine dritte Hand.

Judith op. 28 (J 3)

Datierung:
UA: Nürnberg, Stadttheater, 24. November 1921
Ltg.: Fritz Volkmann
Insz.: Juan Spivak

Weitere Aufführungen:
Augsburg, Stadttheater, 17. Dezember 1922
Ltg.: Karl Tutein
Insz.: Carl Häusler

Leipzig, Neues Theater, 3. Februar 1923
Ltg.: Alfred Szendrei
Insz.: Max Hofmüller

Hamburg, Stadt-Theater, 23. März 1923
Ltg.: Werner Wolf
Insz.: Siegfried Jelenko

Dortmund, Stadttheater, 19. Mai 1923
Ltg.: Carl Wolfram
Insz.: Thur Himmighoffen

Lübeck, Stadttheater, 10. Juni 1924
Ltg.: Fritz Weidlich
Insz.: Kurt Daum

Libretto:
Musikalische Tragödie in 3 Akten
Nach Friedrich Hebbel
Libretto: Max Ettinger

Besetzung:
- Solisten: Judith (S); Holofernes (Bar.); Oberpriester* (T); Kämmerer (T); Trabant* (T); Krieger (T); Hauptmann (T); 3 Gesandte von Lybien* (3 T); 3 Gesandte von Mesopotamien* (3 T); Achior, Hauptmann der Moabiter (T); Mirza, die Magd Judiths (A); Ephraim (T); der Älteste von Bethulien (B); 1. Bürger in Bethulien* (T); 2. Bürger in Bethulien* (B); 3. Bürger in Bethulien* (Bar.); 4. Bürger in Bethulien (B); Assad und sein Bruder (T); Daniel, stumm und blind, gottbegeistert (T); Samaja, Assads Freund (B); Samuel, ein uralter Greis (T); sein Enkel (S); Soldaten, Volk, Weiber und Kinder.
(* Diese Rollen können von Choristen gegeben werden.)
- Chor: SATB
- Orchester: 3 Fl., 3 Ob., EH, 3 Klar. in B, BKlar., 3 Fg., 4 Hr. in F, 3 Trp. in C, 3. Pos., Btb., Gr.Tr., Bck., Tam., 2 Hrf., Xyl., Kl.Tr., Tamb., Trgl., Pk., Cel., StrOrch.

Umfang:
- 1. Akt: 982 T. (1. Bild: 467 T. / 2. Bild: 515 T.)
- 2. Akt: 476 T.
- 3. Akt: 730 T. (1. Bild: 554 T / 2. Bild: 176 T)

Autographe:
- KA:
  Zürich, ICZ
  176 S., gebunden, paginiert
  Nicht unterschrieben, nicht datiert
  [Einband] *Manuskript.* | *Unverkäufliches* | *EIGENTUM* | *des* | *Verlag „Die Schmiede"* G. m. b. H. | *Verlag „DIE SCHMIEDE" G. M. B. H.* | *Berlin W. 50, Augsburgerstr. 52.*
  [Titelseite] *„Judith"* | *Musikal. Tragödie in 3 Akten* | *nach Fr. Hebbel* | *von* | *Max Ettinger.*
  [S. 1, Überschrift] *„Judith"* | *nach Hebbel* | *1020/11.* | *Max Ettinger* | *München.* | *Hohenzollernpl. 1.*
  [S. 1–59] 1. Akt: [S. 1–27] 1. Bild / [S. 27–59] 2. Bild
  [S. 61–102] 2. Akt
  [S. 105–175] 3. Akt: [S. 105–154] 1. Bild / [S. 154–175] 2. Bild
- KA:
  Zürich, ICZ
  244 S., gebunden, paginiert
  Nicht unterschrieben, nicht datiert
  [Titelseite] *„Judith"* | *Klavierauszug* | *Max Ettinger*
  [S. 3–79] 1. Akt: [S. 3–27] 1. Bild / [S. 28–79] 2. Bild
  [S. 80–140] 2. Akt
  [S. 141–240] 3. Akt: [S. 141–211] 1. Bild / [S. 212–240] 2. Bild

Ausgabe:
- Partitur:
  „Die Schmiede" GmbH, Berlin
  Copyright 1922 by *„Die Schmiede"*
  Als Manuskript gedruckt
  276 S.
  [S. 3–106] 1. Akt: [S. 3–53] 1. Bild / [S. 54–106] 2. Bild
  [S. 107–167] 2. Akt
  [S. 168–276] 3. Akt: [S. 168–248] 1. Bild / [S. 249–276] 2. Bild

Anmerkung: In der ICZ sind drei Exemplare vorhanden, wovon ein Exemplar mit zahlreichen handschriftlichen Regie- und Textanweisungen von fremder Hand versehen ist. Bei zwei der drei in der ICZ aufbewahrten Exemplare ist der Verlagsnamen der *Schmiede* durchgestrichen. Darüber wurde mit Handschrift bei einem Exemplar *U. E.*, bei einem anderen *Universal Edition, Wien* eingetragen.

- KA:
  „Die Schmiede", Berlin G. M. B. H. Berlin W 50, Augsburgerstr. 52.
  Alle Rechte vorbehalten.
  146 S.
  [S. 3–53] 1. Akt: [S. 3–25] 1. Bild / [S. 26–53] 2. Bild
  [S. 54–92] 2. Akt
  [S. 93–146] 3. Akt: [S. 93–130] 1. Bild / [S. 131–146] 2. Bild
  Anmerkung: Das in der ICZ vorhandene Exemplar ist handschriftlich überschrieben mit *Inspection* und enthält zahlreiche Anmerkungen.
- Stimmenmaterial:
  „Die Schmiede"

Bearbeitungen:

Max Ettinger: *Tanz-Scene aus „Judith"*:
Umfang: 145 T.
Besetzung: Kl.

- Autograph:
  Zürich, ICZ
  Nicht unterschrieben, datiert: [S. 7, unter Doppelstrich] *Ascona, Oktober 1934*
  8 S., geheftet, paginiert
  [Titelseite] *Tanzszene | aus | „Judith" | von | Max Ettinger | für | Tatjana Barbakoff*

Juana op. 33 (J 4)

Datierung:

UA: Nürnberg, Stadttheater am Ring, 7. Februar 1925
Ltg.: Ferdinand Wagner
Insz.: Otto Kraus
Anmerkung: Die Uraufführung von *Der eifersüchtige Trinker* bildete den ersten Teil des Abends, die Uraufführung der *Juana* den zweiten.

Weitere Aufführungen:

Kiel, Stadttheater, 14. Juni 1925
Anläßlich des 55. Deutschen Tonkünstlerfestes
Ltg.: Richard Richter
Insz.: Georg Hartmann

Mönchen-Gladbach, Oktober 1925
Ltg.: Theo Buchwald
Insz.: Jans Schmid

München, Nationaltheater, 5. Dezember 1925
Ltg.: Karl Böhm
Insz.: Max Hofmüller

Dortmund, Stadttheater, 15. April 1927
Ltg.: Josef Rugler
Insz.: Willi Aron

München, Goethesaal, 10. Juni 1932
„Studio für moderne Opernkunst"
Klavier: Hein Schmidt-Hunig, Herbert Kaeferstein
Insz.: Hermann Ebbinghaus

Radio-Studio Bern, 29. April 1938
Ltg.: Christoph Lertz
Berner Stadtorchester

Libretto:
Oper in einem Aufzug
Text: Georg Kaiser

Besetzung:
– Solisten: Juana (S); Juan (T); Jorge (Bar.); der alte Diener (T)
– Orch.: 3 Fl., Picc., 3 Ob., EH, 3 Klar., BKlar., 3 Fg., Kfg., 4 Hrn., 3 Pos., 1 Btb., Pk., Gr.Tr., Bck., Tam., Trgl., 2 Hrf., StrOrch. („in möglichst großer Stärke")

Umfang:
846 T.

Autograph:
– Partitur:
Wien, Wiener Stadt- und Landesbibliothek [Leihgabe der UE]
Anmerkung: Im Leihgabenbestand der Wiener Stadt- und Landesbibliothek liegen außerdem 257 Einheiten Korrespondenz zwischen Max Ettinger und der UE.
182 S., gebunden, paginiert
Unterschrieben, nicht datiert
[Titelseite] *Juana | von | Georg Kaiser | Musik von | Max Ettinger | Partitur*| [Am unteren Seitenrand, Stempel] *Universal-Edition Actiengesellschaft*

Ausgaben:
– KA:
Universal-Edition A. G. Wien, New York. U. E. Nr. 8273. Copyright 1925.
Stich und Druck: *Waldheim=Eberle A. G.*
72 S.
[Titelseite] *JUANA | Oper in einem Aufzug | Dichtung | von | GEORG KAISER | MUSIK | von | MAX ETTINGER | Klavierauszug mit Text*
– Textbuch:
Universal-Edition A.G., Wien, New York. 1925
19 S.

Nachdrucke:

- *Lied der Juana. Aus der Oper „Juana"*, in: *Jede Woche Musik. Illustrierte Wochenschrift des Berliner Tagblatts* 2 (1925), H. 16, S. 61
  Arie der Juana [T. 715–729]
  Klavierbearbeitung von Max Ettinger, 18 T.

Aufnahmen:

- *Juana*, Deutscher Rundfunk, Sendegesellschaft Berlin
  Bln 301.1701–1712 (11 Schellackplatten)

Clavigo op. 34 (J 5)

Datierung:
UA: Leipzig, Neues Theater, 19. Oktober 1926
Ltg.: Gustav Brecher
Insz.: Walther Brügmann

Weitere Aufführung:

Nürnberg, Neues Stadttheater, 10. Mai 1928
Ltg.: Bertil Wetzelberger
Insz.: Paul Grüder

Libretto:
Oper in 2 Aufzügen (6 Bildern)
Nach Johann Wolfgang von Goethe
Libretto: Max Ettinger

Besetzung:

- Solisten: Clavigo, Archivarius des Königs (T); Carlos, sein Freund (T); Beaumarchais (Bar.); Marie Beaumarchais (S); Sophie Guilbert, geborene Beaumarchais (MS); Guilbert, ihr Mann (B); Saint-George (B); ein Diener (Bar.)
- Orch.: 3 Fl., Picc., 3 Ob., EH, 3 Klar., BKlar., 3 Fg., Kfg., 4 Hr., 3 Trp., 3 Pos., Btb., Schlzg., Hrf., StrOrch.

Umfang:

- 1. Aufzug:
  Vorspiel: 28 T. / 1. Bild: 179 T. / 2. Bild: 652 T. / 3. Bild: 205 T.
- 2. Aufzug:
  1. Bild: 322 T. / 2. Bild: 271 T. / 3. Bild: 212 T.

Autograph:
[Verschollen]

Originalausgaben:
- Klavierauszug:
 Universal-Edition A. G., Wien und New York, Nr. 8665. Copyright 1926.
 138 S.
- Textbuch:
 Universal-Edition A.G., Wien und New York, Nr. 8666. Copyright 1926.
 Druck von Otto Maaß' Söhne Ges. m. b. H., Wien I. – 1286 26.
 27 S.

Frühlings Erwachen op. 36 (J 6)

Datierung:
UA: Leipzig, Neues Theater, 14. April 1928
Ltg.: Gustav Brecher
Insz.: Walther Brügmann

Weitere Aufführung:
Augsburg, Stadttheater, 9. November 1919
Ltg.: Paul Frankenburger
Insz.: Xaver Bayerl

Libretto:
Oper in 3 Akten (12 Bildern)
Nach Frank Wedekind
Libretto: Max Ettinger

Besetzung:
- Solisten: Frau Bergmann (A); Wendla, ihre Tochter (S); Gymnasiasten: Melchior (Bar.), Moritz (T), Otto (T), Georg (T), Robert (B), Ernst (B); Schülerinnen: Thea (S), Martha (A); Ilse, ein Modell (S); Rektor Sonnenstich (B); Professoren: Affenschmalz (–), Knüppeldick (B), Hungergurt (T), Zungenschlag (T), Fliegentod (B), Knochenbruch (–); Habebald, Pedell (B); Medizinalrat Dr. von Brausepulver (–); Frau Schmidt (–); Ein vermummter Herr (T)
- Orchester: 2 Fl., Picc., 2 Ob., EH, 2 Klar., Baßklar., 2 Fg., Kfg., 4 Hr., 3 Trp., 3 Pos., Btb., Schlzg., Hrf., Kl., Cel., StrOrch.

Umfang:
- 1. Akt (1041 T.)
 1. Bild: 83 T. / 2. Bild: 488 T. / 3. Bild: 240 T. / 4. Bild: 230 T.
- 2. Akt (807 T.):
 1. Bild: 337 T. / 2. Bild: 138 T. / 3. Bild: 77 T. / 4. Bild: 255 T.
- 3. Akt (909 T.):
 1. Bild: 279 T. / 2. Bild: 126 T. / 3. Bild: 232 T. / 4. Bild: 272 T.

Autographe:
- Partitur:
  Zürich, ICZ
  364 S., Akte einzeln gebunden, paginiert
  1 Akt:
  144 S., gebunden, paginiert
  Unterschrieben, nicht datiert
  [Titelseite] *Frühlings Erwachen | Oper | in 3 Akten (12 Bildern) | nach | Frank Wedekind | von | Max Ettinger | Eigentum des Komponisten | alle Rechte vorbehalten.*
  [S. 1–139] 1. Akt
  2. Akt:
  110 S., gebunden, paginiert
  Nicht unterschrieben, nicht datiert
  [S. 140–245] 2. Akt
  Vide: 4. Bild: T 16–38 [S. 209–213], T 49–51 [S. 214], T 94 –de [S. 219], T 98 [S. 220]
  Anmerkung: Es ist nicht eindeutig festzustellen, ob es sich bei den Vide um mehrere kürzere, oder um ein einziges, das die Takte 16–94 umfaßt, handelt.
  3. Akt:
  110 S., gebunden, paginiert
  Nicht unterschrieben, nicht datiert
  [S. 246–346] 3. Akt
  Vide: 4. Bild: T 44–64 [S. 315–317], T 120–144 [S. 323–324], T 240–255 [S. 343–344]
- KA:
  Zürich, ICZ
  196 S., nicht gebunden, paginiert
  Unterschrieben, nicht datiert
  [S. 1, Überschrift] *Aufführungsrecht vorbehalten. | Frühlings Erwachen | Oper in 3 Aufzügen (12 Bilder) nach Frank Wedekind | Max Ettinger*
  [S. 1–80] 1. Akt; [S. 81–133] 2. Akt; [S. 134–191] 3. Akt

Ausgaben:
- KA:
  Als Manuskript gedruckt
  174 S.
  [S. 1–68] 1. Akt; [S. 69–113] 2. Akt; [S. 114–174] 3. Akt
  Anmerkung: In der ICZ liegt das Regieexemplar der Uraufführung, mit Szenenanweisungen und Skizzen zum Bühnenbild, außerdem zwei Exemplare mit Ettingers handschriftlicher Widmung: *Dem lieben Fritz Fischer zur Erinnerung an die gemeinsame Zeit in Ascona! Juni 1946* und *Dem l. Rudolf Spira mit herzl. Wünschen! Ascona, Juni 1946.*
  Im Regieexemplar wird die Dauer der einzelnen Teile wie folgt angegeben: 1. Akt: 52 Minuten, 2. Akt: 36 Minuten, 3. Akt: 33 Minuten. *2 Stunden ohne*

Pause. Das Exemplar trägt unter dem Eintrag: *Bühnenbilder: Walther Brügmann* die Widmung Walther Brügmanns für Max Ettinger. *Dieses „wertvolle einzige" Original Manuscript widme ich in Verehrung dem Komponisten. WB. 1929*
- Textbuch:
  O. J. Roth, München
  36 S.

Nachdruck:
- In: *Jede Woche Musik. Illustrierte Wochenschrift des Berliner Tagblatts* 5 (1928), H. 28, S. 109
  [Überschrift] *3. Bild: Bergmanns Garten im Morgensonnenglanz, aus Frühlings Erwachen von Frank Wedekind. Uraufführung: Stadttheater Leipzig, Musik von Max Ettinger.*
  Wendla: II. Akt, 3. Bild (T. 1–17)
  1 S., 17 T.
  Besetzung: S, Kl.

Lucia von Lammermoor (J 14)

Datierung:
UA: Leipzig, Neues Theater, [1930]
Ltg.: Gustav Brecher

Libretto:
Tragische Oper in 3 Akten (5 Bildern) von Gaetano Donizetti
Dichtung: Salvatore Cammarano
Neuübersetzung und -bearbeitung: Max Ettinger

Besetzung:
- Solisten: Lord Heinrich Ashton (Bar.); Lucia, seine Schwester (S); Alisia, ihre Vertraute (MS); Raimund, ihr Erzieher (B); Sir Edgar Ravenswood (T); Lord Artur Bucklaw (T)
- Orchester: [?]

Umfang:
- 1. Akt:
  1. Bild: 254 T. / 2. Bild: 472 T.
- 2. Akt:
  1. Bild: 702 T.
- 3. Akt:
  1. Bild: 364 T. / 2. Bild: 287 T.

Originalausgabe:
- KA:
Bühnenverlag Ahn & Simrock G.M.B.H. Berlin NW 7
Verlags-Nummer: hx94, 1928, Copyright 1928: *Bühnenverlag Ahn & Simrock G.M.B.H. Berlin NW 7*
126 S.

Der Herr von Pourceaugnac (Fragment) (o. J.)

Datierung:
Fragment, datiert mit 10. Dezember 1928

Libretto:
Komische Oper in 5 Bildern
Nach Motiven von Jean-Baptiste Molière
Libretto: Hermann Ebbinghaus

Besetzung:
- Personen: Aristide Petitsauvage, Bankier; George, Redakteur, sein Sohn; Madelon, seine Tochter; Claude Tienville, Geliebter Madelons; Herr von Pourceaugnac, ein Edelmann aus Tarason; Toinette, Kammerjungfer des Herrn von Pourceaugnac; ein Diener des Herrn von Pourceaugnac; ein Professor; ein Assistenzarzt; ein Krankenwärter; ein Verkehrspolizist; ein Dienstmann; ein Briefträger; Midinetten
- Orchester: 2 Fl., 1 Picc., 2 Ob., 2 Klar. in B, 2 Fg., 4 Hr. in F, 3 Trp. in C, 3 Pos., Tb., Pk., Gr.Tr., Bck., Trgl., Holz, Tamb., Kl.Tr., Hrf., StrOrch.

Umfang:
73 T.

Autographe:
- Libretto:
Zürich, ICZ
55 S., nicht gebunden, paginiert
Unterschrieben, datiert: [S. 55] *München, den 10. Dezember 1928 | Hermann Ebbinghaus*
[Titelseite] DER HERR VON POURCEAUGNAC | *Komische Oper | in fünf Bildern, einem Vor-, einem Nach- und einem Zwischenspiel | von | HERMANN EBBINGHAUS. | Nach Motiven von Molière.*
- Partitur:
Zürich, ICZ
11 S., nicht gebunden, paginiert
Unterschrieben, datiert: [S. 1] *9. 1. 29*
[S. 1, Überschrift] *Vorspiel | 9. 1. 29 | Max Ettinger*

Anmerkung: Das Autograph ist als Partiturreinschrift angelegt, bricht jedoch nach 11 S. (73 T.) vollständig ab.

Ali Baba (J 13)

Datierung:
1929–30
Anmerkung: Unter Nr. 13 von Emil Jucker aufgeführt in: *Max Ettinger. Verzeichnis seiner musikalischen Werke*, Zürich 1953

Libretto:
Ali Baba von Luigi Cherubini
Für den Rundfunk bearbeitet von Max Ettinger

Besetzung:
[?]

Autograph:
[Verschollen]

Dolores op. 40 (J 7)

Datierung:
20. Juni 1930 – 27. August 1931
Anmerkung: Mit Schreibmaschine getippte Notiz: *Dolores von Max Ettinger | erhielt im Jahre 1936 den Emil Hertzkapreis | der Universal-Edition, Wien. | Der Jury gehörten an: Ernst Krenek | Operndirektor Karl Rankl | Prof. Lothar Wallerstein | Prof. Egon Wellesz | Prof. Alexander Zemlinsky | Infolge der Zeitumstände ist das Werk heute als | Manuskript noch nicht aufgeführt.* Da die Notiz zusammen mit den 5 Exemplaren des mit Schreibmaschine geschriebenen Librettos, wovon eines mit Kantorowitz bezeichnet ist, im Autograph des Klavierauszugs liegt, wurde sie wohl von Kantorowitz oder von Ettinger selbst geschrieben.

Libretto:
Oper in 3 Akten
Libretto: Max Ettinger

Besetzung:
- Solisten: Der Vater (Sprechrolle); Dolores, seine Tochter (S); die Gesellschafterin (A); der Herr (T); der Künstler (Bar.)
- Chor: SATB (hinter der Szene)

- Orchester: 3 Fl., 3 Ob., 3 Klar. in B, 3 Fg., 4 Hr. in F, 3 Trp. in C, 3 Pos., 1 Tb., Schlzg., Hrf., Kl., Cel., StrOrch.

Umfang:
- 1. Akt: 536 T.
- 2. Akt: 1058 T.
- 3. Akt: 651 T.

Autographe:
- Libretto:
Zürich, ICZ
100 S., nicht gebunden, paginiert
Unterschrieben, nicht datiert
- Partitur:
Zürich, ICZ
228 S., nicht gebunden, paginiert
Unterschrieben, datiert: [S. 1] 20. 6. 30, [S. 217] *Ende der Oper | Ascona | 27. August 1931*
Anmerkung: Da der letzte Teil der Oper auf anderem Papier notiert wurde, liegt die Vermutung nahe, daß Ettinger diesen zu einem späteren Zeitpunkt neu abgeschrieben oder umgearbeitet hat. Das Datum zu Beginn der Oper würde somit für den früheren Teil der Abschrift, dasjenige am Ende der Oper für den hinteren und somit später niedergeschriebenen Teil der Oper gelten. Weniger wahrscheinlich ist die Erklärung, wonach Ettinger am 20. Juni 1930 mit der Reinschrift begonnen hatte und diese erst am 27. August 1931 fertigstellte.
[Titelseite] *Nr. 15 | Einziges Manuskript | „Dolores" | Oper in drei Akten | von | Max Ettinger | Personen: Der Vater – Sprechrolle | Dolores Sopran | Gesellschafterin Alt | Der Herr Tenor | Der Künstler Bariton | Ort: irgendwo – – – Zeit: irgendwann | Motto: Die weibliche Seele, erst im Dienste Aphroditens, durch den Stoff beherrscht, durch jeden Schritt auf der verhängnisvollen Bahn zu immer neuen, unerwarteten Leiden, zuletzt in die tiefsten Schlammgründe der Materie geführt — dann aber zu neuem, kräftigerem Dasein erstehend, aus aphroditischem zu psychischem Leben übergehend! | xx J. J. Bachofen: „Der Psyche-Mythos."*
[S. 1–48] 1. Akt
[S. 49–153] 2. Akt
[S. 154–217] 3. Akt
- KA:
Zürich, ICZ
126 S., nicht gebunden, paginiert
Unterschrieben, nicht datiert
Anmerkung: In losen Bögen liegt der Klavierauszug in einem Kartoneinband des *Notenschreib-Büro Kapellmeister Dr. Wohlauer.* Der Stempel sowie das Etikett sind durchgestrichen, darunter in der Handschrift Ettingers: *Einziges Manuskript.*
[Titelseite] *„Dolores" | Oper in drei Akten | von | Max Ettinger | Personen: Der Vater: Sprechrolle | Dolores: Sopran | Gesellschafterin: Alt | Der Herr: Tenor | Der Künstler: Bariton | Der Ort: irgendwo — Zeit: irgendwann*

[S. 1–32] 1. Akt
[S. 33–92] 2. Akt
[S. 92–124] 3. Akt

Abschrift:
- Libretto:
Zürich, ICZ
28 S., Schreibmaschine
[S. 1] *Dolores*
Anmerkung: In der ICZ sind 5 Exemplare dieses Librettos vorhanden. Auf einem Exemplar findet sich auf der ersten Seite, oben rechts, ein Stempel: *M. Kantorowitz | Bühnenverleih | Torgasse 6 | Zürich 1*. In diesem Exemplar sind verschiedene Streichungen, Ergänzungen und Kommentare mit schwarzer Tinte und Bleistift in Ettingers Handschrift enthalten.

Rosen von Roccolo (Fragment) (J 9)

Datierung:
Ascona, Weihnachten 1931

Libretto:
Eine vegetarische Operette in 3 Akten (5 Bilder)
Libretto: Werner von der Schulenburg

Besetzung:
- Personen: Ferdinand von Winckelhaus, Bankier und Besitzer des Sanatoriums „Vita"; Olga Walsdorf, Hausdame, genannt „Miss Weekend"; Ziegenkarl, Hausmeister und Faktotum des Sanatoriums; Carmen Dübling, Turnlehrerin; Sanatoriumsgäste: Hans Ammann, Tenor von der Oper in Wien; Zita Oberwieser, Sopran von der Oper in Stockholm; Frau Gunna Smalström, Zündholzfabrikantenwitwe und Oberpriesterin der Psycho-Vitaministen; Goldmund Tünnes, Industrieller; sein Sohn; Bankiers: Siegmund Cohn, Heinz Lewisohn, Hermann Kahn; Psycho-Vitaministen: Prinz Max von Hohen- und Überobersburg, Zahnarzt Dr. Daubenschmalz, Schriftsteller und Journalist Erwin Sattler, Frau Direktor Lewinson, Fräulein Sonnenklaar; Gäste und Personal
- Chor: SAT[B?]
- Orchester: [?]

Umfang:
602 T.

Autographe:
- Skizze:
Zürich, ICZ
28 S., nicht gebunden, teilweise paginiert

Nicht unterschrieben, nicht datiert
Nr. 1: 47 T. / Nr. 2: 64 T. / Nr. 3: 58 T. / Nr. 4: 78 T. / Nr. 5: 29 T. / Nr. 6: 65 T. / Nr. 7: 32 T. / Nr. 8: 37 T. / Nr. 9: 24 T. / Nr. 10: 32 T. / Nr. 11: 53 T. / Nr. 12: 83 T.
- Skizze:
Zürich, ICZ
8 S., nicht gebunden, nicht paginiert
Nicht unterschrieben, nicht datiert

Abschriften:
- Libretto:
46 S., mit Schreibmaschine, geheftet
Nicht unterschrieben, nicht datiert

Bearbeitung:
- KA (*Walzer aus Rosen von Roccolo*):
Zürich, ICZ
4 S., nicht paginiert
Unterschrieben, datiert
[S. 1] *Walzer | aus | Rosen von Roccolo | von | Werner von der Schulenburg | u. | Max Ettinger. | Ascona | Weihnachten 1931*
Besetzung: Karl [Bar. oder T], Kl.
53 T.
Anmerkung: Nr. 11 aus *Rosen von Roccolo*.

Bühnen-Begleitmusik zu einem alt-italienischen Schauspiel [„Glas von Murano"] (Fragment) (J 16)

Libretto:
Begleitmusik zu einem alt-italienischen Schauspiel von Max Ettinger nach alten Arien und Liedern. [Durchgestrichen] *„Glas von Murano", Werner von der Schulenburg*
Anmerkung: Sowohl der Name des Bühnenstücks, *Glas von Murano*, als auch des Autors, Werner von der Schulenburg, wurden mit schwarzer Tinte übermalt.

Besetzung:
- Solistin: Lentulus (S)
- Orch.: 1 Fl., 1 V., 1 Vc., Schlzg., Cel.

Umfang:
Nr. 1: 68 T.; Nr. 2: 43 T.; Nr. 3: 59 T.; Nr. 4: 35 T.; Arie: 27 T.

Autograph:
- Partitur:
Zürich, ICZ
16 S., nicht gebunden, paginiert
Unterschrieben, nicht datiert
[Titelseite] *Begleitmusik | zu einem | alt-italienischen Schauspiel | von | Max Ettinger | nach alten Arien u. Liedern.* [Durchgestrichen] „*Glas von Murano*", *Werner von der Schulenburg | Besetzung: 1 Flöte | 1 Violine | 1 Cello | Schlagzeug | Celesta | Aufführungsrecht vorbehalten. | 12–14 Minuten*
[S. 1–4] Nr. I; [S. 5–6] Nr. II; [S. 7–9] Nr. III; [S. 9–11] Nr. IV; [S. 12] Arie
Anmerkung: Der Text der Arie wurde mit schwarzer Tinte weitgehend überdeckt, wobei jedoch ersichtlich ist, daß er in Deutsch abgefaßt wurde. Beigefügt ist ein Blatt mit *Text für die Arie*, der neu in italienischer Sprache verfaßt wurde.

Ladomeia (Fragment) (J 11)

Libretto:
Oper in 3 Akten
Libretto: [?]

Besetzung:
- Personen: Hades; Persephone; Aphrodite; Ladomeia; Protesilaos; Akastos; Antim, ein Diener; ein Satyr
- Chor: [?]
- Orchester: [?]

Autographe:
- Libretto:
Zürich, ICZ
42 S., nicht gebunden, paginiert
Nicht unterschrieben, nicht datiert
Anmerkung: Mit Schreibmaschine geschrieben, Ergänzungen mit schwarzer Tinte von Ettinger. Auf der ersten Seite steht über dem Titel *Einziges Manuskript*, vom Komponisten mit Bleistift notiert.
- Skizzen:
Zürich, ICZ
28 S., nicht gebunden, nicht paginiert
Nicht unterschrieben, nicht datiert
Anmerkung: Es handelt sich hierbei primär um Skizzen für Gesangsstimmen.

Die Erzbetrügerin Courasche (Fragment) (J 12)

Libretto:
Volksoper aus der Zeit des Dreißigjährigen Krieges
Oper in 4 Akten (9 Bildern)
Libretto: Max Ettinger

Besetzung:
- Personen: Courasche, eine alte wüste Zigeunerin; Courasche als junges Mädchen/Janko; ihre Ziehmutter; Hauptmann; Pfarrer; Wirtin in Wien; ihre zwei Töchter; Verehrer; Graf; italienischer Leutnant; zwei Gerichtsdiener; zwei Reutter; Mussquetierer; Haushofmeister; Tambourjunge; Oberst; Zigeuner-Leutnant; junge Zigeunerin mit 3 Kindern; Soldaten, Hochzeitsgäste; junge Offiziere; Büttel; Volk; Diener; Zigeuner
- Chor: SATB
- Orchester: [kein Hinweis auf die geplante Besetzung]

Umfang:
75 T.
Anmerkung: Bekannt sind nur 75 T., wovon 35 T. das Vorspiel und 40 T. den Beginn des 1. Aktes bilden.

Autographe:
- Particell [Vorspiel und Beginn des 1. Aktes, 1. Bild]:
Zürich, ICZ
4 S., nicht gebunden, nicht paginiert
Nicht unterschrieben, nicht datiert
[S. 1] Ohne Titel
[S. 1–2] Beginn Akt I, 1. Bild: 40 Takte (die alte Courasche)
[S. 3–4] Vorspiel: 35 Takte (die junge Courasche und *Chor der Männer und Frauen*)
- Libretto (Typoskript):
Zürich, ICZ
7 S., paginiert
Anmerkung: Mit Schreibmaschine getippte Handlungsskizze, vereinzelte Anmerkungen mit Bleistift und schwarzer Tinte vom Komponisten. In Dialogform findet sich auf der letzten Seite bloß das Vorspiel und der Beginn des 1. Aktes, wobei die Textzeilen denjenigen der musikalischen Skizze entsprechen.

David und Absalom (Fragment) (J 10)

Datierung:
1. Februar 1933

Libretto:
Oper in einem Vorspiel und 2 Akten (10 Bilder)

Besetzung:
- Personen: David, der König; seine Kinder: Amnon, Absalom und Tamar; Natan, der Prophet; Joab, der Feldherr; Räte: Achitofel, Chuschai und Simei; das Weib von Tekoa. Das Volk.
- Chor: Kein Hinweis auf die Besetzung
- Orchester [1. Bild], 2 Ob., 2 Klar. in B, 2 Fg., 2 Hr. in F, 2 Trp. in C, Trgl., Hrf., StrOrch.

Umfang:
Beginn des 1. Bildes. 52 T.

Autographe:
- Libretto:
  Zürich, ICZ
  84 S., nicht gebunden, paginiert
  Unterschrieben, nicht datiert
  [S. 1, Überschrift] *Absolom* | *Oper in einem Vorspiel u. 2 Akten* | *(10 Bilder)* | *von* | *Max Ettinger*
- Partitur [Vorspiel; 1. Bild]
  Zürich, ICZ
  8 S., nicht gebunden, nicht paginiert
  Unterschrieben, datiert: [S. 1] *1. 2. 33* *Absolom* Max Ettinger
  52 T.
  Anmerkung: Die Partitur wurde vom Komponisten sehr sauber notiert, bricht jedoch unmittelbar nach dem Gebet Davids, dem Beginn des 1. Bildes, ab.
- Skizze [Vorspiel; 1. Bild]:
  Zürich, ICZ
  2 S., nicht paginiert
  Nicht unterschrieben, datiert
  [S. 1] *1/2. 33*
  Anmerkung: Musikalisch mit Partitur identisch.

Abschrift:
- Libretto:
  Zürich, ICZ
  42 S., nicht gebunden, paginiert
  Nicht unterschrieben, nicht datiert
  Schreibmaschine, Korrekturen vom Komponisten mit Bleistift

Der Dybuk (J 8)

Datierung:
Ascona, 29. November 1946 – 19. Mai 1947

Libretto:
Der Dybuk (Zwischen 2 Welten)
Ballett in 3 Akten
Nach der dramatischen Legende *Dybuk* von Solomon Rappoport-Ansky
Libretto: Max Ettinger, Heinz Rosen

Besetzung:
- Tänzer: Chanan (der Dybuk); Lea; Meir, der Synagogendiener; Frade; Reb Ssender, Leas Vater; Asriel Miropoler, Wunderrabbi; Manasse, Leas Bräutigam; Reb Mendel, sein Lehrer; eine jüdische Frau mit ihrem kranken Kind; eine alte Bettlerin; ein Hinkender; eine Dünne; ein Buckliger; eine Dicke; ein Blinder; Manasses Eltern. Die Bethanim, Bettler, Volk, Manasses Verwandte, eine tanzende Kapelle, Chassidim
- Sänger (Solisten): S; Flüsterstimme
- Orchester: 2 Fl., Picc., 2 Ob., 2 Klar. in B, Fg., 4 Hr. in F, 2 Pos., Trgl., Pk., Tam., StrOrch.

Umfang:
1. Akt: 365 T.
2. Akt: 505 T.
3. Akt: 467 T.

Autographe:
- Partitur:
  Zürich, ICZ
  148 S., nicht gebunden, paginiert
  Unterschrieben, datiert: [S. 1] *29/XI. 1946 | Ascona*, [S. 131] *Ascona, 19. Mai, 1947*
  [Titelseite] *Der Dybuk | (zwischen 2 Welten) | Ballet | in 3 Akten | von | Max Ettinger | Scenario | nach der Legende | von Anski | von | Heinz Rosen. | Manuskript. | Alle Rechte vorbehalten. | Eigentum des Komponisten.*
  [S. 1–40] 1. Akt; [S. 41–80] 2. Akt; [S. 81–131] 3. Akt
- KA:
  Zürich, ICZ
  50 S., nicht gebunden, paginiert
  Unterschrieben, nicht datiert
  [Titelseite] *Der Dybuk | Ballet in 3 Akten | von | Max Ettinger | Scenario nach der Legende von | Anski | von | Heinz Rosen | Klavier-Auszug*
  [S. 1–12] 1. Akt; [S. 13–26] 2. Akt; [S. 27–44] 3. Akt

Größere Chorwerke

Schnitterlin op. 2a (J 28a)

Nicht auffindbar.

Weisheit des Orients op. 24 (J 17a)

Datierung:
UA: Nürnberg, Saal des Kulturvereins, 18. Juni 1921, anläßlich des 51. Deutschen Tonkünstlerfestes
Ltg.: August Scharrer

Text:
Text: *Strofen* von Omar Chajjam.
Übersetzung: Adolf Friedrich Graf von Schack

Besetzung:
- Soli: SATB
- Chor: SATB
- Orch.: 3 Fl., Picc., 3 Ob., EH, 3 Klar., BKlar., 3 Fg., Kfg., 4 Hr. in F, 3 Trp. in F, 3 Pos., Tb., Cel., Kl., Hrf., Pk., Bck., Gr.Tr., Kl.Tr., Rührtrommel, Tam., Trgl., Glck., Xyl., Tamb., Mand., StrOrch.

Umfang:
1222 T.

Autograph:
- Partitur:
  Zürich, ICZ
  182 S., gebunden, paginiert
  Unterschrieben, nicht datiert
  [S. 1, Text auf Titelseite] „*Weisheit des Orients*" | *Strofen des* | *Omar Chajjam* | *nach der Übersetzung des* | *Grafen von Schack* | *Für Soli, gem. Chor u. großes Orchester* | *von* | *Max Ettinger op. 24*
  Vide:
  T. 2–4 [S. 3], T. 7 [S. 4], T. 12 [S. 4], T. 28 [S. 5], T. 32 [S. 6], T. 34–46 [S. 6], T. 60–62 [S. 10], T. 65 [S. 10], T. 78–79 [S. 13], T. 104 [S. 16], T. 114–115 [S. 17–18], T. 136–142 [S. 20–21], T. 178–185 [S. 26], T. 239–248 [S. 34–35], T. 270 [S. 39], T. 273–274 [S. 39–40], T. 282–283 [S. 45], T. 289–290 [S. 45], T. 349 [S. 48], T. 376–379 [S. 54], T. 402–408 [S. 58], T. 411–445 [S. 59–65],

T. 480–486 [S. 70–71], T. 534–555 [S. 76a–76c], T. 595–596 [S. 81], T. 628–647 [S. 87–89], T. 927–930 [S. 133], T. 1119–1121 [S. 162], T. 1152–1153 [S. 167], T. 1171 [S. 170], T. 1173–1174 [S. 170], T. 1214–1215 [S. 177]
Anmerkung: Vide und Trennungsstriche zwischen den Akkoladen mit dickem blauem Farbstift, seltener in rot. Es ist nicht eindeutig feststellbar, ob diese von Max Ettinger oder vom Dirigenten der Uraufführung stammen.

Abschriften:
- KA:
Zürich, ICZ
84 S., gebunden, nicht paginiert
Nicht unterschrieben, nicht datiert
[Titelseite] *Clavierauszug* | *„Weisheit des Orients".* | *Strofen des* | *Omar Chajjam* | *für Soli, gem. Chor und großes Orchester* | *von* | *Max Ettinger Op. 24*
- KA:
Zürich, ICZ
132 S., gebunden, nicht paginiert
Nicht unterschrieben, nicht datiert
Anmerkung: Dieselben Vide wie in der Partitur, mit dickem blauem Farbstift eingetragen.

Ausgabe:
- Textbuch:
L. Schnitzler & Co., Buch- und Kunstdruckerei, München 1921
15 S.

Das Lied von Moses / The Chant of Moses (J 18)

Datierung:
UA: Berlin, Bach-Saal, 10. und 13. September 1936, „Berliner Zionistische Vereinigung"
Jüdische Chorvereinigung, Jüdische Orchestervereinigung
Ltg.: Leo Kopf

Weitere Aufführungen:
Zürich, ICZ, 10. und 17. Dezember 1939
Jüdischer Gesangsverein HASOMIR, Jüdischer Damenchor, Zürcher Kammerorchester
Ltg.: Alexander Schaichet

Text:
Worte der Heiligen Schrift, unter Verwendung jemenitischer Melodien.
In Deutsch und Englisch

Besetzung:
- Soli: SATB
- Chor: SATB
- Orch.: 2 Fl., 2 Ob., 2 Klar., 2 Fg., 4 Hr., 3 Trp., 3 Pos., Tb., Hrf., Pk., Gr.Tr., Bck., Tam., Kl.Tr., Tamb., Trgl., StrOrch.

Umfang:
1. *Der Auszug aus Ägypten.* 457 T.
2. *In der Wüste.* 881 T.
3. *Vor dem gelobten Land.* 339 T.

Autographe:
- Partitur:
  Zürich, ICZ
  208 S., gebunden, paginiert
  Unterschrieben, datiert: [S. 1] *3. Dezemb. 1934.* [S. 195] *Ascona 19 / 4. 1935*
  [Titelseite] *„Das Lied von Moses„ / „The Chant of Moses" | Worte der Heiligen Schrift | Words of Holy Writ | für 4 Soli, Chor und Orchester | for 4 Soli, Chorus and Orchestra | von | by | Max Ettinger | Partitur | Partition*
  [S. 1–76] *Der Auszug aus Ägypten*; [S. 77–170] *In der Wüste*; [S. 170a–195] *Vor dem gelobten Land*
- KA:
  Zürich, ICZ
  92 S., nicht gebunden, paginiert
  Unterschrieben, nicht datiert
  [Titelseite] *Alexander Schaichet, | der vollkommenen Harmonie | von Mensch u. Künstler!, | Zur Erinnerung an die | Erstauführung in Zürich | Dezember 1939 | in Bewunderung u. Dankbarkeit | Max Ettinger |* <u>*Das Lied von Mose*</u> *|* <u>*The Chant of Moses*</u> *| Worte der Heiligen Schrift | Words of the Holy Writ | Für 4 Soli, Chor u. Orchester | for 4 Soli, Choir and Orchestra | von | by | Max Ettinger | Klavierauszug | (Unter Verwendung jemenitischer Melodien) | (Yemenitic melodies have been incorporated)*
  [S. 1–32] *Der Auszug aus Ägypten*; [S. 33–74] *In der Wüste*; [S. 75–86] *Vor dem gelobten Land*

Ausgabe:
- KA:
  Im Selbstverlag des Komponisten
  Ohne Erscheinungsjahr, ohne Erscheinungsort, Copyright: *Im Selbstverlag und Eigentum des Komponisten*
  93 S.

Königin Esther (J 19)

Datierung:
Ascona, bis 27. Dezember 1941

UA: Zürich, Tonhalle, 27. Oktober 1946
Gemischter Chor Altstadt Zürich, Orchesterverein Zürich
Ltg.: Carl Danioth

Weitere Aufführung:
Zürich, Konzertsaal des Konservatoriums, 22. Oktober 1950
Gemischter Chor Altstadt Zürich, Orchesterverein Zürich
Ltg.: Carl Danioth

Text:
Max Ettinger

Besetzung:
- Soli: SATBar.
- Chor: SATBar.
- Orch.: 2 Fl., 2 Ob., 2 Klar., 2 Fg., 2 Trp., 2 Hr., 3 Pos., Tb., Hrf.., Pk., Schlzg., StrOrch.

Umfang:
1. Teil: 375 T.
2. Teil: 357 T.
3. Teil: 418 T.

Autographe:
- Partitur:
  Zürich, ICZ
  164 S., gebunden, paginiert
  Unterschrieben, datiert: [S. 159, hinter Doppelstrich] *Begonnen und beendet in der Zeit der größten Leiden meines Volkes! | 27 Dezember 1941, an meinem Geburtstag, | in Kummer und Sorge | Ascona, Max Ettinger*
  [Titelseite] *Königin Esther | biblisches Oratorium | für | 4 Soli, gem. Chor und Orchester | von | Max Ettinger* [Eingeklebter Zettel] *Dem gemischten Chor Altstadt Zürich, | seinem Präs. und seinem Dirigenten | <u>Carl Danioth</u> | in Dankbarkeit und Liebe | gewidmet! | Ascona, 1946 | Max Ettinger*
  [S. 1–51] 1. Teil; [S. 52–104] 2. Teil; [S. 105–159] 3. Teil
- KA:
  Zürich, ICZ
  84 S., gebunden, paginiert
  Unterschrieben, nicht datiert
  [Titelseite] *Königin Esther | Oratorium | für gem. Chor, großes Orchester | 4 Soli | von | Max Ettinger*
  1. Teil [S. 1–24]; 2. Teil [S. 25–51]; 3. Teil [S. 51–79]

– Skizze:
  Zürich, ICZ
  nicht gebunden, paginiert
  Nicht unterschrieben, nicht datiert
  71 S.

Widmung:
Dem *Gemischten Chor Altstadt Zürich* und Carl Danioth, dem Dirigenten und Präsidenten des Chors gewidmet.

Psalmen aus „L'Estro Poetico Armonico" von Benedetto Marcello (bearbeitet von Max Ettinger) (J 156)

Datierung:
Ascona 1942
UA: Radio Svizzera italiana, Monte Ceneri, 19. Dezember 1943
S: Marianna Caula, A: Margherita De Landi, T: Simon Bermanis, B: Fernando Corena
Chor und Radioorchester
Ltg.: Edwin Löhrer

Besetzung:
– Soli: SATB
– Chor: [?]
– Orch.: [?]

Text:
Text von Girolamo Ascanio Giustiniani: „L'Estro Poetico Armonico", Paraphrasen der ersten 50 Psalmen Davids; Vertonung: Benedetto Marcello; Bearbeitung: Max Ettinger:
1. *In Domino confido*. Psalm X a 4 voci
2. *Domine, quis habitabit*. Sopran- und Tenorsolo, Chor, Orchester
3. *Indica me Deus*. Psalm XXVII. Baß-Solo
4. *O Signor, chi serà mai*. Psalm XIV. Sopran- und Tenorsolo
5. *Quemad modum desiderat cervus*. Psalm XVI. Sopran- und Altsolo
6. *I cieli immensi narrano*. Psalm XVIII a 4 voci.

Umfang:
[?]

Autograph:
[Verschollen]

Jidisch Lebn (J 20)

Datierung:
UA: Zürich, Theatersaal der „Kaufleuten", 23. Oktober 1943
Jüdischer Gesangsverein HASOMIR, Akademieorchester Zürich
Ltg.: Alexander Schaichet

Weitere Aufführung:
Zürich, Tonhalle, 29. Oktober 1944
Jüdischer Gesangsverein HASOMIR, Akademieorchester Zürich
Ltg.: Alexander Schaichet

Text:
Nach Gedichten von Abraham Rejisin, Shimon Frug und Chaim Nachman Bialik, unter Verwendung von chassidischen und Volksmelodien

Besetzung:
- Solo: T
- Chor: TTBB
- Orch.: Fl., Ob., Klar. in B, Trp. in C, Pos., Schlzg., Kl., StrOrch.

Umfang:
Vorspiel. 67 T.
1. *Nit schrek*, Worte von Rejisin. 63 T.
2. *Unter di grininke Bojmelech*, Worte von Bialik. 54 T.
3. *Der Becher*, Worte von Frug. 43 T.
4. *Di Masche*, Volkslied. 13 T.
5. *A Freilachs*, Worte von Bialik. 88T.

Autograph:
- Partitur:
  Zürich, ICZ
  72 S., nicht gebunden, paginiert
  Unterschrieben, nicht datiert
  [Titelseite] *DAUER: ca. 33 Minuten | Dem „Hasomir" Zürich, | zu seinem 20ten Geburtstag! – | und seinem genialen Dirigenten | Alexander Schaichet | in Freundschaft | gewidmet! | „Jüdisches Leben." | nach Gedichten von | Rejisin, Frug und Bialik, | unter Verwendung von | chassidischen und Volkmelodien, | für Solo-Tenor, Männerchor | und Orchester | von | Max Ettinger | Eigentum des Komponisten. Nachdruck verboten. | Aufführungs- und Vervielfältigungsrechte für alle | Länder vorbehalten.*
  [S. 1–9] Vorspiel; [S. 9–18] 1. Teil; [S. 18–29] 2. Teil; [S. 29–39] 3. Teil; [S. 39–44] 4. Teil; [S. 44–68] 5. Teil

Bearbeitung:
- *Der Becher*. Lied für Singstimme und Klavier
  18 T.

Anmerkung: Unverändertes Tenorsolo aus dem 3. Teil (*Der Becher*) von *Jiddisch Lebn*, neu mit Klavierbegleitung. Ettinger hat im Autograph jedoch nicht darauf verwiesen, daß es sich um einen Teil aus *Jiddisch Lebn* handelt. Aus diesem Grund wird diese Fassung als eigenständiges Lied angegeben.
- Partitur:
  Zürich, ICZ
  1 S., nicht gebunden, nicht paginiert
  Unterschrieben, nicht datiert
  [Überschrift] *Der Becher* | *Frug* | Max Ettinger

Widmung:
Dem Jüdischen Gesangsverein HASOMIR und dem Dirigenten Alexander Schaichet gewidmet.

Aufnahme:
- Studio für Grammophon-Aufnahmen W. H. von der Mühll Zürich
  25. 1. 1944
  5 Schellackplatten
  Jüdischer Gesangsverein HASOMIR, Akademie-Orchester Zürich, Max Lichtegg (T),
  Ltg.: Alexander Schaichet

Jiddisch Requiem (J 21)

Datierung:
Ascona, Januar 1948
UA: Zürich, Tonhalle, 30. Oktober 1948
Jüdischer Gesangsverein HASOMIR, Musiker des Tonhalleorchesters
Ltg.: Alexander Schaichet

Libretto:
Texte von Lajser Aychenrand und Chaim Nachman Bialik

Besetzung:
- Soli: STBar.
- MCh.: TTBB
- Orch.: 2 Fl., Ob., 2 Klar. in B, Fg., 2 Trp. in C, 2 Pos., Pk., Schlzg., StrOrch.

Umfang:
I. *Zum Andenk an di Gefallene vum Warschewer Ghetto.* Lajser Aychenrand. 238 T.
II. *An alt Wiegenlied.* Lajser Aychenrand. 46 T.
III. *Bleibt eier Nom'n.* Lajser Aychenrand. 67 T.
IV. *Der Voter un die Nacht.* Lajser Aychenrand. 61 T.

IVb. *Mein Volk.* Lajser Aychenrand. 42 T.
V. *Mir sajn'n gekumm'n.* Lajser Aychenrand. 217 T.
VI. *Zu schwer der Joch.* Ch. N. Bialik. 76 T.
VII. *Ich gej, ich kum.* Ch. N. Bialik. 72 T.
VIII. *Glust sich mir wejn'n.* Ch. N. Bialik. 94 T.

Autographe:
– Partitur:
Zürich, ICZ
108 S., gebunden, paginiert
Unterschrieben, datiert: [S. 106, unter Doppelstrich] *Ascona, Januar 1948*
[Überschrift] *Aufführungsrecht vorbehalten. | A Jiddisch Requiem | Max Ettinger*
[S. 1–20] *I. Zum Andenk an di Gefalene vum Warschewer Ghetto. Lajser Aychenrand.*
[S. 21–23] *II. An alt Wiegenlied. Lajser Aychenrand.*
[S. 24–36] *III. Bleibt eier Nom'n. Lajser Aychenrand.*
[S. 37–44] *IV. Der Voter un die Nacht. Lajser Aychenrand.*
[S. 45–50] *IVb. Mein Volk. Lajser Aychenrand.*
[S. 51–70] *V. Mir sajn'n gekumm'n. Lajser Aychenrand.*
[S. 71–78] *VI. Zu schwer der Joch. Ch. N. Bialik.*
[S. 79–88] *VII. Ich gej, ich kum. Ch. N. Bialik.*
[S. 89–106] *VIII. Glust sich mir wejn'n. Ch. N. Bialik.*
– KA:
Zürich, ICZ
52 S., gebunden, paginiert
Unterschrieben, nicht datiert
[Titelseite] *Jiddisch Requiem | Werter von | Laiser Aychenrand | un | Ch. Bilalik | 3 Solisten, Männerchor und Orchester | Musik von | Max Ettinger | Uraufführungsrecht | für Hasomir Zürich. | Alle Rechte vorbehalten.*
[S. 1–9] *I. Zum Andenk an di Gefalene vum Warschewer Ghetto. Lajser Aychenrand.*
[S. 9–12] *II. An alt Wiegenlied. Lajser Aychenrand.*
[S. 13–17] *III. Bleibt eier Nom'n. Lajser Aychenrand.*
[S. 18–24] *IV. Der Voter un die Nacht. Lajser Aychenrand.*
[S. 24–28] *IVb. Mein Volk. Lajser Aychenrand.*
[S. 29–36] *V. Mir sajn'n gekumm'n. Lajser Aychenrand.*
[S. 37–39] *VI. Zu schwer der Joch. Ch. N. Bialik.*
[S. 40–44] *VII. Ich gej, ich kum. Ch. N. Bialik.*
[S. 45–55] *VIII. Glust sich mir wejn'n. Ch. N. Bialik.*

Melodramatische Werke

Bertrand de Born op. 2b (J 28b)

Libretto:
Text nach Ludwig Uhland
Libretto: Max Ettinger

Besetzung:
- Sprecher
- Orch.: 2 Fl., Picc., 2 Ob., 2 Klar. in A, 2 Fg., 1 Kfg., 4 Hr. in F, 3 Trp., 3 Pos., Tb., Pk., Kl.Tr., Bck., Tam., Hrf., StrOrch.

Umfang:
118 T.

Autograph:
- Partitur:
  Zürich, ICZ
  30 S., nicht gebunden, paginiert
  Unterschrieben, nicht datiert
  [Titelseite] *Bertran de Born | von | Uhland | für Deklamation und Großes Orchester | componiert | von | Max Ettinger Op. 2 | Partitur*
  Anmerkung: [S. 1, unter Systemen] *Nur an wenigen Stellen (wo unbedingt nötig) habe ich den Rhytmus [sic] für die Deklamation angegeben. Im übrigen bitte ich den Dirigenten, der frei deklamierenden Stimme zu folgen.* <u>Der Komponist.</u>

Wovon die Menschen leben (J 29)

Datierung:
Ascona, 1934 – September 1944
UA: Zürich, Galerie Aktuaryus, 11. April 1945
Gesendet vom Radio Beromünster am 10. Juni 1946

Libretto:
Text nach Leo Tolstoi

Besetzung:
- Engel Michael (T)
- Sprecher (Schuster Szenjon; Matrjona, seine Frau; der Reiche; sein Diener; eine Frau)
- Kl.

Umfang:
548 T.

Autographe:
- Partitur:
  Zürich, ICZ
  32 S., nicht gebunden, paginiert
  Unterschrieben, datiert: [S. 1] 15. 6.
  [Überschrift] *Wovon die Menschen leben | Tolstoj*
- Partitur:
  Zürich, ICZ
  44 S., nicht gebunden, paginiert
  Unterschrieben, datiert [S. 39, unter Doppelstrich] *Finis | Ascona, September | 1944 | begonnen 1934..*
  [Titelseite] *Wovon die Menschen leben | Erzählung | von | Tolstoj | Musik | von | Max Ettinger | <u>Klavier</u>. | Besetzung: 1 Sprechstimme | 1 hohe Singstimme | Klavier*
- Partitur:
  Zürich, ICZ
  28 S., nicht gebunden, paginiert
  Unterschrieben, nicht datiert
  [Titelseite] *Wovon die Menschen leben | Erzählung | von | Tolstoj | Musik | von | Max Ettinger | <u>Gesang</u>. | Besetzung: 1 Sprechstimme | 1 hohe Singstimme | Klavier*
- Partitur:
  Zürich, ICZ
  32 S., nicht gebunden, paginiert
  Unterschrieben, datiert: [S. 1] 15. 6.
  [Überschrift] *Wovon die Menschen leben | Tolstoj*

Kopie:
- Libretto (Typoskript):
  Zürich, ICZ
  54 S., gebunden, paginiert
  2 Ex.

Filmmusik

Musik zu Kulturfilmen der Titania-Film GmbH, Berlin (J 186)

Datierung:
Berlin, 1931
Musik zu Kulturfilmen der Titania-Film GmbH, Berlin:
1. *Nordische Naturwunder: Die Westküste Norwegens*
2. *Nordische Naturwunder: Eine Fahrt durch das Nordkap in das Eismeer*
3. *Norwegen, das Land der Gegensätze*
4. *Chile und seine Ureinwohner*
5. *Vom Atlantischen über die Kordilleren zum Stillen Ozean*
6. *Bahia, Rio de Janeiro und Santos, die Welthafenstädte Brasiliens*
7. *Die Inselbrücke zwischen Lissabon und Rio de Janeiro*

Besetzung:
[?]

Umfang:
1. 506 T.
2. [?]
3. 238 T.
4. 537 T.
5. [?]
6. 198 T.
7. 265 T.

Anmerkung: Musik zu Nr. 2 und 5 verschollen.

Autographe:
– KA (*Nordische Naturwunder: Die Westküste Norwegens*):
  Zürich, ICZ
  18 S., nicht gebunden, paginiert
  Unterschrieben, nicht datiert
  [Titelseite] *Nordische Naturwunder | 2 Kulturfilme des | Norddeutschen Lloyd | Ton | Max Ettinger*
– KA (*Nordische Naturwunder: Eine Fahrt durch das Nordkap in das Eismeer*):
  [Nicht auffindbar]
– KA (*Norwegen, das Land der Gegensätze*):
  Zürich, ICZ
  36 S., nicht paginiert
  Nicht unterschrieben, nicht datiert
  [Titelseite] *Norwegen*

- KA (*Chile und seine Ureinwohner*):
  Zürich, ICZ
  18 S., nicht gebunden, paginiert
  Unterschrieben, nicht datiert
  [Titelseite] 2 *Kulturfilme aus Südamerika* | *von* | *Arthur Wellin* | *Ton* | *von* | *Max Ettinger*
- KA (*Bahia, Rio de Janeiro und Santos, die Welthafenstädte Brasiliens*):
  Zürich, ICZ
  26 S., nicht gebunden, nicht paginiert
  Nicht unterschrieben, nicht datiert
  [Titelseite] *Die Küste Brasiliens*
- KA (*Die Inselbrücke zwischen Lissabon und Rio de Janeiro*):
  Zürich, ICZ
  32 S., nicht gebunden, nicht paginiert
  Nicht unterschrieben, nicht datiert
  [Titelseite] *Von Lissabon* | *über Madeira* | *nach Rio*

Exposés für Tonfilme (o. J)

Datierung:
Zwischen 1931 und 1933 [?]
- *Der Schneesturm* nach Puschkin
- *Ein Schuß in den Nebel* nach Jens Peter Jacobsen
- *Der Bindfaden* nach Boccacios *Decamerone*
- *Der Kammersänger* nach Frank Wedekind
- *Wozzeck* nach Georg Büchner

Typoskripte:
- Typoskript:
  Zürich, ICZ
  3 S., nicht gebunden, paginiert
  Unterschrieben, nicht datiert
  [Überschrift] *Film-Exposé von Max Ettinger.* | *Der (Schneesturm nach Puschkin).*
- Typoskript:
  Zürich, ICZ
  3 S., nicht gebunden, paginiert
  Unterschrieben, nicht datiert
  [Überschrift] *Film-Exposé von Max Ettinger.* | *Ein Schuß in den Nebel* | *(Nach J.P. Jacobsen)*
- Typoskript:
  Zürich, ICZ
  2 S., nicht gebunden, paginiert

Unterschrieben, nicht datiert
[Überschrift] *Exposé über* | *"Der Bindfaden"* | *Filmmanuskript nach Boccaccios "Decamerone" von Max Ettinger.*
– Manuskript:
Zürich, ICZ
5 S., nicht gebunden, paginiert
Unterschrieben, nicht datiert
[Überschrift] <u>*Der Kammersänger, nach Wedekind*</u> |*Film-Exposé von M. E.*
– Typoskript:
Zürich, ICZ
4 S., nicht gebunden, paginiert
Unterschrieben, nicht datiert
[Überschrift] <u>*Wozzeck.*</u> | *Film-Exposé* | *nach dem Drama Georg Büchners* | *von* | *Dr. Johannes Eckhart und Max Ettinger.*

Filmmusik zu „Knalleffekt" (J 187)

Datierung:
Berlin, 1932

Knalleffekt (*Postillion mit Hindernissen*), Tonfilm.
Schlager auf eigene Texte: Max Ettinger

Besetzung:
– Roland, 1. Tenor der Oper (Helge Roswaenge); Sander, 2. Tenor der Oper; eine Japanerin; Regisseur; Bühnenmeister; Friseur; 1 Droschkenkutscher; Pressechef; Sekretärin; 1 Feldwebel; 1 Leutnant; 1 Chauffeur; 1 Garderobier.

Autograph:
[Verschollen]

Kopie:
– Drehbuch:
Zürich, ICZ
Typoskript, 79 S.
[Titelseite]: <u>*„KNALLEFFEKT"*</u> | *(Postillion mit Hindernissen)* | *Eine musikalische Komödie nach einer Idee von Helge Roswaenge* | *Manuskript von Wolfgang Wilhelm.* | <u>*Regie: Professor Dr. Fr. L. Hörth.*</u> | <u>*Komposition und Schlagertexte: Max Ettinger*</u> | *Musikalische Mitarbeit: Hanns Sieber.*
Anmerkung: Einträge mit Bleistift, die den Ton betreffen, möglicherweise von Max Ettinger.

Orchesterlieder

Des Morgens op. 15a (J 22)

Datierung:
Partenkirchen, 15. Juni 1915

Besetzung:
- Solo: T.
- Orch.: 3 Fl., 2 Ob., EH, 2 Klar. in B, BKlar., 2 Fg., Kfg., 4 Hr. in F, 3 Trp. in F, 3 Pos., Btb., Pk., Hrf., StrOrch.

Text:
Friedrich Hölderlin: *Des Morgens*

Umfang:
101 T.

Autographe:
- Partitur:
Zürich, ICZ
30 S., nicht gebunden, paginiert
Unterschrieben, datiert [S. 28, hinter Doppelstrich] *Partenkirchen 15/6. 15.*
[Titelseite] *„Des Morgens" | Gedicht von | Friedrich Hölderlin | für Tenor mit Orchester | von | Max Ettinger | Op 15 a*
Anmerkung: Alles mit Bleistift notiert – keine Reinschrift.
- Partitur
Zürich, ICZ
32 S., in Bögen, nicht gebunden, paginiert
Unterschrieben, datiert [S. 28, hinter Doppelstrich] *Partenkirchen 15/6. 15.*
[Titelseite] *„Des Morgens" | Gedicht | von | Friedrich Hölderlin | für Tenor mit Orchester | von | Max Ettinger. Op 15 a*

Abendphantasie für Tenor und Orchester op. 15b (J 23)

Datierung:
Partenkirchen, 15. Juni 1915

Besetzung:
- Solo: T
- Orch.: 3 Fl., 2 Ob, EH, 3 Klar., BKlar., 2 Fg., Kfg., 4 Hr. in F, 3 Trp., 3 Pos., Tb, Pk., Hrf., StrOrch.

Text:
Friedrich Hölderlin: *Abendphantasie*

Umfang:
128 T.

Autographe:
- Partitur:
Zürich, ICZ
32 S., nicht gebunden, paginiert
Unterschrieben, nicht datiert
[Titelseite] „*Abendphantasie*". | *Gedicht von* | *Friedrich Hölderlin.* | *Für Tenor mit Orchester* | *von* | *Max Ettinger. op. 15*
- Partitur:
Zürich, ICZ
30 S., nicht gebunden, paginiert
Unterschrieben, datiert [S. 29, unter Doppelstrich] *Partenkirchen* | *5. 7. 1915*
[Titelseite] „*Abendphantasie*" | *Gedicht von* | *Friedrich Hölderlin* | *für Tenor und Orchester* | *von* | *Max Ettinger* | *op. 15b*
Anmerkung: Alles mit Bleistift notiert, keine Reinschrift.
- KA:
Zürich, ICZ
12 S., nicht gebunden, paginiert
Unterschrieben, nicht datiert
[Titelseite] *Abendphantasie* | *von* | *Fr. Hölderlin.* | *Für Tenor u. Orchester* | *von* | *Max Ettinger* | *op. 15b* | *Klavierauszug*

5 Lieder von Christian Morgenstern op. 22 (J 24a)

Datierung:
München, 1917
UA [Fassung für Gesang und Kl.]: München, 14. November 1917
S: Mientje Lauprecht van Lammen, Kl.: Fritz Cassirer
Anmerkung: Die Voranzeige des Konzerts gibt als op. 22 an: a) *Nachts im Walde*, b) *Für Viele*, c) *Die Primeln blühn*, d) *Schauder*, e) *Ein Rosenzweig*. Die ebenfalls an diesem Abend aufgeführten Lieder *Abendläuten* und *Vöglein Schwermut* sind als op. 18 angegeben. Da jedoch sowohl das Manuskript der Partitur als auch das Stimmenmaterial des Streichquartetts eine andere Zusammenstellung aufweisen, wird diese als repräsentativ angesehen. Die in der Voranzeige erwähnten sowie in einer vermutlich älteren Abschrift vorhandenen, als op. 22, 2 und op. 22, 3 bezeichneten Lieder *Für Viele* und *Schauder* werden separat aufgeführt.

Besetzung:
- Solo: S
- Orch.: 2 V., Va., Vc. [oder nur Kl.]

Text:
Christian Morgenstern:
1. *Nachts im Walde.* 21 T.
2. *Abendläuten* [urspr. op. 18]. 33 T.
3. *Vöglein Schwermut* [urspr. op. 18]. 47 T.
4. *Die Primeln blühn und grüßen.* 55 T.
5. *Ein Rosenzweig.* 52 T.

Autographe:
- Partitur:
  Zürich, ICZ
  28 S., nicht gebunden, nicht paginiert
  Unterschrieben, nicht datiert
  [Überschrift, Titelseite] *Fünf Lieder von | Ch. Morgenstern | für eine Singstimme | mit Streichquartett | von | Max Ettinger*
  [S. 3–6] Nr. 1, [S. 7–9] Nr. 2, [S. 11–14] Nr. 3, [S. 17–21] Nr. 4, [S. 23–27] Nr. 5
- Partitur (2. *Abendläuten*):
  Zürich, ICZ
  4 S., nicht gebunden, nicht paginiert
  Unterschrieben, nicht datiert
  [Überschrift, Titelseite] *Abendläuten | Christian Morgenstern | für eine Singstimme | mit Klavier oder Streichquartett | von | Max Ettinger*
- Partitur (2. *Abendläuten*):
  Zürich, ICZ
  4 S., nicht gebunden, nicht paginiert
  Unterschrieben, nicht datiert
  [Überschrift] Unvollständig, nur 2. Teil des Liedes vorhanden
- Partitur (3. *Vöglein Schwermut*):
  Zürich, ICZ
  2 Ex.: Je 4 S., nicht gebunden, nicht paginiert
  Unterschrieben, datiert
  [Titelseite] *Vöglein Schwermut | Christian Morgenstern | für eine Singstimme | mit Klavier oder Streichquartett | von | Max Ettinger op. 22*
- Partitur (4. *Die Primeln blühn und grüßen*):
  Zürich, ICZ
  4 S., nicht gebunden, nicht paginiert
  Unterschrieben, nicht datiert
  [Titelseite] *„Die Primeln blühn und grüßen" | Christian Morgenstern | für 1 Singstimme | mit Klavier oder Streichquartett | von | Max Ettinger*
- Partitur (4. *Die Primeln blühn und grüßen*):
  Zürich, ICZ
  4 S., nicht gebunden, nicht paginiert

Unterschrieben, datiert: [S. 4, hinter Doppelstrich] *München 31/1. 17.*
[Titelseite] *„Die Primeln blühn und grüßen"* | *Ch. Morgenstern* | *für eine Singstimme mit Klavier* | *von* | *Max Ettinger*
- Partitur (5. *Ein Rosenzweig*):
Zürich, ICZ
3 Ex.: Je 4 S., nicht gebunden, nicht paginiert
Unterschrieben, 1 Ex. datiert
[Überschrift] *Ein Rosenzweig* | *Christian Morgenstern* | *Max Ettinger*
Anmerkung:
Je eine Abschrift in Fis-, As- und A-Dur, wovon die erstgenannte datiert ist mit: *München. 13. II. 17*

5 Gesänge von Heraklit op. 35 (J 26a)

Datierung:
UA: Nr. 1, 5 [in Fassung für Gesang und Kl.] Ascona, 3. September 1930
Bar.: Alfons Schützendorf, Kl.: Max Ettinger

Besetzung:
- Solo: Bar.
- Orchester: Fl., Ob., Kl. in B, Fg., 2 Hr. in F, 2 Trp. in C, 3 Pos., Tb., Schlzg., StrOrch. [oder Kl.]

Text:
Fünf Gesänge von Heraklit, übersetzt von Georg Burckhardt
1. *Wird dem tobenden Meere.* 94 T.
2. *In heimlichem Schweigen.* 44 T.
3. *Wie Kinder in unseren Augen.* 49 T.
4. *Nicht zweimal steigst du.* 27 T.
5. *Törichten Hunden gleichen die Vielen.* 47 T.

Autographe:
- Partitur:
Zürich, ICZ
44 S., nicht gebunden, paginiert
Unterschrieben, nicht datiert
[Titelseite] *Fünf Gesänge von* | *Heraklit* | *übersetzt von* | *Georg Burckhardt.* | *für Bariton und Orchester* | *von* | *Max Ettinger op. 35*
[S. 3–10] Nr. 1, [S. 11–12] Nr. 2, [S. 13–21] Nr. 3, [S. 22–28] Nr. 4, [S. 29–40] Nr. 5
- Partitur:
Zürich, ICZ
44 S., in Bögen, nicht gebunden, paginiert
Unterschrieben, nicht datiert

[Titelseite] *Fünf Gesänge von | Heraklit | übersetzt von | Georg Burckhardt. | für Bariton und Orchester | von | Max Ettinger op. 35*
- KA (1. *Wird dem tobenden Meere*):
Zürich, ICZ
3 Ex.:
Je 4 S., nicht gebunden, nicht paginiert
Unterschrieben, nicht datiert
[Titelseite] *„Wird dem tobenden Meere" | Heraklit | übersetzt von Georg Burckhardt | für eine Singstimme und Klavier | von | Max Ettinger op. 35, 1*
- Klavierauszug (2. *Im heimlichen Schweigen*):
Zürich, ICZ
3 Ex.: Je 4 S., nicht gebunden, nicht paginiert
Unterschrieben, nicht datiert
[Titelseite] *„Im heimlichen Schweigen" | Heraklit | übersetzt von Georg Burckhardt | Max Ettinger op. 35, 2*
- Klavierauszug (3. *Wie Kinder in unseren Augen*):
Zürich, ICZ
2 Ex.: Je 4 S., nicht gebunden, nicht paginiert
Unterschrieben, nicht datiert
[Titelseite] *„Wie Kinder in unseren Augen" | Heraklit | übersetzt von Georg Burckhardt | Max Ettinger op. 35, 3*
- Klavierauszug (4. *Nicht zweimal steigst du*):
Zürich, ICZ
3 Ex.: Je 4 S., nicht gebunden, nicht paginiert
Unterschrieben, nicht datiert
[Titelseite] *„Wird dem tobenden Meere" | Heraklit | übersetzt von Georg Burckhardt | für eine Singstimme und Klavier | von | Max Ettinger op. 35,*
- Klavierauszug (5. *Törichten Hunden gleichen die Vielen*):
Zürich, ICZ
2 Ex.: Je 4 S., nicht gebunden, nicht paginiert
Unterschrieben, nicht datiert
[S. 1, Überschrift] *„Törichten Hunden gleichen die Vielen" | Heraklit übersetzt von Georg Burckhardt | v. M. Ettinger op. 35 No. 5*
Anmerkung: Bei den Manuskripten der Fassungen für Singstimme und Klavier ist nicht auszumachen, welche die ursprünglichen und welche die Abschriften sind.

Konzertarie aus „Faniska" von Cherubini (J 27)

Besetzung:
- Solo: S
- Orch.: 2 Fl., 2 Ob., 2 Kl. in B, 2 Fg., 2 Hrn. in F, 2 Trp. in C, Pk., StrQnt.

Text:
Welch ein schrecklicher Ort! Konzertarie aus *Faniska* von Luigi Cherubini: Instrumentiert, bearbeitet und neu übersetzt von Max Ettinger

Umfang:
207 T.

Autograph:
- Partitur:
  Zürich, ICZ
  52 S., nicht gebunden, nicht paginiert
  Unterschrieben, nicht datiert
  [Titelseite] *Konzertarie aus* | *„Faniska"* | *von* | *Cherubini* | *für Sopran und Orchester* | *Instrumentiert, bearbeitet u. neu übersetzt* | *von* | *Max Ettinger*

Lieder für eine Solostimme und Klavier

2 Lieder für Tenor op. 9 (J 38)

Datierung:
UA (Nr. 2): München, März 1917.
S: Luise Höfer

Besetzung:
Singst., Kl.

Text/Umfang:
Jens Peter Jacobsen:
1. *Seidenschuh.* 52 T.
2. *Landschaft.* 48 T.

Autograph:
[Verschollen]

Ausgabe:
- Verlag Ries und Ehrler, Berlin.
  Copyright 1911 by Ries und Ehrler
  VN 8522–23
  11 S.

2 Lieder für Tenor op. 21 (J 43)

Datierung:
München, 1. Juni 1916

Besetzung:
T, Kl.

Text/Umfang:
1. *Morgengruß*. (Gustav Falke). 38 T.
2. *Minnegruß*. (Heinrich Heine). 42 T.

Autographe:
– Partitur (*Morgengruß*):
Zürich, ICZ
4 S., nicht gebunden, nicht paginiert
Unterschrieben, datiert [S. 4, unter Doppelstrich] *München, 1/6. 16*
[Titelseite] *Morgengruß | Heine | für | Tenor mit Klavier | von | Max Ettinger op 21*
– Partitur (*Minnegruß*):
Zürich, ICZ
4 S., nicht gebunden, nicht paginiert
Unterschrieben, nicht datiert
[Titelseite] *Minnegruß | Heine | für | Tenor mit Klavier | von | Max Ettinger op 21*

Widmung:
Morgengruß ist Karl Erb gewidmet

2 Lieder nach Worten von Vittoria Colonna (J 61)

Datierung:
Ascona, September 1938
Anmerkung: Es ist nicht eindeutig festzustellen, inwieweit die beiden Lieder zusammengehören. Obwohl sie auf demselbem Bogen notiert sind, findet sich keine Überschrift, die beide Lieder zusammenfassen würde.

Besetzung:
Singst., Kl.

Text/Umfang:
Vittoria Colonna, übersetzt von Hans Mühlestein:
1. *So wie du nachts*. 51 T.
2. *Wie ein verhungernd Vöglein*. 35 T.

Autographe:

– Partitur (*So wie du nachts*):
Zürich, ICZ
4 S., nicht gebunden, nicht paginiert
Unterschrieben, datiert: [S. 3, unter Doppelstrich] *Ascona, September 1938*
[Titelseite] *So wie du nachts | Vittoria Colonna | übertragen von Hans Mühlestein | für eine Singstimme mit Klavier | von | Max Ettinger*
– Partitur (*Wie ein verhungernd Vöglein*):
Zürich, ICZ
4 S., nicht gebunden, nicht paginiert
Unterschrieben, nicht datiert
[Titelseite] *Wie ein verhungernd Vöglein | Vittoria Colonna | übertragen von Hans Mühlestein | für eine Singstimme mit Klavier | von | Max Ettinger*

2 Lieder nach Gebirtig (J 100)

Besetzung:
Singst., Kl.

Text/Umfang:
Mordche Gebirtig:
1. *Hungrig dan kerzele*. 24 T.
2. *Schluf mein Kind*. (Volkslied). 30 T.

Anmerkung: Da auch das Autograph diese Reihenfolge aufweist, ist nicht nachzuvollziehen, weshalb Jucker in seinem Verzeichnis der Werke Ettingers die Abfolge änderte.

Autographe:
– Partitur:
Zürich, ICZ
4 S., nicht gebunden, nicht paginiert
Unterschrieben, nicht datiert
[S. 1, Überschrift] *hungrig dan kerzele | Mordche Gebirtig | bearbeitet von | Max Ettinger*
[S. 3, Überschrift] *Schlof schoin, man kind | Mordche Gebirtig | bearbeitet von | Max Ettinger*
– Skizze:
Zürich, ICZ
1 S., nicht gebunden, nicht paginiert
Unterschrieben, nicht datiert
[Überschrift] *Hungerig dan kerzele | Mordche Gebirtig | bearbeitet | von | M. E.*
Anmerkung: Der Text ist unvollständig.

2 Lieder nach Hölderlin (o. J)

Datierung:
Ascona, Juni 1943

Besetzung:
Singst., Kl.

Text/Umfang:
Friedrich Hölderlin, aus: *An die Parzen*
1. *Der Seele, der im Leben.* 28 T.
2. *An die Parzen.* 41 T.

Autographe:
- Partitur (*Der Seele der im Leben*):
  Zürich, ICZ
  2 S., nicht gebunden, nicht paginiert
  Unterschrieben, datiert: [S. 2, unter Doppelstrich] *7 Juni, 1943 | Ascona.*
  [Titelseite] *Mir selber gewidmet! | Der Seele, der im Leben | Friedrich Hölderlin | für eine Singstimme mit Klavier | von | Max Ettinger | zum 100 Todestag Hölderlins*
- Partitur (*An die Parzen*):
  Zürich, ICZ
  4 S., nicht gebunden, nicht paginiert
  Unterschrieben, datiert: [S. 3, unter Doppelstrich] *Ascona, 7 Juni, 1943*
  [Titelseite] *Mir selber gewidmet! | An die Parzen | Friedrich Hölderlin | für eine Singstimme mit Klavier | von | Max Ettinger | zum 100ten Todestag Hölderlins!*

Zur Widmung:
Mir selber gewidmet!

2 Lieder nach Li-Tai-Pe (o. J)

Datierung:
Ascona, September 1939

Besetzung:
Singst., Kl.

Text/Umfang:
Li-Tai-Pe, übersetzt von Klabund:
1. *Der Silberreiher.* 12 T.
2. *Wanderer erwacht in der Herberge.* 12 T.

Autograph:
- Partitur:
 Zürich, ICZ
 4 S., nicht gebunden, nicht paginiert
 Unterschrieben, datiert: [S. 1, unter Doppelstrich] *Ascona, September 1939*

Abschrift:
- Partitur (*Der Silberreiher*):
 Zürich, ICZ
 1 S., nicht gebunden, nicht paginiert
 Nicht unterschrieben, nicht datiert
 [Überschrift] <u>Der Silberreiher</u> | *Li-Tai-Pe – Klabund* | *Max Ettinger*

2 Lieder nach Jo Mihaly (J 78)

Datierung:
Ascona, Mai – Juni 1944

Besetzung:
Singst., Kl.

Text/Umfang:
Jo Mihaly:
1. *Lob des Alltäglichen.* 83 T.
2. *Die Adler.* 55 T.

Autographe:
- Partitur (*Lob des Alltäglichen*):
 Zürich, ICZ
 8 S., nicht gebunden, nicht paginiert
 Unterschrieben, datiert: [S. 7, hinter Doppelstrich] *Ascona, Ende Mai, 1944*
 [Titelseite] *Lob des Alltäglichen* | *Jo Mihaly* | *für eine Singstimme und Klavier* | *von* | *Max Ettinger*
- Skizze (*Lob des Alltäglichen*):
 Zürich, ICZ
 4 S., nicht gebunden, nicht paginiert
 Nicht unterschrieben, nicht datiert
 [Kein Titel]
 Anmerkung: Die Skizze weist bis auf den fehlenden Text das vollständige Lied auf.
- Partitur (*Die Adler*):
 Zürich, ICZ
 8 S., nicht gebunden, nicht paginiert
 Unterschrieben, datiert: [S. 6, hinter Doppelstrich] *Ascona, 6/6/1944*

[Titelseite] *Die Adler* | *Jo Mihaly* | *für eine Singstimme mit Klavier* | *von* | *Max Ettinger*

Abschrift:
- Partitur (*Lob des Alltäglichen* und *Die Adler*)
  Zürich, ICZ
  10 S., nicht gebunden, nicht paginiert
  Datiert: [S. 10, unter Doppelstrich] *Ascona. 6. 6. 1944*
  [S. 1, Überschrift] <u>LOB DES ALLTÄGLICHEN</u> | WORTE VON <u>JO MIHALY</u> | MUSIK VON <u>MAX ETTINGER</u>
  [S. 6, Überschrift] <u>DIE ADLER</u> | WORTE *von Jo Mihaly* | *Musik von* | *Max* ETTINGER

2 Lieder nach Verlaine op. 27 (J 49)

Datierung:
28. Juni 1920

Besetzung:
Singst., Kl.

Text/Umfang:
Paul Verlaine/Arthur Rimbaud:
1. *O triste, triste*. 48 T.
2. *Il pleure*. 41 T.

Autographe:
- Partitur (*O triste, triste*):
  Zürich, ICZ
  4 S., nicht gebunden, nicht paginiert
  Unterschrieben, datiert: [S. 3, hinter Doppelstrich] *28. 6. 20*
  [Überschrift] *O triste, triste* | *Paul Verlaine* | *Max Ettinger op 27*
- Partitur (*Il pleure*) :
  Zürich, ICZ
  4 S., nicht gebunden, nicht paginiert
  Unterschrieben, datiert: [S. 3, unter Doppelstrich] *29. 6. 20*
  [Titelseite] *a Mlle Mora Divry* | *(„Il pleut doucement sur la ville"* | *Artur Rimbaud)* | *Il pleure* | *Paul Verlaine* | *Pour chant avec piano* | *par* | *Max Ettinger op 27*

Widmung:
Nr. 2 ist Mora Divry gewidmet.

3 Hymnen von Jehuda Halevi (J 106)

Datierung:
Ascona 1950

Besetzung:
Hohe Singst., Kl.

Text/Umfang:
Jehuda Halevi (1085–1140):
1. *Jaavor alai r'zoncha* [Komme über mich dein Segen]. 65 T.
2. *Schemesch w'jareiach* [Sonne und Mond]. 35 T.
3. *Jerivuni becha* [Es drohn mir deinetwegen]. 57 T.

Autograph:
[Verschollen]
– Partitur [FOTOKOPIE!]:
Zürich, ICZ
7 S., nicht gebunden, nicht paginiert
Unterschrieben, datiert: [S. 7, unter Doppelstrich] *Ascona, Mai 1950.*
[Titelseite] *Sali und Fanny Hurwitz | in Liebe | zugeeignet. | Max Ettinger | Ascona, Mai 1950 | Drei Hymnen | von | Jehuda Halevi | (1085–1140) | für eine Singstimme und Klavier | (oder Orchester) | von | Max Ettinger | Deutsche Übersetzung | vom Komponisten*
[S. 2–3] 1. *Jaavor alai r'zoncha*; [S. 4–5] 2. *Schemesch w'jareiach*; [S. 6–7] 3. *Jerivuni becha*

Widmung:
Sali und Fanny Hurwitz gewidmet

3 Lieder aus dem Chinesischen op. 16 (J 41)

Datierung:
UA:
– Nr. 2, 3: München, 3. oder 4. April 1919. S: Tiny Debüser-Anders, Kl.: Wolfgang Ruoff
– Nr. 1: München, 3. März 1921. S: Ernestine Färber-Strasser, Kl.: Julius Burckart

Besetzung:
Singst., Kl.

Text/Umfang:
1. *Die rote Rose*. Text: Li-Tai-Pe (Übersetzung von Hans Bethge). 53 T.
2. *Ein junger Dichter denkt an die Geliebte*. Text: Sao-Han (Übersetzung von Hans Bethge). 30 T.

3. *Die jungen Mädchen von einst.* Text: Sao-Han (Übersetzung von Hans Bethge). 37 T.

Autograph:
- Partitur (2. *Ein junger Dichter denkt an die Geliebte*):
Zürich, ICZ
4 S., nicht gebunden, nicht paginiert
Unterschrieben, nicht datiert
[Titelseite] Ein junger Dichter denkt an die Geliebte | für eine Singstimme mit Clavier | von | Max Ettinger op. 16

Abschriften:
- Partitur (1. *Die rote Rose*):
Zürich, ICZ
6 S., nicht gebunden, nicht paginiert
Nicht unterschrieben, nicht datiert
[Titelseite] „Die rote Rose" | von Max Ettinger op. 16 #1
- Partitur (3. *Die jungen Mädchen von einst*):
Zürich, ICZ
4 S., nicht gebunden, nicht paginiert
Unterschrieben, nicht datiert
[Titelseite] „Die jungen Mädchen von einst" | von Max Ettinger. Op. 16

Ausgabe:
- Ed. Bote & G. Bock, Berlin
Copyright 1920
Druck: C.G: Röder GmbH, Leipzig
Die rote Rose: B&B 18941, 5 S.
Ein junger Dichter denkt an die Geliebte: B&B 18942, 5 S.
Die jungen Mädchen von einst: B&B 18943, 3 S.

Widmung:
1. Mimi Graener gewidmet
2. In memoriam Eugen Knözinger
3. Helene Zaitzoff gewidmet

3 Lieder aus dem Griechischen op. 17 (J 42)

Datierung:
UA (Nr. 1): München, 14. November 1917
S: Mintje Lauprecht van Lammen, Kl.: Fritz Cassirer

Besetzung:
Singst., Kl.

Text/Umfang:
Texte von Asklepiades und Kallimachos, übersetzt von August Oehler sowie ein Text *aus dem Griechischen* übersetzt von Ernst Collin-Schönfeld:
1. *Hier vor der Türe, Kränze*. 25 T.
2. *Schiffbrüchiger fremder Mann*. 32 T.
3. *Schwer wie schwer ist's*. 43 T.

Autographe:
- Partitur (*Hier vor der Türe, Kränze*):
  Zürich, ICZ
  4 S., nicht gebunden, nicht paginiert
  Unterschrieben, nicht datiert
  [Titelseite] *Hier vor der Türe, Kränze | Asklepiades | Deutsch von | August Oehler | für Singstimme mit Klavier | von | Max Ettinger op. 17*
- Partitur (*Hier vor der Türe, Kränze*):
  Zürich, ICZ
  4 S., nicht gebunden, nicht paginiert
  Unterschrieben, nicht datiert
  [Titelseite] *Hier vor der Türe, Kränze | Asklepiades | Deutsch von | A. Oehler | Max Ettinger op. 17*
- Partitur (*Schiffbrüchiger fremder Mann*):
  Zürich, ICZ
  4 S., nicht gebunden, nicht paginiert
  Unterschrieben, nicht datiert
  [Titelseite] *Schiffbrüchiger fremder Mann | Kallimachos | Deutsch von August Oehler | für Singstimme und Klavier | von | Max Ettinger op. 17*
- Partitur (*Schwer wie schwer ist's*):
  Zürich, ICZ
  4 S., nicht gebunden, nicht paginiert
  Unterschrieben, nicht datiert
  [Titelseite] *„Schwer wie schwer ist's" | aus dem Griechischen von Collin-Schönfeld | für Gesang mit Klavier | von | Max Ettinger op. 17*
- Partitur (*Schwer wie schwer ist's*):
  Zürich, ICZ
  2 S., nicht gebunden, nicht paginiert
  Unterschrieben, nicht datiert
  [Überschrift] *„Schwer wie schwer ist's" | Max Ettinger*

Abschriften:
- Partitur (*Hier vor der Türe, Kränze*):
  Zürich, ICZ
  4 S., nicht gebunden, nicht paginiert
  Nicht unterschrieben, nicht datiert
  [Überschrift] *Hier vor der Türe, Kränze | Asklepiades | Deutsch von August Oehler | Max Ettinger | op. 17*

Bearbeitungen:
2 Bearbeitungen für Solovioline durch Max Ettinger: *Hier vor der Türe, Kränze* (Asklepiades) op. 17, 1 und *Strophen* (Rainer Maria Rilke) op. 37, 8
– Solostimme (Violine):
  Zürich, ICZ
  2 S., nicht paginiert
  Unterschrieben, nicht datiert
  [S. 1, Überschrift] *Hier vor der Türe, Kränze* | *Asklepiades* | *Max Ettinger*
  [S. 2, Überschrift] *Strophen* | *R. M. Rilke* | *(Solo Violine)* | *Max Ettinger*
  Anmerkung: Auf demselben Blatt wie die Bearbeitung für Solovioline des Liedes *Hier vor der Türe, Kränze* (Asklepiades) op. 17, 1 notiert.

3 Lieder für Sopran op. 5 (J 35)

Datierung:
UA (Nr.1, 2): München, 10. Dezember 1907
A: Marianne Rheinfeld, Kl.: Alfred Schroeder

Besetzung:
Singst., Kl.

Text/Umfang:
1. *Durch die Maiennacht* (Karl Henckell). 29 T.
2. *Abendgefühl* (Friedrich Hebbel). 34 T.
3. *Die junge Mutter* (Friedrich Hebbel). 54 T.

Autograph:
[Verschollen]

Ausgabe:
– Verlag Ries und Ehrler, Berlin.
  Copyright 1911 by Ries und Ehrler
  VN 8524–26
  11 S.

3 Lieder für tiefe Stimme op. 7 (J 37)

Datierung:
UA (Nr. 2): München, 10. Dezember 1907
A: Marianne Rheinfeld, Kl.: Alfred Schroeder

Besetzung:
Tiefe Singst., Kl.

Text/Umfang:
1. *Schließe mir die Augen beide* (Theodor Storm). 30 T.
2. *Erinnerung* (Joseph von Eichendorff). 33 T.
3. *Ihr lieben Vögelein* (Oskar von Redwitz). 48 T.

Autograph:
– Partitur (*Ihr lieben Vögelein*):
Zürich, ICZ
4 S., nicht gebunden, nicht paginiert
Unterschrieben, nicht datiert
[Titelseite] *Ihr lieben Vöglein | O. v. Redwitz | für Gesang und Klavier | von | Max Ettinger op. 7*

Ausgabe:
– Verlag Ries und Ehrler, Berlin.
Copyright 1911 by Ries und Ehrler
VN 8519–21
9 S.

3 Lieder nach Else Lasker-Schüler (J 79)

Datierung:
Nr. 1: Zürich, März 1945
Nr. 2: Ascona, Oktober 1945

Besetzung:
Singst., Kl.

Text/Umfang
Else Lasker-Schüler:
1. *Meine Mutter*. 12 T.
2. *Ein Lied an Gott*. 58 T.
3. *Ein Lied*. 64 T.

Autographe:
– Partitur (*Meine Mutter*):
Zürich, ICZ
1 S., nicht gebunden, nicht paginiert
Unterschrieben, datiert: [hinter Doppelstrich] *Zürich, März 1945*
[Überschrift] *Meine Mutter | Else Lasker-Schüler (Jerusalem 1943) | Max Ettinger*

– Partitur (*Ein Lied an Gott*):
  Zürich, ICZ
  4 S., nicht gebunden, nicht paginiert
  Unterschrieben, datiert: [S. 4, hinter Doppelstrich] *Ascona, Oktober 1945*
  [Überschrift] *Ein Lied an Gott | Else Lasker-Schüler | Max Ettinger*
– Skizze (*Meine Mutter* und *Ein Lied an Gott*):
  Zürich, ICZ
  6 S., nicht gebunden, nicht paginiert
  Nicht unterschrieben, nicht datiert
  [S. 1, Überschrift] *Meine Mutter*; [S. 2, Überschrift] *Ein Lied an Gott*
  Anmerkung: Die Bleistift-Skizze enthält die ersten zwei der drei Lieder nach Lasker-Schüler. Die Singstimme und der Text sind vollständig, nicht jedoch der Klaviersatz.
– Partitur (*Ein Lied*):
  Zürich, ICZ
  4 S., nicht gebunden, nicht paginiert
  Unterschrieben, nicht datiert
  [Titelseite] *Ein Lied | von | Else Lasker-Schüler | für eine Singstimme mit Klavier | von | Max Ettinger*
– Partitur (*Ein Lied*):
  Zürich, ICZ
  6 S., nicht gebunden, nicht paginiert
  Unterschrieben, nicht datiert
  [Titelseite] *Lied | Else Lasker-Schüler | Max Ettinger*

Abschrift:
– Partitur (*Ein Lied*):
  Zürich, ICZ
  4 S., nicht gebunden, nicht paginiert
  Unterschrieben, nicht datiert
  [Titelseite] *Ein Lied | von | Else Lasker-Schüler | für eine Singstimme mit Klavier | von | Max Ettinger*
  Anmerkung: Abschrift von unbekannter Hand.

Widmung:
Nr. 3 ist Leo Kestenberg gewidmet.

4 Biblische Sprüche (J 107)

Entstehung:
Zwischen 12. März 1943 und August 1949 in Ascona entstanden.

Besetzung:
Singst., Kl.

Text:
1. *Esri meim adonai.* 24 T.
2. *Lo lanu adonai.* 24 T.
3. *Ma tovu ohalecha.* 18 T.
4. *Im eschkachecha.* 25 T.

Anmerkung: Die Textwahl geht zurück auf Ettingers *Singstunde mit Flüchtlingskindern* (J 108).

Autographe:
- Partitur (*Ma tovu ohalecha* und *Im eschkachecha*):
  Zürich, ICZ
  2 S., nicht gebunden, nicht paginiert
  Unterschrieben, nicht datiert
  [S. 1, Überschrift] *Ma tovu ohalecha* | Max Ettinger
  [S. 2, Überschrift] *Im eschkachecha* | Max Ettinger
- Partitur [FOTOKOPIE!] (*Esri meim adonai*):
  Zürich, ICZ
  1 S., nicht gebunden, nicht paginiert
  Unterschrieben, nicht datiert
  [Überschrift] *Lo lanu adonai* | Max Ettinger
  Anmerkung: Nur Fotokopie des Autographs, nicht jedoch Autograph auffindbar.
- Singst. (Nr. 1–4):
  Zürich, ICZ
  2 S., nicht gebunden, nicht paginiert
  Unterschrieben, nicht datiert
  [S. 1, Überschrift] *Esri meim adonai* | Max Ettinger

4 Lieder aus „Des Knaben Wunderhorn" op. 6 (J 36)

Datierung:
Oktober 1907
UA (Nr. 3, 4): München, 10. Dezember 1907
A: Marianne Rheinfeld, Kl.: Alfred Schroeder

Besetzung:
Singst., Kl.

Text:
Aus *Des Knaben Wunderhorn*:
1. *Gemachte Blumen.* 68 T.
2. *Lebewohl.* 33 T.
3. *Pfauenart.* 22 T.
4. *Pilgerlied.* 44 T.

Autographe:
- Partitur (*Gemachte Blumen*):
  Zürich, ICZ
  8 S., nicht gebunden, nicht paginiert
  Unterschrieben, nicht datiert
  [Titelseite] *Gemachte Blumen* | *aus* | *des Knaben Wunderhorn* | *für eine Singstimme* | *mit Klavier* | *componiert* | *von* | *Max Ettinger op. 6*
  Anmerkung: Fassung in D-Dur
- Partitur (*Gemachte Blumen*):
  Zürich, ICZ
  8 S., nicht gebunden, nicht paginiert
  Unterschrieben, datiert [S. 8, hinter Doppelstrich] *Oktober, 1907*
  [Titelseite] *Gemachte Blumen* | *aus* | *des Knaben Wunderhorn* | *für eine Singstimme* | *mit Klavier* | *von* | *Max Ettinger op. 6*
  Anmerkung: Fassung in Es-Dur
- Partitur (*Lebewohl* und *Pfauenart*):
  Zürich, ICZ
  4 S., nicht gebunden, nicht paginiert
  Unterschrieben, nicht datiert
  [S. 1, Überschrift] *Lebewohl* | *Wunderhorn* | *Max Ettinger* | *op. 6*
  [S. 3, Überschrift] *Pfauenart* | *Wunderhorn* | *Max Ettinger*
- Partitur (*Pfauenart*):
  Zürich, ICZ
  4 S., nicht gebunden, nicht paginiert
  Unterschrieben, nicht datiert
  [Titelseite] *Pfauenart* | *aus des* | *Knaben Wunderhorn* | *für eine* | *Singstimme* | *mit* | *Klavier* | *von* | *Max Ettinger* | *op. 6*
- Partitur (*Pilgerlied*):
  Zürich, ICZ
  4 S., nicht gebunden, nicht paginiert
  Unterschrieben, datiert [S. 4, hinter Doppelstrich] *Oktober 1907*
  [Titelseite] *„Pilgerlied"* | *aus dem Wunderhorn* | *componiert* | *von* | *Max Ettinger op. 6*

4 Lieder op. 13 (J 40)

Datierung:
UA: Februar 1914
A: Marianne Rheinfeld, Kl.: H. K. Schmid

Besetzung:
Singst., Kl.

Text/Umfang:
1. *Alles ein Spiel* [verschollen]
2. *Ein Gruß* [verschollen]
3. *Heimat des Herzens* [verschollen]
4. *Stimme im Dunkeln* (Richard Dehmel) 37 T.

Autograph:
[Verschollen]

Abschrift:
- Partitur (*Stimme im Dunkeln*):
Zürich, ICZ
4 S., nicht gebunden, nicht paginiert
Nicht unterschrieben, nicht datiert
[Titelseite] *"Stimme im Dunkeln"* | von Max Ettinger Op. 13

5 Palästinensische Gesänge (J 94)

Besetzung:
Singst., Kl.

Text/Umfang:
1. *Das Lied vom Weinberg.* (Jesaja V, bearbeitet von Max Ettinger). 35 T.
2. *An den Wassern Babylons.* (Psalm 137, Melodie von Philip Hayes). 22 T.
3. *Wie die Traube.* (Worte von Rahel, Melodie von Schertok). 23 T.
4. *Wiegenlied.* (Palästinensisch). 34 T.
5. *Goldapfel.* (Worte von Sch. Bas, Melodie von Rabinowitz). 21 T.

Autographe:
- Partitur (Nr. 1–5):
Zürich, ICZ
6 S., nicht gebunden, nicht paginiert
Unterschrieben, nicht datiert
[S. 1, Überschrift] *Das Lied vom Weinberg* | *Jesaias V* | *bearbeitet von* | *Max Ettinger*
[S. 3, Überschrift] *Wie die Traube* | *Text von Rahel – Melodien von I. Schertok* | *bearbeitet von* | *Max Ettinger*
[S. 4, Überschrift] *Wiegenlied* | *übersetzt u. bearbeitet* | *von Max Ettinger*
[S. 5, Überschrift] *Goldapfel* | *Worte von Sch. Bas – Melodie von Rabinowitz* | *bearbeitet von* | *Max Ettinger*
[S. 6, Überschrift] *An den Wassern Babylons* | *Psalm 137 – Melodie von Ph. Hayes* | *bearbeitet von* | *Max Ettinger*
Anmerkung: Die Reihenfolge der Lieder in diesem Autograph stimmt nicht mit der obengenannten überein. Die Gültigkeit letzterer ist jedoch insofern gesichert, als

die Lieder in diesem Autograph Ziffern aufweisen, die der Reihenfolge entsprechen. Diese mit Bleistift notierten Ziffern stammen vermutlich von Ettinger, der nach der Fertigstellung des Autographs die Reihenfolge geändert zu haben scheint.
- Partitur [FOTOKOPIE]:
Zürich, ICZ
8 S., nicht gebunden, nicht paginiert
Unterschrieben, nicht datiert
[Titelseite] *5 Moderne Palästinensische | Lieder | für eine Singstimme mit Klavier. | bearbeitet und übersetzt | von | Max Ettinger*
[S. 1, Überschrift] *Das Lied vom Weinberg | Jesaia V | übersetzt u. bearbeitet | von Max Ettinger*
[S. 3, Überschrift] *An den Wassern Babylons | Psalm 137. – Melodie von Hayes | übersetzt u. bearbeitet | von Max Ettinger*
[S. 4, Überschrift] *Wie die Traube | Text von Rahel – Melodie von Schertok | übersetzt u. bearbeitet | von Max Ettinger*
[S. 5, Überschrift] *Wiegenlied | übersetzt u. bearbeitet | von Max Ettinger*
[S. 7, Überschrift] *Goldapfel | Text von Sch. Bas – Melodie von Rabinowitz | übersetzt u. bearbeitet | von Max Ettinger*
Anmerkung: Von diesem Autograph ist nur eine Kopie, nicht jedoch das Autograph selbst auffindbar.
- Partitur (*Das Lied vom Weinberg*):
Zürich, ICZ
4 S., nicht gebunden, nicht paginiert
Unterschrieben, nicht datiert
[Titelseite] *aus den: „5 Palästinensische Gesänge". | Das Lied vom Weinberg | Jesaia V | bearbeitet von | Max Ettinger*
- Partitur (*Das Lied vom Weinberg*):
Zürich, ICZ
2 S., nicht gebunden, nicht paginiert
Unterschrieben, nicht datiert
[Überschrift] *Das Lied vom Weinberg | Jesaia V | bearbeitet von | Max Ettinger*
- Partitur (*Wiegenlied*):
Zürich, ICZ
2 S., nicht gebunden, nicht paginiert
Unterschrieben, nicht datiert
[Überschrift] *Palästinensisch | Wiegenlied | bearbeitet von | Max Ettinger*
- Singstimme (*Das Lied vom Weinberg*):
Zürich, ICZ
1 S., nicht gebunden, nicht paginiert
Nicht unterschrieben, nicht datiert
[Überschrift] *Das Lied vom Weinberg / Jesaia V*
- Partitur (*Wiegenlied*):
Zürich, ICZ
1 S., nicht gebunden, nicht paginiert
Unterschrieben, nicht datiert
[Überschrift] *Wiegenlied | übersetzt und | bearbeitet von | Max Ettinger*

6 Lieder nach Worten von Fritz Cassirer op. 25 (J 45)

Datierung:
Nr. 1: 1. März 1919
Nr. 2: 2. Dezember 1918
Nr. 3: München, 21. März 1919
Nr. 5: Schliersee, Oktober 1919
Nr. 6: 20. Mai 1921

Besetzung:
Singst., Kl.

Text/Umfang:
Fritz Cassirer, Friedrich Leopold:
1. *Bin heute eine Straße gefahren.* 51 T.
2. *Die Stimme.* 39 T.
3. *Mir war bestimmt: geboren zu sein.* 34 T.
4. *November.* 21 T.
5. *Nachts.* 29 T.
6. *Befiehl mich nicht.* 35 T.

Autographe:
– Partitur (*Bin heute eine Straße gefahren*):
  Zürich, ICZ
  4 S., nicht gebunden, nicht paginiert
  Unterschrieben, nicht datiert
  [Titelseite] *Bin heut eine Straße gefahren* | *von* | [Durchgestrichen] *Fritz Cassirer* [Hinzugefügt] *Friedrich Leopold* | *für eine Singstimme mit Klavier* | *von* | *Max Ettinger op 25*
– Partitur (*Die Stimme*):
  Zürich, ICZ
  4 S., nicht gebunden, nicht paginiert
  Unterschrieben, datiert: [S. 4, hinter Doppelstrich] *Dezember 1918*
  [Titelseite] *Die Stimme* | *Fritz Cassirer* | *für eine Singstimme mit Klavier* | *von* | *Max Ettinger op 25*
– Partitur (*November*):
  Zürich, ICZ
  4 S., nicht gebunden, nicht paginiert
  Unterschrieben, nicht datiert
  [Titelseite] *November* | *von* | [Durchgestrichen] *Friedrich Leopold* | [Hinzugefügt] *Fritz Cassirer* | *für eine Singstimme mit Klavier* | *von* | *Max Ettinger op 25*
– Partitur (*November*):
  Zürich, ICZ
  4 S., nicht gebunden, nicht paginiert

Unterschrieben, nicht datiert
  [Titelseite] *November* | *von* | *Fritz Cassirer* | *für eine Singstimme mit Klavier* | *von* | *Max Ettinger op 25 No 4*
- Partitur (*Nachts*):
  Zürich, ICZ
  4 S., nicht gebunden, nicht paginiert
  Unterschrieben, nicht datiert
  [Titelseite] *„Nachts"* | *von* | *Fritz Cassirer* | *für eine Singstimme mit Klavier* | *von* | *Max Ettinger op 25*
- Partitur (*Befiehl mich nicht*):
  Zürich, ICZ
  4 S., nicht gebunden, nicht paginiert
  Unterschrieben, datiert: [S. 4, hinter Doppelstrich] 20. 5. 21
  [Titelseite] *Befiehl mich nicht ...* | *von* | *Friedrich Leopold* | *für eine Singstimme mit Klavier* | *von* | *Max Ettinger op 25*

Abschriften:
- Partitur (*Bin heute eine Straße gefahren*):
  Zürich, ICZ
  6 S., nicht gebunden, nicht paginiert
  Nicht datiert
  [Titelseite] *Uraufführung!* | *„Bin heut eine Straße gefahren"* | *von* | *Fritz Cassirer* | *für eine Singstimme mit Klavier* | *von Max Ettinger op 25. No 1* | *München, Hohenzollernplatz 1.*
- Partitur (*Die Stimme*):
  Zürich, ICZ
  4 S., nicht gebunden, nicht paginiert
  Nicht datiert
  [Titelseite] *„Die Stimme"* | *(Fritz Cassirer)* | *für eine Singstimme mit Klavier von* | *Max Ettinger op 25. No 2*
- Partitur (*Die Stimme*):
  Zürich, ICZ
  4 S., nicht gebunden, nicht paginiert
  Nicht datiert
  [Titelseite] *Frau Lilli Cassirer zugeeignet.* | *„Die Stimme"* | *(Fritz Cassirer)* | *für eine Singstimme mit Klavier von* | *Max Ettinger*
- Partitur (*Mir war bestimmt: geboren zu sein*):
  Zürich, ICZ
  4 S., nicht gebunden, nicht paginiert
  Nicht datiert
  [Titelseite] *„Mir war bestimmt: geboren zu sein."* | *von Max Ettinger*
  [Von der Hand Max Ettingers, zuoberst] *Fritz Cassirer zum 29 März 1919* | *Max Ettinger*
- Partitur (*Mir war bestimmt: geboren zu sein*):
  Zürich, ICZ
  4 S., nicht gebunden, nicht paginiert

Nicht datiert
[Titelseite] „*Mir war bestimmt: geboren zu sein*" | *(Fritz Cassirer)* | *für eine Singstimme mit Klavier* | *von Max Ettinger op. 25 no 3*
– Partitur (*Nachts*):
Zürich, ICZ
4 S., nicht gebunden, nicht paginiert
Nicht datiert
[Titelseite] „*Nachts.*" | *(Fritz Cassirer)* | *Max Ettinger*
[Von der Hand Max Ettingers, zuoberst] *Herrn Professor Dr. Erwin Gohrbandt | in Dankbarkeit!*

Widmung:
Nr. 2: Lilli Cassirer gewidmet
Nr. 3: Fritz Cassirer gewidmet
Nr. 5: Prof. Dr. Erwin Gohrbandt gewidmet

6 Lieder nach Eichendorff: „In der Fremde" op. 12 (J 39)

Datierung:
München, November 1911
UA: München, 17. März 1912
S: Lula Mysz-Gmeiner, Kl.: Hermann Zilcher

Besetzung:
Mittlere Singst., Kl.

Text/Umfang:
Joseph von Eichendorff: *In der Fremde*
1. *Da fahr' ich still im Wagen.* 67 T.
2. *Ich geh' durch die dunklen Gassen.* 38 T.
3. *Lied, mit Thränen halb geschrieben.* 32 T.
4. *Ach Liebchen, dich ließ ich zurücke.* 65 T.
5. *Grün war die Weide.* 36 T.
6. *Wolken, wälderwärts gegangen.* 85 T.

Autographe:
– Partitur (Nr. 1–5):
Zürich, ICZ
22 S., nicht gebunden, nicht paginiert
Unterschrieben, datiert [1. bis 4. Lied einzeln, hinter Doppelstrich] *München, Novemb. 1911.*
[Titelseite] *In der Fremde | Liederzyklus | von Eichendorff | für eine mittlere Singstimme | mit Klavier | componiert | von | Max Ettinger op 12 | I so fahr' ich still im Wagen | II Ich geh' durch die dunklen Gassen | III Lied, mit Thränen halb*

geschrieben | IV Ach Liebchen, dich ließ ich zurücke | V Grün war die Weide | VI Wolken, wälderwärts gegangen
- Partitur (*Grün war die Weide*):
Zürich, ICZ
4 S., nicht gebunden, nicht paginiert
Unterschrieben, nicht datiert
[Titelseite] *Grün war die Weide* | *Eichendorff* | *für eine Singstimme* | *mit Klavier* | *von* | *Max Ettinger op. 12*

Abschriften:
- Partitur (*Grün war die Weide*):
Zürich, ICZ
4 S., nicht gebunden, nicht paginiert
[S. 4, hinter Doppelstrich] *Kopiert: G. R. Karafiat, München, Hohenzollernstr. 32*
Nicht datiert
[Titelseite] *„Grün war die Weide"* | *Worte von Eichendorff* | *Weise von Max Ettinger op. 12*
- Partitur (*Wolken, wälderwärts gegangen*):
Zürich, ICZ
8 S., nicht gebunden, paginiert
Nicht unterschrieben, nicht datiert
[Titelseite] *Wolken, wälderwärts gegangen* | *(Eichendorff.)* | *von* | *Max Ettinger.*

6 Lieder aus dem Englischen von Frances Külpe (J 60)

[Verschollen]

Datierung:
Ascona, Juni 1937

1. *Schmetterlinge von Taiwan*
2. *Kirschbäume im April*
3. *Tod und Leben*
4. *Möwenflug*
5. *Mondlicht*
6. *Der Lotosteich*

6 Lieder op. 1 (J 34)

Datierung:
UA:
Nr. 2, 4, 5: München, Ende März 1906. A: Marianne Rheinfeld
Nr. 1: München, 10. Dezember 1907. A: Marianne Rheinfeld, Kl.: Alfred Schroeder
Nr. 3: München, 14. Dezember 1917. S: Mintje Lauprecht van Lammen, Kl.: Fritz Cassirer

Besetzung:
Mittlere Singst., Kl.

Text/Umfang:
1. *Gebet* (Otto Julius Bierbaum). 55 T.
2. *Der sterbende Soldat* (Detlev von Liliencron). 76 T.
3. *Lied* (Hermann Lingg). 85 T.
4. *Eingelegte Ruder* (Carl Ferdinand Meyer). 47 T.
5. *Frühling* (Theodor Fontane). 42 T.
6. *Fülle* (Carl Ferdinand Meyer). 31 T.

Autograph:
[Verschollen]

Ausgabe:
– Verlag: Heinrich Lewy
  H. L. 336, Copyright 1909 by Dr. Heinrich Lewy, München
  19 S.

Widmung:
Der Altistin Marianne Rheinfeld gewidmet

8 Lieder nach Rilke op. 37 (J 52)

Datierung:
November 1928

Besetzung:
Singst., Kl.

Text/Umfang:
Rainer Maria Rilke:
1. *Lied der Bildsäule*. 39 T.
2. *Der Wahnsinn*. 53 T.
3. *Zum Einschlafen zu sagen*. 46 T.

4. *Der Nachbar.* 23 T.
5. *Einsamkeit.* 52 T.
6. *Erinnerung.* 40 T.
7. *Ernste Stunden.* 39 T.
8. *Strophen.* 24 T.

Autographe:

- Partitur (Nr. 1–8):
  Zürich, ICZ
  32 S., nicht gebunden, nicht paginiert
  Unterschrieben, datiert: [Jedes Lied, hinter Doppelstrich] *November 28*
  [S. 1–4] Nr. 1: *Lied der Bildsäule*; [S. 5–8] Nr. 2: *Der Wahnsinn*; [S. 9–12] Nr. 3: *Zum Einschlafen zu sagen*; [S. 13–16] Nr. 4: *Der Nachbar*; [S. 17–20] Nr. 5: *Einsamkeit*; [S. 21–24] Nr. 6: *Erinnerung*; [S. 25–28] Nr. 7: *Ernste Stunden*; [S. 29–32] Nr. 8: *Strophen*
- Partitur (Nr. 4: *Der Nachbar*):
  Zürich, ICZ
  2 S., nicht gebunden, nicht paginiert
  Unterschrieben, nicht datiert
  [Überschrift] *Der Nachbar | R. M. Rilke | Max Ettinger | op 37. 4.*
- Partitur (Nr. 7: *Ernste Stunde*):
  Zürich, ICZ
  2 S., nicht gebunden, nicht paginiert
  Unterschrieben, nicht datiert
  [Überschrift] *Ernste Stunde | R. M. Rilke | Max Ettinger | op 37. 7*

Abschrift:

- Partitur (Nr. 8: *Strophen*):
  Zürich, ICZ
  4 S., nicht gebunden, nicht paginiert
  Unterschrieben, nicht datiert
  [Titelseite] <u>*Strophen*</u> *| Max Ettinger.*

Bearbeitungen:

2 Bearbeitungen für Solovioline durch Max Ettinger: *Hier vor der Türe, Kränze* (Asklepiades) op. 17, 1 und *Strophen* (Rainer Maria Rilke) op. 37, 8

- Violinstimme:
  Zürich, ICZ
  2 S., 1 Blatt, nicht paginiert
  Unterschrieben, nicht datiert
  [S. 1, Überschrift] *Hier vor der Türe, Kränze | Asklepiades | Max Ettinger*
  [S. 2, Überschrift] *Strophen | R. M. Rilke | (Solo Violine) | Max Ettinger*

8 Lieder nach Theodor Storm op. 23 (J 44)

Datierung:
Nr. 2. München: Mai 1918
Nr. 3. München: Mai 1918
Nr. 5. Schliersee: 25. Juli 1918
Nr. 6. Schliersee: 28. Juli 1918

Besetzung:
Singst., Kl.

Text/Umfang:
Theodor Storm:
1. *Abends*. 26 T.
2. *Wir können auch die Trompete blasen*. 44 T.
3. *Damendienst*. 33 T.
4. *Verirrt*. 35 T.
5. *Es ist ein Flüstern*. 29 T.
6. *Trost*. 47 T.
7. *Käuzlein*. 47 T.
8. *Komm, laß uns spielen*. 64 T.

Autographe:
– Partitur (*Abends*):
Zürich, ICZ
4 S., nicht gebunden, nicht paginiert
Unterschrieben, nicht datiert
[Titelseite] *Storm | cyklus*
[S. 2, Überschrift] *Abends | Storm | Max Ettinger op 23*
– Partitur (*Abends*):
Zürich, ICZ
4 S., nicht gebunden, nicht paginiert
Unterschrieben, nicht datiert
[Titelseite] [Durchgestrichen:] *Nachts | Th. Storm | für eine Singstimme | mit Klavier | von | Max Ettinger op 23 No 1*
– Partitur (*Wir können auch die Trompete blasen*):
Zürich, ICZ
4 S., nicht gebunden, nicht paginiert
Unterschrieben, datiert: [S. 3, hinter Doppelstrich] *München, Mai 1918*
[Überschrift] *Wir können auch die Trompete blasen | Th. Storm | Max Ettinger op 23 | No 3*
– Partitur (*Damendienst*):
Zürich, ICZ
4 S., nicht gebunden, nicht paginiert
Unterschrieben, datiert: [S. 4] *München, Mai 1918*
[Überschrift] *Damendienst | Th. Storm | Max Ettinger op. 23 | No 4*

- Partitur (*Verirrt*):
Zürich, ICZ
4 S., nicht gebunden, nicht paginiert
Unterschrieben, nicht datiert
[Überschrift] *Verirrt* | *Th. Storm* | *Max Ettinger op. 23* | *No 4*
- Partitur (*Es ist ein Flüstern*):
Zürich, ICZ
4 S., nicht gebunden, nicht paginiert
Unterschrieben, nicht datiert
[Titelseite] *Es ist ein Flüstern* | *von* | *Th. Storm* | *Max Ettinger* | *Op 23. No 5.*
- Partitur (*Es ist ein Flüstern*):
Zürich, ICZ
4 S., nicht gebunden, nicht paginiert
Unterschrieben, datiert: [S. 3, hinter Doppelstrich] *Schliersee 25. 7. 18.*
[Überschrift] *Es ist ein Flüstern* | *Th. Storm* | *Max Ettinger op 23. No 5*
- Partitur (*Trost*):
Zürich, ICZ
4 S., nicht gebunden, nicht paginiert
Unterschrieben, datiert: *Schliersee 28/7. 18.*
[Überschrift] *Trost* | *Th. Storm* | *Max Ettinger op 23*
- Partitur (*Trost*):
Zürich, ICZ
4 S., nicht gebunden, nicht paginiert
Nicht datiert
[Titelseite] *Trost* | *von* | *Th. Storm* | *Max Ettinger* | *op 23. No 6*

Abschriften:
- Partitur (*Wir können auch die Trompete blasen*):
Zürich, ICZ
4 S., nicht gebunden, nicht paginiert
Nicht datiert
[Titelseite] [Widmung mit Ettingers Handschrift] *An Eva Cassirer* | „*Wir können auch die Trompete blasen.*" | *v. Max Ettinger Op. 23* | *(Th. Storm)*
Anmerkung: Vermutlich eine Abschrift von fremder Hand, wobei die handschriftliche Widmung zweifellos von Ettinger stammt.
- Partitur (*Wir können auch die Trompete blasen*):
Zürich, ICZ
4 S., nicht gebunden, nicht paginiert
Nicht datiert
[Titelseite] „*Wir können auch die Trompete blasen.*" | *v. Max Ettinger Op. 23 No 2* | *(Th. Storm)*
- Partitur (*Damendienst*):
Zürich, ICZ
4 S., nicht gebunden, nicht paginiert
Datiert: [S. 4] *München, Mai 1918*
[Überschrift] *Damendienst.* | *Th. Storm* | *Max Ettinger*

- Partitur (*Verirrt*):
Zürich, ICZ
4 S., nicht gebunden, nicht paginiert
Nicht datiert
[Überschrift] „*Verirrt*" | *v. Max Ettinger op. 23 No 4* | *(Th. Storm)*
- Partitur (*Käuzlein*):
Zürich, ICZ
6 S., nicht gebunden, nicht paginiert
Nicht datiert
[Titelseite] *Käuzlein* | *von* | *Th. Storm* | *für eine Singstimme mit Klavier* | *von* | *Max Ettinger* | *Op. 23*
- Partitur (*Komm, laß uns spielen*):
Zürich, ICZ
4 S., nicht gebunden, nicht paginiert
Nicht datiert
[Titelseite] *Komm, laß uns spielen.* | *(Th. Storm)* | *v. Max Ettinger* | *Op. 23*.

Widmung:
Eva Cassirer gewidmet.

12 Lieder „Der Völker Liebesgarten" op. 29 (J 50)

Datierung:
München, März 1921
UA: München, Ende März 1925
S: Ernestine Färber-Strasser, Kl.: Wilhelm Guttmann

Besetzung:
Singst., Kl.

Text/Umfang:
Aus: *Der Völker Liebesgarten*:
1. *Wer gab der Liebe* (japanisch). 19 T.
2. *Herbstnacht* (chinesisch) 40 T.
3. *Abschied ist ein Feuerbrand* (koreanisch). 18 T.
4. *Bring mir Tinte und die Feder* (koreanisch). 21 T.
5. *Ihr, Ebbe und Flut* (anamitisch). 34 T.
6. *Schon dreizehn Lenze* (birmanisch). 20 T.
7. *Wenn bei kalten Regengüssen* (indisch). 21 T.
8. *Gebeten hatte sie* (indisch). 50 T.
9. *Wohl endet Tod* (persisch). 20 T.
10. *Du wunderschöne, süße Maid* (kaukasisch-türkisch). 21 T.
11. *Ich sah sie ungesehen* (arabisch). 22 T.
12. *Das Hohelied. Das Lied der Lieder von Salomo* (hebräisch). 81 T.

Autographe:
- Partitur:
Zürich, ICZ
32 S., geheftet, paginiert
Unterschrieben, nicht datiert.
[Titelseite] *Aus | Der Völker Liebesgarten | Herbstnacht | chinesisch | für Gesang u. Klavier | von | Max Ettinger op 29 No 2*
[S. 1] Nr. 1; [S. 2–3] Nr. 2; [S. 4–5] Nr. 3; [S. 6–7] Nr. 4, [S. 8–9] Nr. 5, [S. 10] Nr. 6, [S. 11–12] Nr. 7, [S. 13–14] Nr. 8, [S. 15–17] Nr. 9, [S. 18–19] Nr. 10, [S. 20–21] Nr. 11, [S. 22–27] Nr. 12
- Partitur (Nr. 2: *Herbstnacht*):
Zürich, ICZ
4 S., nicht gebunden, nicht paginiert
Unterschrieben, datiert: [S. 3, hinter Doppelstrich] *März 1921. München.*
[Titelseite] *Aus | Der Völker Liebesgarten | Herbstnacht | chinesisch | für Gesang u. Klavier | von | Max Ettinger op 29 No 2*
- Partitur (Nr. 2: *Herbstnacht*):
Zürich, ICZ
4 S., nicht gebunden, nicht paginiert
Unterschrieben, nicht datiert.
[Titelseite] *Herbstnacht | (Der Völker Liebesgarten)| chinesisch, No 2*
- Partitur (Nr. 3: *Abschied ist ein Feuerbrand*):
Zürich, ICZ
4 S., nicht gebunden, nicht paginiert
Unterschrieben, nicht datiert.
[Titelseite] *Abschied ist ein Feuerbrand | Koreanisch | Op 29 No 3*
- Partitur (Nr. 4: *Bring mir Tinte und die Feder*):
Zürich, ICZ
4 S., nicht gebunden, nicht paginiert
Unterschrieben, nicht datiert.
[Titelseite] *Aus | Der Völker Liebesgarten| Bring mir Tinte u. die Feder | Koreanisch | für Gesang u. Klavier | von | Max Ettinger Op 29 no 4*
- Partitur (Nr. 5: *Ihr, Ebbe und Flut*):
Zürich, ICZ
4 S., nicht gebunden, nicht paginiert
Unterschrieben, nicht datiert.
[Titelseite] *Aus | Der Völker Liebesfrühling | Ihr, Ebbe und Flut | Anamitisch | für Gesang u. Klavier | von | Max Ettinger Op 29 no 5*
- Partitur (Nr. 6: *Schon dreizehn Lenze*):
Zürich, ICZ
6 S., nicht gebunden, nicht paginiert
Unterschrieben, nicht datiert.
[Titelseite] *Aus | Der Völker Liebesfrühling | Schon dreizehn Lenze | Birmanisch | für Gesang u. Klavier | von | Max Ettinger Op 29 no 6*

- Partitur (Nr. 7: *Wenn bei kalten Regengüssen*):
  Zürich, ICZ
  4 S., nicht gebunden, nicht paginiert
  Unterschrieben, nicht datiert.
  [Titelseite] *Der Völker Liebesgarten | Wenn bei kalten Regengüssen | Indisch No 7 | Opus 29*
- Partitur (Nr. 8: *Gebeten hatte sie*):
  Zürich, ICZ
  4 S., nicht gebunden, nicht paginiert
  Unterschrieben, nicht datiert.
  [Titelseite] *Aus | Der Völker Liebesgarten | Gebeten hatte sie | Indisch | Für Gesang u. Klavier | von | Max Ettinger op 29 No 8*
- Partitur (Nr. 9: *Wohl endet Tod*):
  Zürich, ICZ
  4 S., nicht gebunden, nicht paginiert
  Unterschrieben, nicht datiert.
  [Titelseite] *Aus | Der Völker Liebesgarten | Wohl endet Tod | Persisch | Für Gesang u. Klavier | von | Max Ettinger op 29 No 9*
- Partitur (Nr. 10: *Du wunderschöne, süße Maid*):
  Zürich, ICZ
  4 S., nicht gebunden, nicht paginiert
  Unterschrieben, nicht datiert.
  [Titelseite] *Aus | Der Völker Liebesgarten | Du wunderschöne, süße Maid | Kaukasisch-Türkisch | Für Gesang u. Klavier | von | Max Ettinger op 29 No 10*
- Partitur (Nr. 11: *Ich sah sie ungesehen*):
  Zürich, ICZ
  4 S., nicht gebunden, nicht paginiert
  Unterschrieben, nicht datiert.
  [Titelseite] *Aus | Der Völker Liebesgarten | Ich sah sie ungesehen | Arabisch | Für Gesang u. Klavier | von | Max Ettinger | op 29 No 11*
- Partitur (Nr. 12: *Das Hohelied. Das Lied der Lieder von Salomo*):
  Zürich, ICZ
  8 S., nicht gebunden, nicht paginiert
  Unterschrieben, nicht datiert.
  [Titelseite] *Aus | Der Völker Liebesgarten | Das Lied der Lieder von Salomo | Hebräisch | Für eine Singstimme mit Klavier | von | Max Ettinger op 29 No 12*

Abschriften:

- Partitur (Nr. 1: *Wer gab der Liebe*):
  Zürich, ICZ
  2 S., nicht gebunden, nicht paginiert
  Nicht unterschrieben, nicht datiert
  [Überschrift] *Wer gab der Liebe | Max Ettinger | op. 29. No1*
- Partitur (Nr. 10: *Du wunderschöne, süße Maid!*):
  Zürich, ICZ

2 S., nicht gebunden, nicht paginiert
Nicht unterschrieben, nicht datiert
[Überschrift] *Du wunderschöne, süße Maid!* | *Max Ettinger* | *No.10* | *op 27*

Abendläuten op. 18 (J 24b)

Datierung:
Partenkirchen, 22. Oktober 1915

Besetzung:
Singst., Kl.

Text/Umfang:
Christian Morgenstern: *Abendläuten*. 33 T.

Autograph:
– Partitur:
Zürich, ICZ
4 S., nicht gebunden, nicht paginiert
Unterschrieben, datiert: [S. 4, unter Doppelstrich] *Partenkirchen* | *22. 10. 15*
[Titelseite] <u>*Abendläuten*</u> | *Ch. Morgenstern* | *op 18* | *Max Ettinger*

Abschrift:
– Partitur:
Zürich, ICZ
4 S., nicht gebunden, nicht paginiert
Unterschrieben, nicht datiert
[Titelseite] *Der lieben Anneliese Spira* | *zum 24 Januar 1943* | *zugeeignet!* | *Abendläuten* | *Christian Morgenstern* | *für eine Singstimme mit Klavier* | *von* | *Max Ettinger*

Widmung:
Anneliese Spira

Allein (J 84)

Datierung:
Ascona, September 1948

Besetzung:
Singst., Kl.

Text/Umfang:
Hermann Hesse: *Allein*. 29 T.

Autographe:
- Partitur:
  Zürich, ICZ
  4 S., nicht gebunden, nicht paginiert
  Unterschrieben, datiert: [S. 3, unter Doppelstrich] *Ascona, September 1948*
  [Titelseite] *Allein | Hermann Hesse | für eine Singstimme und Klavier | von | Max Ettinger*
- Skizze:
  Zürich, ICZ
  2 S., nicht gebunden, nicht paginiert
  Unterschrieben, nicht datiert
  [Überschrift] *Allein | Hermann Hesse | Max Ettinger*

Widmung:
Im Nachlaß Ettingers ist die Kopie einer Titelseite eines weiteren, nicht auffindbaren Autographs mit einer Widmung für Sali Hurwitz enthalten. *Meinem Lieben | Sali Hurwitz | in Treue u. Liebe! | Allein | Hermann Hesse | für eine Singstimme und Klavier | von | Max Ettinger*

Am Morgen früh (J 87)

Besetzung:
Singst., Kl.

Text/Umfang:
Milla Cavin: *Am Morgen früh*. 14 T.

Autograph:
- Partitur:
  Zürich, ICZ
  2 S., nicht gebunden, nicht paginiert
  Unterschrieben, nicht datiert
  [Überschrift, S. 1] *Am Morgen früh | Milla Cavin | Max Ettinger*

Blumen Heute (J 69)

Datierung:
Ascona, Mai 1943

Besetzung:
Singst., Kl.

Text/Umfang:
Hans Roelli: *Blumen Heute*. 28 T.

Autograph:
- Partitur:
Zürich, ICZ
4 S., nicht gebunden, nicht paginiert
Unterschrieben, datiert: [S. 3, unter Doppelstrich] *Ascona, Mai 1943*
[Titelseite] *Blumen Heute | Hans Roelli | für eine Singstimme mit Klavier | von | Max Ettinger*

Das Volk (J 58)

Datierung:
Ascona, 27. Mai 1937

Besetzung:
Singst., Kl.

Text/Umfang:
Das Volk (Aus dem Chinesischen übersetzt von Albert Ehrenstein). 29 T.

Autographe:
- Partitur:
Zürich, ICZ
2 S., nicht gebunden, nicht paginiert
Unterschrieben, datiert: [S. 1, hinter Doppelstrich] *Ascona, 27/5. 1937*
[Überschrift] *Das Volk | nach dem Chinesischen von Albert Ehrenstein | Max Ettinger*
- Partitur:
Zürich, ICZ
2 S., nicht gebunden, nicht paginiert
Unterschrieben, nicht datiert
[Überschrift] *Das Volk | Albert Ehrenstein | Max Ettinger*

Der Arbeitsmann (J 88)

Besetzung:
Singst., Kl.

Text/Umfang:
Richard Dehmel: *Der Arbeitsmann*. 26 T.

Autographe:
- Partitur:
  Zürich, ICZ
  2 S., nicht gebunden, nicht paginiert
  Unterschrieben, nicht datiert
  [Überschrift] *Der Arbeitsmann | Richard Dehmel | Max Ettinger*
- Partitur:
  Zürich, ICZ
  2 S., nicht gebunden, nicht paginiert
  Unterschrieben, nicht datiert
  [Überschrift] *Der Arbeitsmann | Richard Dehmel | Max Ettinger*

Ausgabe:
- Schweizerischer Arbeitersänger-Verband SAS, Liedverlag
  Unionsdruckerei Bern
  Copyright 1947 by SAS
  4 S.

Der Becher (aus „Jiddisch Lebn") (J 95)

Datierung:
Anmerkung: Unverändertes Tenorsolo aus dem 3. Teil (*Der Becher*) von *Jiddisch Leben*, neu mit Klavierbegleitung. Ettinger hat im Autograph jedoch nicht angegeben, daß es sich um einen Teil aus *Jiddisch Lebn* handelt, weshalb diese Fassung als eigenständiges Lied aufgeführt wird.

Besetzung:
Singst., Kl.

Text/Umfang:
Shimon Frug: *Der Becher.* 18 T.

Autographe:
- Partitur:
  Zürich, ICZ
  1 S., nicht gebunden, nicht paginiert
  Unterschrieben, nicht datiert
  [Überschrift] *Der Becher | Frug | Max Ettinger*
- Partitur:
  Zürich, ICZ
  2 S., nicht gebunden, nicht paginiert
  Unterschrieben, nicht datiert
  [Überschrift] *Der Becher | Frug | unter Verwendung einer | chassidischen Melodie. | Max Ettinger*

Der Blütenzweig (J 76, 1)

Datierung:
Januar 1944

Text:
Mushimara (Übersetzung von Hans Bethge)

Autograph:
[Verschollen]

Der Felsen (J 46)

Datierung:
München, Mai 1920

Besetzung:
Singst., Kl.

Text/Umfang:
Michail Lermontow: *Der Felsen*. 28 T.

Autographe:
– Partitur:
  Zürich, ICZ
  4 S., nicht gebunden, nicht paginiert
  Unterschrieben, datiert: [S. 3, hinter Doppelstrich] *München, Mai 1920*
  [Titelseite] *„Der Felsen" | von | Lermontow | für Gesang und Klavier | von | Max Ettinger*
– Partitur:
  Zürich, ICZ
  4 S., nicht gebunden, nicht paginiert
  Unterschrieben, datiert: [S. 3, hinter Doppelstrich] *München, Mai 1920*
  [Titelseite] *„Der Felsen" | von | Lermontow | für Gesang mit Klavier | von | Max Ettinger*

Der Feststrauß zum Herbstfest (J 80)

Datierung:
Ascona, November 1945

Besetzung:
Singst., Kl.

Text/Umfang:
Der Feststrauß zum Herbstfest (aus dem *Midrasch*). 44 T.

Autographe:
– Partitur:
  Zürich, ICZ
  4 S., nicht gebunden, nicht paginiert
  Unterschrieben, datiert: [S. 4, unter Doppelstrich] *Ascona, November 1945*
  [Titelseite] *Der Feststrauß zum Herbstfest | aus dem Midrasch | für eine Singstimme mit Klavier | von | Max Ettinger*
– Partitur:
  Zürich, ICZ
  2 S., nicht gebunden, nicht paginiert
  Nicht unterschrieben, nicht datiert
  [Überschrift] *Der Feststrauß zum Herbstfest | aus dem Midrasch*
  Anmerkung: Mit Bleistift notiert, keine Reinschrift.

Der Silberreiher (J 77)

Text:
Li-Tai-Pe (Übersetzung von Klabund)

Autograph:
[Verschollen]

Die Furt (J 47)

Datierung:
München, Mai 1920

Besetzung:
Singst., Kl.

Text/Umfang:
Edouard Pailleron: *Die Furt*. 54 T.

Autograph:
– Partitur:
  Zürich, ICZ
  4 S., nicht gebunden, nicht paginiert
  Unterschrieben, datiert: [S. 4, unter Doppelstrich] *München, Mai 1920*
  [Überschrift] *Die Furt | Edouard Pailleron | Max Ettinger*

Die rote Tulpe (J 59)

Datierung:
Ascona, Juni 1937

Besetzung:
Singst., Kl.

Text/Umfang:
Oscar Seidlin: *Die rote Tulpe*. 46 T.

Autographe:
- Partitur:
  Zürich, ICZ
  4 S., nicht gebunden, nicht paginiert
  Unterschrieben, datiert: [S. 4, unter Doppelstrich] *Ascona, Juni 1937*
  [Überschrift] *Die rote Tulpe | Oscar Seidlin | Max Ettinger*
- Partitur:
  Zürich, ICZ
  2 S., nicht gebunden, nicht paginiert
  Unterschrieben, nicht datiert
  [Überschrift] *Die rote Tulpe | Oscar Seidlin | Max Ettinger*

Er sah mir liebend in die Augen (J 65)

Datierung:
Ascona, Mai 1942

Besetzung:
Singst., Kl.

Text/Umfang:
Jehuda Halevi: *Er sah mir liebend in die Augen*. 18 T.

Autographe:
- Partitur:
  Zürich, ICZ
  2 S., nicht gebunden, nicht paginiert
  Unterschrieben, datiert: [S. 1] *Ascona, Juni 1942*
  [Überschrift] *Er sah mir liebend in die Augen | Jehuda Halevi (1085–1140) | Max Ettinger*
- Vokalstimme:
  Zürich, ICZ
  2 S., nicht gebunden, nicht paginiert

Handschrift des Komponisten, unterschrieben, nicht datiert
[Überschrift] *Er sah mir liebend in die Augen* | *Jehuda Halevi* | *Max Ettinger*

Es kling'n unsere Lieder (J 96)

Besetzung:
Singst., Kl.

Text/Umfang:
Alexander Schaichet: *Es kling'n unsere Lieder.* 25 T.

Autograph:
- Partitur:
  Zürich, ICZ
  1 S., nicht gebunden, nicht paginiert
  Unterschrieben, nicht datiert
  [Überschrift] *Es kling'n unsere Lieder* | *Alexander Schaichet* | *Max Ettinger*

Für Viele (J 24c, 2)

Datierung:
München 4. März 1917

Anmerkung: Ursprünglich an zweiter Stelle des Zyklus op. 22 *Fünf Lieder von Christian Morgenstern* stehend, wurde es schließlich von Ettinger durch *Abendläuten* ersetzt. *Für Viele* ist nurmehr in der Fassung für Singstimme und Klavier vorhanden.

UA: München, 14. November 1917
S: Mientje Lauprecht van Lammen, Kl.: Fritz Cassirer

Besetzung:
Singst., Kl.

Text/Umfang:
Christian Morgenstern: *Für Viele.* 37 T.

Autograph:
- Partitur:
  Zürich, ICZ
  4 S., nicht gebunden, nicht paginiert
  Unterschrieben, datiert [S. 3] *München 4. 3. 17*

[Titelseite] *Fritz Cassirer gewidmet | Für viele | Ch. Morgenstern | für eine Singstimme | mit Klavier | von | Max Ettinger op.* 22, 2

Widmung:
Fritz Cassirer gewidmet

Gelöbnis (J 81, 2)

Datierung:
Ascona, August 1946

Besetzung:
Singst., Kl.

Text/Umfang:
Hermann L. Goldschmidt: *Gelöbnis*. 32 T.

Autograph:
– Partitur:
  Zürich, ICZ
  2 S., nicht gebunden, nicht paginiert
  Unterschrieben, datiert: [S. 1, hinter Doppelstrich] *Ascona, August 1946*
  [Überschrift] *Gelöbnis | Hermann L. Goldschmidt | Max Ettinger*

Gestutzte Eiche (J 66)

Datierung:
Ascona, Juni 1942

Besetzung:
Singst., Kl.

Text/Umfang:
Hermann Hesse: *Gestutzte Eiche*. 29 T.

Autographe:
– Partitur:
  Zürich, ICZ
  2 S., nicht gebunden, nicht paginiert
  Unterschrieben, datiert: [S. 2, unter Doppelstrich] *Ascona, Juni, 1942*
  [Überschrift] *Gestutzte Eiche | Hermann Hesse | Max Ettinger*

- Partitur:
  Zürich, ICZ
  2 S., nicht gebunden, nicht paginiert
  Unterschrieben, nicht datiert: [S. 2, unter Doppelstrich]
  [Überschrift] *Gestutzte Eiche* | *Hermann Hesse* | *Max Ettinger*
  [S. 2, unter Doppelstrich] *Seinem geliebten Sali Hurwitz zum 19 Januar 1951!* |
  Mit allen guten, innigen Wünschen! Max u. Josi Ettinger

Widmung
Sali Hurwitz gewidmet.

Hamaschreschet (J 109)

Besetzung:
Singst., Kl.

Text/Umfang:
A. Zunser: *Hamaschreschet*. 14 T.

Autograph:
- Partitur:
  Zürich, ICZ
  4 S., nicht gebunden, nicht paginiert
  Unterschrieben, nicht datiert
  [Titelseite] *Hamaschreschet* | *Worte von A. Zunser* | *Der Pflug* | *übersetzt und bearbeitet* | *für eine Singstimme mit Klavier* | *von* | *Max Ettinger*
- Skizze:
  Zürich, ICZ
  1 S., nicht gebunden, nicht paginiert
  Unterschrieben, nicht datiert
  [Überschrift] *Hamaschreschet (Worte von A. Zunser)* | *Der Pflug* | *übersetzt u. bearbeitet* | *von Max Ettinger*
  Anmerkung: Klaviersatz und Singstimme sind vollständig, jedoch fehlt der Text. Auf der Rückseite steht eine vollständige Fassung von *Weulaj*.
- Singstimme:
  Zürich, ICZ
  1 S., nicht gebunden, nicht paginiert
  Nicht unterschrieben, nicht datiert
  [Titelseite] *Hamaschreschet (A. Zunser)*
- Singstimme:
  Zürich, ICZ
  1 S., nicht gebunden, nicht paginiert
  Unterschrieben, nicht datiert
  [Titelseite] *Hamaschreschet* | *A. Zunser* | *bearbeitet von* | *Max Ettinger*

Heimatwärts (J 68)

Datierung:
Ascona, 30. April 1943

Besetzung:
Singst., Kl.

Text/Umfang:
Werner P. Barfuß: *Heimatwärts*. 24 T.

Autograph:
- Partitur:
  Zürich, ICZ
  4 S., nicht gebunden, nicht paginiert
  Unterschrieben, datiert: [S. 3, unter Doppelstrich] *Ascona, 30/4. 43.*
  [Titelseite] *Heimwärts | Werner P. Barfuß | für eine Singstimme mit Klavier | von | Max Ettinger*

Heimweg (J 64)

Datierung:
Ascona, November 1941

Besetzung:
Singst., Kl.

Text/Umfang:
Hermann Ferdinand Schell: *Heimweg*. 42 T.

Autograph:
- Partitur:
  Zürich, ICZ
  2 S., nicht gebunden, nicht paginiert
  Unterschrieben, datiert: [S. 1, hinter Doppelstrich] *Ascona, November 41.*
  [Überschrift] *Heimweg | Hermann Ferdinand Schell | Max Ettinger*

Herbstliche Elegie (J 85)

Datierung:
Ascona, Dezember 1949

Besetzung:
Singst., Kl.

Text:
Emil Schibli: *Herbstliche Elegie*. 41 T.

Autograph:
– Partitur:
   Zürich, ICZ
   4 S., nicht gebunden, nicht paginiert
   Unterschrieben, datiert: [S. 3, unter Doppelstrich] *Ascona, Dezember 1949*
   [Titelseite] *Herbstliche Elegie | von | Emil Schibli | für eine Singstimme mit Klavier | von | Max Ettinger*

Hoffnung (J 72)

Datierung:
Ascona, November 1943

Besetzung:
Singst., Kl.

Text/Umfang
Hans Sichert: *Hoffnung*. 45 T.

Autographe:
– Partitur:
   Zürich, ICZ
   4 S., nicht gebunden, nicht paginiert
   Unterschrieben, datiert: [S. 3, unter Doppelstrich] *Ascona, November 1943*
   [Titelseite] *Hoffnung | von | Hans Sichert | für eine Singstimme mit Klavier | von | Max Ettinger*
– Partitur:
   Zürich, ICZ
   2 S., nicht gebunden, nicht paginiert
   Nicht unterschrieben, nicht datiert
   [Überschrift] *Hoffnung | Hans Sichert*

Ihr Vögel (J 55)

Datierung:
Ascona, Dezember 1935

Besetzung:
Singst., Kl.

Text/Umfang:
Hermann Hesse: *Ihr Vögel*. 30 T.

Autographe:
- Partitur:
  Zürich, ICZ
  2 S., nicht gebunden, nicht paginiert
  Unterschrieben, datiert: [S. 2, unter Doppelstrich] *Ascona | Dezember 1935*
  [Überschrift] *Ihr Vögel | Hermann Hesse | Max Ettinger*
- Partitur:
  Zürich, ICZ
  4 S., nicht gebunden, nicht paginiert
  Unterschrieben, nicht datiert
  [Titelseite] *Ihr Vögel | Hermann Hesse | für eine Singstimme mit Klavier | von | Max Ettinger*

Im Mutterschoß (J 25b)

Datierung:
München, Mai 1920
UA [?]: München, 20. Februar 1927, Totenfeier für Rainer Maria Rilke im Residenz-Theater
S: Hedwig Fichtmüller, Kl.: Franz Hallasch

Besetzung:
Singst., Kl. oder 2 V., Va., Vc.

Text/Umfang:
Christian Morgenstern: *Im Mutterschoß*. 31 T.

Autographe:
- Partitur:
  Zürich, ICZ
  4 S., nicht gebunden, nicht paginiert
  Unterschrieben, nicht datiert
  [Titelseite] *Im Mutterschoß | von | Christian Morgenstern | für eine Singstimme mit Streichquartett | von | Max Ettinger*

- KA:
  Zürich, ICZ
  4 S., nicht gebunden, nicht paginiert
  Unterschrieben, datiert [S. 3, hinter Doppelstrich] *München | Mai 1920*
  [S. 1, Überschrift] *Im Mutterschoß | Ch. Morgenstern | Max Ettinger*
- KA:
  Zürich, ICZ
  4 S., nicht gebunden, nicht paginiert
  Unterschrieben, nicht datiert
  [Titelseite] *Im Mutterschoß | von | Ch. Morgenstern | für eine Singstimme mit Klavier | von | Max Ettinger*

Im tollen Wahn (J 92, 1)

Besetzung:
Singst., Kl.

Text/Umfang:
Heinrich Heine: *Im tollen Wahn*. 38 T.

Autograph:
- Partitur:
  Zürich, ICZ
  4 S., nicht gebunden, nicht paginiert
  Unterschrieben, nicht datiert
  [Titelseite] *Im tollen Wahn | Heinrich Heine | (an seine Mutter) | für eine Singstimme mit Klavier | von | Max Ettinger*

Abschrift:
- Partitur:
  Zürich, ICZ
  2 S., nicht gebunden, nicht paginiert
  Unterschrieben, nicht datiert
  [Überschrift] *Im tollen Wahn | v. M. Ettinger*

In der Frühe (J 71)

Datierung:
Ascona, Oktober 1943

Besetzung:
Singst., Kl.

Text/Umfang:
Johanna Böhme: *In der Frühe*. 40 T.

Autographe:
- Partitur:
  Zürich, ICZ
  4 S., nicht gebunden, nicht paginiert
  Unterschrieben, datiert: [S. 3, unter Doppelstrich] *Oktober, 1943* | *Ascona*.
  [Titelseite] *In der Frühe* | *Johanna Böhme* | *für eine Singstimme mit Klavier* | *von* | *Max Ettinger*
- Partitur:
  Zürich, ICZ
  2 S., nicht gebunden, nicht paginiert
  Nicht unterschrieben, nicht datiert
  [Überschrift] *In der Frühe – Johanna Böhme*

In mein Garten (J 99)

Besetzung:
Singst., Kl.

Text/Umfang:
Chaim Nachman Bialik: *In mein Garten*. 22 T.

Autographe:
- Partitur:
  Zürich, ICZ
  1 S., nicht gebunden, nicht paginiert
  Unterschrieben, nicht datiert
  [Überschrift] *In mein Garten* | *Ch. N. Bialik* | *Max Ettinger*
- Skizze:
  Zürich, ICZ
  1 S., nicht gebunden, nicht paginiert
  Nicht unterschrieben, nicht datiert
  [Überschrift] *Bialik: in mein Garten*

Chorfassung:

Besetzung:
gem.Ch.: SATB

Autograph:
- Partitur:
  Zürich, ICZ

4 S., nicht gebunden, nicht paginiert
Unterschrieben, nicht datiert
[Titelseite] *In main gort'n | Ch. N. Bialik | für gem. Chor a capella | von | Max Ettinger*

Jäger und Fee (o. J)

Besetzung:
Singst., Kl.

Text/Umfang:
Carla Vitelleschi: *Jäger und Fee.* 12 T.

Autograph:
- Partitur:
  Zürich, ICZ
  1 S., nicht gebunden, nicht paginiert
  Unterschrieben, nicht datiert
  [Überschrift] *Nachdruck verboten | Jäger und Fee | Carla Vitelleschi | Alle Rechte vorbehalten | Max Ettinger*

König, Herr (J 73)

Datierung:
Ascona, November 1943

Besetzung:
Singst., Kl.

Text/Umfang:
Süßkind von Trimberg (übersetzt von Max Geilinger): *König, Herr.* 38 T.

Autographe:
- Partitur:
  Zürich, ICZ
  4 S., nicht gebunden, nicht paginiert
  Unterschrieben, datiert: [S. 3, hinter Doppelstrich] *Ascona, November 1943*
  [Titelseite] *König, Herr | Süßkind von Trimberg | Minnesänger, geb. 1220 | übersetzt von Max Geilinger | für eine Singstimme mit Klavier | von | Max Ettinger*
- Partitur:
  Zürich, ICZ
  2 S., nicht gebunden, nicht paginiert
  Unterschrieben, nicht datiert
  [Überschrift] *König, Herr | Süßkind von Trimberg | Max Ettinger*

Lied (J 62)

Datierung:
Ascona, September 1939

Besetzung:
Singst., Kl.

Text:
Hugo Döblin: *Lied*. 55 T.

Autograph:
- Partitur:
  Zürich, ICZ
  4 S., nicht gebunden, nicht paginiert
  Unterschrieben, datiert: [S. 3, unter Doppelstrich] *Ascona, September 1939*
  [Titelseite] *Lied | von | Hugo Döblin | für eine Singstimme mit Klavier | von | Max Ettinger*
  Anmerkung: Im Nachlaß Ettingers ist eine Kopie des Autographs mit einer Widmung von Hugo Döblin enthalten: *Für Max Ettinger | der so | Wort mit Musik | in eine Seele trug | Zürich, den 17. Dez. 39 | Hugo Döblin.*

Lied der Wahrheit (J 83)

Datierung:
Ascona, 23. Mai 1947

Besetzung:
Singst., Kl.

Text/Umfang:
Max Geilinger: *Lied der Wahrheit*. 28 T.

Autograph:
- Partitur:
  Zürich, ICZ
  4 S., nicht gebunden, nicht paginiert
  Unterschrieben, datiert: [S. 3, hinter Doppelstrich] *Ascona, 23 Mai 1947*
  [Überschrift] *Lied der Wahrheit | Max Geilinger | Max Ettinger*

Madrigal (J 51)

Datierung:
25. Mai 1928

Besetzung:
Singst., Kl.

Text/Umfang:
Hans Ludwig Held: *Madrigal*. 17 T.

Autograph:
- Partitur:
  Zürich, ICZ
  4 S., nicht gebunden, nicht paginiert
  Unterschrieben, datiert: [S. 3, hinter Doppelstrich] *25. 5. 28*
  [Titelseite] *Madrigal | H. L. Held | Max Ettinger*

Mahnung (J 63)

Datierung:
Ascona, 6. April 1941

Besetzung:
Singst., Kl.

Text/Umfang:
Joseph von Eichendorff: *Mahnung*. 34 T.

Autographe:
- Partitur:
  Zürich, ICZ
  2 S., nicht gebunden, nicht paginiert
  Nicht unterschrieben, datiert: [S. 2, unter Doppelstrich] *Ascona, 6/. 41*
  [Überschrift] *Mahnung | Eichendorff*
- Partitur:
  Zürich, ICZ
  4 S., nicht gebunden, nicht paginiert
  Nicht unterschrieben, nicht datiert
  [Titelseite] *Mahnung | von | Eichendorff | für Gesang mit Klavier | von | Max Ettinger*

Mich nimmt Wunder (J 89)

Besetzung:
Singst., Kl.

Text/Umfang:
Walter von der Vogelweide: *Mich nimmt Wunder*. 43 T.

Autographe:
- Partitur:
  Zürich, ICZ
  4 S., nicht gebunden, nicht paginiert
  Unterschrieben, nicht datiert
  [Überschrift] *Mich nimmt Wunder* | *Walter von der Vogelweide* | *Max Ettinger*
- Partitur:
  Zürich, ICZ
  4 S., nicht gebunden, nicht paginiert
  Unterschrieben, nicht datiert
  [Überschrift] *Mich nimmt Wunder* | *Walter v. Vogelweide* | *Max Ettinger*

Motele (J 98)

Besetzung:
Singst., Kl.

Text/Umfang:
Motele (Volkslied, bearbeitet von Max Ettinger). 32 T.

Autograph:
- Partitur:
  Zürich, ICZ
  2 S., nicht gebunden, nicht paginiert
  Unterschrieben, nicht datiert
  [Überschrift] *Motele* | *Volkslied* | *bearbeitet von* | *Max Ettinger*

Nachtregen (J 93)

Besetzung:
Singst., Kl.

Text/Umfang:
Kurt Leuthard: *Nachtregen*. 33 T.

Autographe:
- Partitur:
  Zürich, ICZ
  2 S., nicht gebunden, nicht paginiert
  Unterschrieben, nicht datiert
  [Überschrift] *Nachtregen | Kurt Leuthard | Max Ettinger*
- Skizze:
  Zürich, ICZ
  1 S., nicht gebunden, nicht paginiert
  Nicht unterschrieben, nicht datiert
  [Überschrift] *Nachtregen*
  Anmerkung: Unvollständiger Klaviersatz, Singstimme gesetzt, jedoch ohne Text.

O Herz der Welt (J 81, 1)

Datierung:
Ascona, Januar 1946

Besetzung:
Singst., Kl.

Text/Umfang:
Hermann Ludwig Goldschmidt: *O Herz der Welt*. 33 T.

Autograph:
- Partitur:
  Zürich, ICZ
  4 S., nicht gebunden, nicht paginiert
  Unterschrieben, datiert: [S. 3, unter Doppelstrich] *Ascona, Januar 1946*
  [Titelseite] *O Herz der Welt | Hermann L. Goldschmidt | für eine Singstimme mit Klavier | von | Max Ettinger*

Ovinu malkeinu (J 114)

[Verschollen]

Palästinensisches Kinderlied (J 110)

Besetzung:
Singst., Kl.

Text/Umfang:
[Text fehlt] 26 T.

Autographe:
- Skizze:
Zürich, ICZ
1 S., nicht gebunden, nicht paginiert
Nicht unterschrieben, nicht datiert
[Überschrift] *Palästinensisches | Kinderlied*
Anmerkung: Skizze mit vollständigem Klaviersatz, jedoch Singstimme ohne Text notiert.

Psalm 130 (J 111)

Besetzung:
Singst., Kl.

Text/Umfang:
Psalm 130 (*Aus der Tiefen*), in Deutsch und Hebräisch. 43 T.

Autographe:
- Partitur:
Zürich, ICZ
4 S., nicht gebunden, nicht paginiert
Unterschrieben, nicht datiert
[Titelseite] *Psalm Hundertunddreißig | für Singstimme mit Klavier | von | Max Ettinger*
- Partitur:
Zürich, ICZ
4 S., nicht gebunden, nicht paginiert
Unterschrieben, nicht datiert
[Titelseite] *Psalm Hundertunddreißig | für Singstimme mit Klavier | von | Max Ettinger*
- Skizze:
Zürich, ICZ
2 S., nicht gebunden, nicht paginiert
Nicht unterschrieben, nicht datiert
[Überschrift] *Psalm 130*
Anmerkung: Klaviersatz und Singstimme vollständig, jedoch fehlt der Text.

Regennacht (J 57)

Datierung:
Ascona, April 1937

Besetzung:
Singst., Kl.

Text/Umfang:
Hans Mühlestein: *Regennacht*. 52 T.

Autographe:
– Partitur:
  Zürich, ICZ
  2 S., nicht gebunden, nicht paginiert
  Unterschrieben, datiert: [S. 2, unter Doppelstrich] *Ascona, April 37*
  [Überschrift] *Regennacht | Hans Mühlestein | Max Ettinger*
– Partitur:
  Zürich, ICZ
  4 S., nicht gebunden, nicht paginiert
  Unterschrieben, nicht datiert
  [Titelseite] *Regennacht | von | Hans Mühlestein | für eine Singstimme mit Klavier | von | Max Ettinger*

Schauder (J 24c, 2)

Datierung:
München 4. März 1917.
Anmerkung: Ursprünglich das dritte Lied im Zyklus op. 22 *Fünf Lieder von Christian Morgenstern* für Singstimme und Streichquartett, wurde es von Ettinger bei der Anfertigung der Partitur von op. 22 durch *Vöglein Schwermut* ersetzt. Das Lied *Schauder* ist nurmehr in der Fassung für Singstimme und Klavier vorhanden.

UA [?]: München, Saal der Arminia, 14. November 1917
S: Mientje Lauprecht van Lammen, Kl.: Fritz Cassirer

Besetzung:
Singst., Kl.

Text/Umfang:
Christian Morgenstern: *Schauder*. 37 T.

Autograph:
- Partitur:
Zürich, ICZ
4 S., nicht gebunden, nicht paginiert
Unterschrieben, datiert [S. 3, unter Doppelstrich] *München 3. 3. 17*
[Titelseite] *Schauder | Ch. Morgenstern | für eine Singstimme | mit Klavier | von | Max Ettinger Op. 22, 3*

Schlaflied für Mirjam op. 26 (J 48)

Datierung:
München, Mai 1920

Besetzung:
Singst., Kl.

Text/Umfang:
Richard Beer-Hofmann: *Schlaflied für Mirjam.* 81 T.

Autographe:
- Partitur:
Zürich, ICZ
8 S., nicht gebunden, nicht paginiert
Unterschrieben, datiert: [S. 8, unter Doppelstrich] *München, Mai 1920*
[Titelseite] *Schlaflied für Mirjam | von | Richard Beer-Hofmann | für eine Singstimme | mit Klavier | von | Max Ettinger*
- Skizze:
Zürich, ICZ
8 S., nicht gebunden, nicht paginiert
Unterschrieben, nicht datiert
[Überschrift, S. 2] *Schlaflied für Mirjam | Max Ettinger*

Schluf man Kind (J 101a)

Besetzung:
Singst., Kl.

Text/Umfang:
Schluf man Kind (Volkslied). 20 T.

Autograph:
- Partitur:
  Zürich, ICZ
  1 S., nicht gebunden, nicht paginiert
  Unterschrieben, nicht datiert
  [Überschrift] *Schluf man Kind | Volkslied | bearbeitet von | Max Ettinger*

Schluf man Tochter (J 97)

Datierung:
Ascona, November 1945

Besetzung:
Singst., Kl.

Text/Umfang:
Schluf man Tochter (Volkslied). 13 T.

Autographe:
- Partitur:
  Zürich, ICZ
  1 S., nicht gebunden, nicht paginiert
  Unterschrieben, datiert: [S. 1, unter Doppelstrich] *Ascona, November 1945.*
  [Überschrift] *schluf man tochter | Jüdisches Volkslied | bearbeitet von | Max Ettinger*
- Partitur:
  Zürich, ICZ
  1 S., nicht gebunden, nicht paginiert
  Nicht unterschrieben, nicht datiert
  [Überschrift] *schluf man tochter*

Sei nicht traurig (J 54)

Datierung:
Ascona 20. Januar 1935

Besetzung:
Singst., Kl.

Text/Umfang:
Jakob Haringer: *Sei nicht traurig.* 47 T.

Autographe:
- Partitur:
Zürich, ICZ
4 S., nicht gebunden, nicht paginiert
Unterschrieben, datiert: [S. 3, unter Doppelstrich] *Ascona, 20 Januar 35*
[Überschrift] *Sei nicht traurig | Jakob Haringer | Max Ettinger*
- Partitur:
Zürich, ICZ
4 S., nicht gebunden, nicht paginiert
Unterschrieben, nicht datiert
[Titelseite] *Sei nicht traurig | Jakob Haringer | für eine Singstimme mit Klavier | von | Max Ettinger*
- Partitur:
Zürich, ICZ
4 S., nicht gebunden, nicht paginiert
Unterschrieben, nicht datiert
[Titelseite] *Sei nicht traurig | Jakob Haringer | für eine Singstimme mit Klavier | von | Max Ettinger*

Singstunde mit Flüchtlingskindern (J 108)

Datierung:
Ascona, 12. März 1943 – August 1949

Besetzung:
Singst.

Text:
Melodien nach religiösen hebräischen Texten, ohne Klavierbegleitung
  1. *Hallelujah.* 16 T.
  2. *Adonai melech.* 9 T.
  3. *Adonai li, adonai li welo.* 20 T.
  4. *Schma Israel.* 14 T.
  5. *Odcha.* 21 T.
  6. *Ki tow adonai.* 16 T.
  7. *Lecha dodi.* 16 T.
  8. *Im eschkachecha.* 25 T.
  9. *Mi jiten mizijon.* 40 T.
 10. *Lo lanu.* 24 T.
 11. *Ma towu ohalecha.* 18 T.
 12. *Hodu, hodu l'adonai.* 18 T.
 13. *Esri sneim adonai.* 14 T.
 14. *Haben jakir.* 15 T.

15. *Sacharti lach.* 16 T.
16. *U taher lebeinu.* 12 T.
17. *Hamawdil, hamawdil bein Kodesch.* 16 T.

Autographe:
– Nr. 3:
  Zürich, ICZ
  1 S., nicht gebunden, nicht paginiert
  Unterschrieben, datiert: [S. 1, unter Doppelstrich] *Ascona, Novemb. 1943*
  [Überschrift] *Für die liebe Edith! von | Max Ettinger | Ascona, Novemb. 1943.*
– Nr. 10:
  Zürich, ICZ
  1 S., nicht gebunden, nicht paginiert
  Unterschrieben, datiert: [S. 1, unter Doppelstrich] *Oktober 1943 | Zürich | Max Ettinger*
  [Keine Überschrift]
– Nr. 1–17 [FOTOKOPIE]:
  Anmerkung: Nur Fotokopie des Autographs, nicht jedoch Autograph auffindbar.
  Zürich, ICZ
  6 S., nicht gebunden, nicht paginiert
  Unterschrieben, datiert: [S. 1, unter Widmung] *Ascona, August, 1949*
  [Titelseite] *Singstunde mit Flüchtlingskindern | begonnen am 12 März, 1943 | Ascona. | Geliebter Sali, wenn du diese Melodien | manchmal einsiehst und mit den Deinen | singst, dann erlebe ich glücklichste | Auferstehung in Eurer Liebe! | Ascona, August, 1949 Max Ettinger*

Widmung:
– Sali Hurwitz gewidmet
– Nr. 3: Edith gewidmet

S'is avec der nechten (J 102)

[Verschollen]

Spruch (J 75)

Besetzung:
Singst., Kl.

Text/Umfang:
Hermann L. Goldschmidt: *Spruch.* 23 T.

Autographe:
- Partitur:
  Zürich, ICZ
  1 S., nicht gebunden, nicht paginiert
  Nicht unterschrieben, nicht datiert
  [Überschrift] *Spruch / Goldschmidt*
  Anmerkung: Auf der Rückseite dieses Blattes befindet sich eine Skizze von *In mein Garten* nach Bialik.
- Partitur [FOTOKOPIE!]
  Zürich, ICZ
  2 S., nicht gebunden, nicht paginiert
  Unterschrieben, datiert: [S. 2, unter Doppelstrich] *Ascona, Dezemb. 1943*
  [Überschrift] *Spruch | Hermann L. Goldschmidt | Max Ettinger*
  Anmerkung: Nur Kopie des Autographs, jedoch nicht Autograph selbst auffindbar.

Aus „Sprüche" (J 74)

Besetzung:
Singst., Kl.

Text/Umfang:
Christian Morgenstern: Aus *„Sprüche"*: *Dulde, trage.* 17 T.

Autograph:
- Partitur [FOTOKOPIE]:
  Zürich, ICZ
  1 S., nicht gebunden, nicht paginiert
  Unterschrieben, datiert: [S. 1, hinter Doppelstrich] *Ascona, 26. 12. 43.*
  [Überschrift] *Aus „Sprüche" | Christian Morgenstern | Max Ettinger*
  Anmerkung: Nur eine Fotokopie des Autographs, jedoch nicht Autograph selbst auffindbar.

Tappuach Zahav (J 112)

Besetzung:
Singst., Kl.

Text/Umfang:
Tappuach Zahav: Text von Sch. Bas, Melodie von Rabinowitz, bearbeitet von Max Ettinger. 18 T.

Autograph:
- Partitur:
  Zürich, ICZ
  1 S., nicht gebunden, nicht paginiert
  Unterschrieben, nicht datiert
  [Überschrift] *Tappuach Zahav | Worte von Sch. Bas | (Rabinowitz) | Max Ettinger*

Thilim I. (J 105)

Datierung:
Ascona, August 1950

Besetzung:
Singst., Kl.

Text/Umfang:
Thilim I. (anschrei haisch), aus: *Psalmen I. (Heil dem Manne)*. 45 T.

Autograph:
- Partitur:
  Zürich, ICZ
  4 S., nicht gebunden, nicht paginiert
  Unterschrieben, datiert: [S. 4, hinter Doppelstrich] *Ascona, | August 1950*
  [Titelseite] *Thilim I. | anschrei haisch | Psalmen I | Heil dem Manne. | für eine Singstimme | mit Klavier | von | Max Ettinger*

Trauerweide (J 76, 2)

Datierung:
Ascona, Januar 1944

Besetzung:
Singst., Kl.

Text/Umfang:
Trauerweide (Mushimara, übersetzt von Hans Bethge). 18 T.

Autograph:
- Partitur:
  Zürich, ICZ
  1 S., nicht gebunden, nicht paginiert

Unterschrieben, datiert [S. 1, unter Doppelstrich] *Ascona, Januar 1944*
[Überschrift] *Trauerweide | Mushimara | übersetzt von H. Bethge | Max Ettinger*
– Skizze:
Zürich, ICZ
1 S., nicht gebunden, nicht paginiert
Nicht unterschrieben, nicht datiert
[Überschrift] *Trauerweide*

Vergessen (J 53)

Datierung:
Ascona, Dezember 1934

Besetzung:
Singst., Kl.

Text/Umfang:
Johann R. Becher: *Vergessen*. 36 T.

Autograph:
– Partitur:
Zürich, ICZ
4 S., nicht gebunden, nicht paginiert
Unterschrieben, datiert: [S. 3, linker Seitenrand] *Ascona, Dezember 1934*
[Titelseite] *Vergessen | von | Joh. R. Becher | für eine Singstimme mit Klavier | von | Max Ettinger*

Versenkung (J 90)

Besetzung:
Singst., Kl.

Text/Umfang:
Hans Mühlestein: *Versenkung*. 34 T.

Autograph:
– Partitur:
Zürich, ICZ
4 S., nicht gebunden, nicht paginiert
Unterschrieben, nicht datiert
[Titelseite] *Versenkung | von | Hans Mühlestein | für eine Singstimme mit Klavier | von | Max Ettinger*

– Partitur:
Zürich, ICZ
2 S., nicht gebunden, nicht paginiert
Unterschrieben, nicht datiert
[Überschrift] *Versenkung | Hans Mühlestein | Max Ettinger*
– Partitur:
Zürich, ICZ
4 S., nicht gebunden, nicht paginiert
Unterschrieben, nicht datiert
[Titelseite] *Versenkung | von | Hans Mühlestein | für eine Singstimme mit Klavier | von | Max Ettinger*

Wandert, ihr Wolken wandert (J 33)

Datierung:
1898

Besetzung:
Hohe Singst., Kl.

Text/Umfang:
Ferdinand Avenarius: *Wandert, ihr Wolken wandert, über den schäumenden See, hab so gerne gewandert … .* 19 T.

Autograph:
– Partitur:
Zürich, ICZ
4 S., nicht gebunden, nicht paginiert
Unterschrieben, datiert [S. 1] *1898. Max Ettinger*
[S. 1] *1898. Max Ettinger*
[S. 2, Überschrift] *Wandert, ihr Wolken wandert.*

Wenn du mich wieder liebst (J 91)

Besetzung:
Singst., Kl.

Text/Umfang:
Wenn du mich wieder liebst [Textdichter unbekannt]. 53 T.

Autograph:
– Partitur:
Zürich, ICZ

2 S., nicht gebunden, nicht paginiert
Unterschrieben, nicht datiert
[Überschrift] *Wenn du mich wieder liebst | Max Ettinger*

Wenn wir so einsam sind (J 82)

Datierung:
Ascona, Mai 1946

Besetzung:
Singst., Kl.

Text/Umfang:
Marcell Pellich: *Wenn wir so einsam sind.* 22 T.

Autograph:
- Partitur:
  Zürich, ICZ
  2 S., nicht gebunden, nicht paginiert
  Unterschrieben, datiert: [S. 2, unter Doppelstrich] *Dem Andenken des früh verstorbenen Dichters. | Ascona, Mai 1946*
  [Überschrift] *Wenn wir so einsam sind | Marcell Pellich | Max Ettinger*

Widmung:
Marcell Pellich gewidmet.

Weulaj (J 113)

Besetzung:
Singst., Kl.

Text/Umfang:
Weulaj: Text von Rahel Varnhagen von Ense, Melodie von Mose Schertok, bearbeitet von Max Ettinger. 34 T.

Autographe:
- Partitur:
  Zürich, ICZ
  2 S., nicht gebunden, nicht paginiert
  Unterschrieben, nicht datiert
  [Überschrift] *Weulaj (und vielleicht) | I. Schertok | Bearbeitet und | übersetzt von | Max Ettinger*

- Skizze:
  Zürich, ICZ
  1 S., nicht gebunden, nicht paginiert
  Unterschrieben, nicht datiert
  [Überschrift] *Weulaj (und vielleicht)* | *M. Schertok* | *übersetzt u. bearbeitet* | *von Max Ettinger*
  Anmerkung: Klaviersatz und Singstimme sind vollständig, jedoch fehlt der Text. Auf der Rückseite befindet sich eine musikalisch vollständige Fassung von *Hamaschreschet* ohne Text.

Wo? (J 92, 2)

Besetzung:
Singst., Kl.

Text/Umfang:
Heinrich Heine: *Wo?* 55 T.

Autograph:
- Partitur
  Zürich, ICZ
  4 S., nicht gebunden, nicht paginiert
  Unterschrieben, nicht datiert
  [Titelseite] *Wo?* | *Heinrich Heine* | *für eine Singstimme mit Klavier* | *von* | *Max Ettinger*

Wolken, sie kommen (J 67)

Datierung:
Ascona, Dezember 1942

Besetzung:
Singst., Kl.

Text/Umfang:
Max Mummenthaler: *Wolken, sie kommen.* 31 T.

Autograph:
- Partitur:
  Zürich, ICZ
  4 S., nicht gebunden, nicht paginiert
  Unterschrieben, nicht datiert

[Titelseite] *Wolken, sie kommen* | *Mummenthaler* | *für eine Singstimme und Klavier* | *von* | *Max Ettinger*
- Partitur:
Zürich, ICZ
2 S., nicht gebunden, nicht paginiert
Unterschrieben, datiert: [S. 2, unter Doppelstrich] *Dezember 42*
[Überschrift] *Wolken, sie kommen* | *Mummenthaler* | *Max Ettinger*

Zu mein folk (J 104a)

Besetzung:
Singst., Kl.

Text/Umfang:
Platon Jaffa-Bromoff, bearbeitet von Max Ettinger: *Zu mein folk*. 12 T.

Autograph:
- Partitur:
Zürich, ICZ
1 S., nicht gebunden, nicht paginiert
Unterschrieben, nicht datiert
[Überschrift] *Zu mein folk* | *Jaffa-Bromoff* | *Bearbeitet von* | *Max Ettinger*

Zuruf (J 56)

Datierung:
Ascona, Januar 1937

Besetzung:
Singst., Kl.

Text/Umfang:
Oskar Maria Graf: *Zuruf*. 46 T.

Autographe:
- Partitur:
Zürich, ICZ
4 S., nicht gebunden, nicht paginiert
Unterschrieben, nicht datiert
[Titelseite] *Zuruf* | *von* | *O. M. Graf* | *für eine Singstimme mit Klavier* | *von* | *Max Ettinger*

- Partitur:
  Zürich, ICZ
  4 S., nicht gebunden, nicht paginiert
  Unterschrieben, datiert: [S. 3, unter Doppelstrich] *Ascona, Januar 1937*
  [Überschrift] *An Otto Freund | Zuruf | Oskar Maria Graf | Max Ettinger*
- Partitur:
  Zürich, ICZ
  4 S., nicht gebunden, nicht paginiert
  Unterschrieben, nicht datiert
  [Titelseite] *Otto Freund | gewidmet | Zuruf | von | Oskar Maria Graf | für eine Singstimme mit Klavier | von | Max Ettinger*

Widmung:
Otto Freund gewidmet.

Lieder für mehrere Solostimmen

Drei Duette op. 3 (J 30)

Datierung:
UA (Nr. 1, 3): München, 18. Oktober 1916
S: Alice Rau, A: Marianne Stoeger-Rheinfeld, Kl.: Ernst Riemann

Besetzung:
- S, A
- Kl.

Text/Umfang:
1. *Hochzeitslied*. Carl Ferdinand Meyer. 72 T.
2. *Rose und Lilie*. Friedrich Hebbel. 45 T.
3. *Das bittre Trünklein*. Text: Carl Ferdinand Meyer. 56 T.

Autograph:
[Verschollen]

Ausgabe:
- Ries und Ehrler, Berlin
  VN 8516–18
  Copyright 1911 by Ries und Ehrler
  15 S.

19 Gesänge aus Goethes „West-östlichem Divan", op. 38 (J 31)

Datierung:
UA: Dresdner Tonkünstlerfest, 2.–7. Oktober 1930
Ltg.: Max Ettinger

Besetzung:
- S, Bar.
- Fl., Ob., Klar., V., Va, Vc.

Text/Umfang:
19 Gesänge aus Goethes *West-östlichem Divan*:
1. *Talismane 1.* 20 T.
2. *Talismane 2.* 17 T.
3. *Talismane 3.* 20 T.
4. *Erschaffen und Beleben.* 51 T.
5. *Selige Sehnsucht.* 38 T.
6. *Das wird mir jede Stunde.* 29 T.
7. *Woher ich kam?* 20 T.
8. *Behandelt die Frauen.* 29 T.
9. *Ein schlechter Spaß.* 29 T.
10. *Gänsespiel.* 35 T.
11. *Suleika spricht.* 12 T.
12. *Buch des Unmuths 1.* 53 T.
13. *Buch des Unmuths 2.* 50 T.
14. *Buch des Unmuths 3.* 29 T.
15. *Buch Suleika 1.* 37 T.
16. *Buch Suleika 2.* 35 T.
17. *Buch Suleika 3.* 46 T.
18. *Buch Suleika 4.* 40 T.
19. *Buch Suleika 5.* 32 T.

Autograph:
- Partitur:
  Zürich, ICZ
  72 S., gebunden, paginiert
  Unterschrieben, nicht datiert
  [Titelseite] *Aus Goethes* | *„West-oestlicher Divan"* | 19 Gesänge für: Sopran, Bariton | 1 Flöte, 1 Oboe, 1 Klarinette | 1 Violine, 1 Bratsche, 1 Cello | von Max Ettinger Op. 38 | Partitur

6 Tierfabeln und ein Epilog nach Lafontaine (J 32)

Datierung:
Ascona, August 1940
UA: Radio-Studio Bern, 12. Dezember 1940
Vokalquartett von Radio Bern

Besetzung:
- S, A, T, B
- Kl.

Text/Umfang:
Jean de La Fontaine:
1. *Hase und Frösche.* 53 T.
2. *Schaf, Ziege und Schwein.* 76 T.
3. *Saure Trauben.* 23 T.
4. *Erschlagener Löwe.* 33 T.
5. *Verlorener Schwanz.* 52 T.
6. *Hund und Wolf.* 52
7. *Ein Epilog.* 66 T.

Autograph:
- Partitur:
  Zürich, ICZ
  42 S., geheftet, nicht gebunden, paginiert
  Unterschrieben, datiert [S. 40, hinter Doppelstrich] *Ascona, August 1940*
  [Titelseite] *Christoph Lertz | in Dankbarkeit u. Verehrung! Sechs Tierfabeln und ein Epilog | nach Lafontaine | für Vocal-Quartett mit Klavier | von | Max Ettinger*

Widmung:
Christoph Lertz gewidmet.

Chorlieder

5 Synagogalgesänge (J 120)

Besetzung:
- Solo: T
- MCh.: TTBB

Text/Umfang:
1. *Hozaas sefar natorah.* 39 T.
2. *Hachnasas sefar Latorah.* 68 T.
3. *Keduscha.* 57 T.
4. *Aschamnu.* 30 T.
5. *Al cheth.* 11 T.

Autograph:
[Verschollen]

Abschrift:
- Partitur [FOTOKOPIE]
  Zürich, ICZ
  22 S., geheftet, paginiert
  Unterschrieben, nicht datiert
  [Titelseite] <u>Synagogale Musik.</u> | <u>NEUKOMPOSITIONEN FUER GEMEINDE-GESAENGE.</u> | *Verfasser: Mottele Brom, Luzern,* | *Max Ettinger, Ascona.* | *Der Schweiz. Israel. Gemeindebund hat die* | *Autorenrechte dieser Gesänge angekauft und* | *überläßt sie seinen Mitgliedgemeinden zur* | *freien Verfügung in ihren Synagogen.*
  [S. 1–10] 12 Gesänge von Mottele Brom
  [S. 11–22] 5 Gesänge von Max Ettinger
- Partitur [FOTOKOPIE]
  Zürich, ICZ
  12 S., geheftet, paginiert
  Nicht unterschrieben, nicht datiert
  [Keine Titelseite]
  [Auf jeder Seite] *Eigentum des Israel. Gemeindebundes für die Schweiz*

Männerchöre op. 39 (J 118)

[Verschollen]

A Dudule (J 126)

Besetzung:
- Solo: T
- MCh.: TTBB

Text/Umfang:
A Dudule (Chassidisches Rezitativ). 49 T.

Autograph:
- Partitur [FOTOKOPIE]
  Zürich, ICZ
  4 S., nicht gebunden, nicht paginiert
  Unterschrieben, nicht datiert
  [Überschrift] *A Dudule | chassidisches Rezitativ | für Solo- und Männerchor | von Max Ettinger*
  [S. 4, unter Doppelstrich] *Aufführungsrecht für „Hasomir" Zürich. | Alle Rechte vorbehalten*

A Ssukele (J 128)

Besetzung:
MCh.: TTBB

Text/Umfang:
A Ssukele (Volkslied). 16 T.

Autograph:
[Verschollen]

Abschrift:
- Partitur [FOTOKOPIE]
  Zürich, ICZ
  1 S., nicht gebunden, nicht paginiert
  Noten handschriftlich, Text mit Schreibmaschine
  Nicht unterschrieben, nicht datiert
  [Überschrift] <u>*A SSUKELE*</u> *| Volkslied |* <u>*Bearb. von MAX ETTINGER*</u> *| Aufführungsrecht für | HASOMIR, Zürich. Alle | anderen Rechte vorbehalten.*

Ach Hemerl (J 125)

Datierung:
24. November 1948

Besetzung:
MCh.: TTBB

Text/Umfang:
Ach Hemerl (Volkslied). 23 T.

Abschrift:
- Partitur [FOTOKOPIE]:
  Zürich, ICZ
  1 S., nicht gebunden, nicht paginiert
  Noten handschriftlich, Text mit Schreibmaschine
  Nicht unterschrieben, datiert: [hinter Doppelstrich] *24. XI. 48*
  [Überschrift] *Volkslied | ACH HEMERL | Für Männerchor bearbeitet von MAX ETTINGER | Aufführungsrecht für | „HASOMIR", Zürich. Alle | weiteren Rechte vorbehalten.*

Aheem (J 122)

Besetzung:
MCh.: TTBB

Text/Umfang:
Aheem (Volkslied). 24 T.

Autograph:
[Verschollen]

Abschrift:
- Partitur [FOTOKOPIE]:
  Zürich, ICZ
  1 S., nicht gebunden, nicht paginiert
  Noten handschriftlich, Text mit Schreibmaschine
  Nicht unterschrieben, nicht datiert
  [Überschrift] <u>AHEEM</u> | *Trauerlied | Für Männerchor bearbeitet | von MAX ETTINGER. | Aufführungsrecht für | „HASOMIR", Zürich. Alle | weiteren Rechte vorbehalten.*

Amol is gewen a Majsse (J 127)

Besetzung:
MCh.: TTBB

Text/Umfang:
Amol is gewen a Majsse (Volkslied). 17 T.

Autograph:
[Verschollen]

Abschrift:
– Partitur [FOTOKOPIE]:
  Zürich, ICZ
  1 S., nicht gebunden, nicht paginiert
  Unterschrieben, datiert: [unter Doppelstrich] *Angefertigt am 18. August 1946 | von A. Schaichet.*
  [Überschrift] <u>AMOL IS GEWEN A MAJSSE</u> | *Volkslied | Für Männerchor von | Max Ettinger | Aufführungsrecht für HASOMIR, Zürich. Alle weiteren Rechte vorbe- | halten.*

Anliegen op. 8 (J 115)

Besetzung:
MCh.: TTBB

Text/Umfang:
Johann Wolfgang von Goethe: *Anliegen*. 35 T.

Autograph:
– Partitur:
  Zürich, ICZ
  4 S., nicht gebunden, nicht paginiert
  Unterschrieben, nicht datiert
  [S. 1, über Systemen] *Anliegen | v. Goethe | Max Ettinger | Op. 8*

Abschrift:
– Partitur:
  Zürich, ICZ
  4 S., nicht gebunden, nicht paginiert
  Unterschrieben, nicht datiert
  [S. 1, über Systemen] *Anliegen | v. Goethe | Max Ettinger | Op. 8*

Bei a teichele (J 129)

Besetzung:
MCh.: TTBB

Text/Umfang:
Bei a teichele (Volkslied). 20 T.

Autograph:
- Partitur [FOTOKOPIE]:
  Zürich, ICZ
  1 S., nicht gebunden, nicht paginiert
  Unterschrieben, nicht datiert
  [Überschrift] *Bei a teichele* | *Volkslied* | *für Männerchor von* | *Max Ettinger*

Berjoskele (J 130)

Besetzung:
MCh.: TTBB

Text/Umfang:
Berjoskele (Volkslied). 12 T.

Autograph:
- Partitur:
  Zürich, ICZ
  1 S., nicht gebunden, nicht paginiert
  Unterschrieben, nicht datiert
  [Überschrift] *Berjoskele* | *Volkslied* | *für Männerchor von* | *Max Ettinger*

Abschrift:
- Partitur [FOTOKOPIE]:
  Zürich, ICZ
  1 S., nicht gebunden, nicht paginiert
  Noten handschriftlich, Text mit Schreibmaschine
  Nicht unterschrieben, datiert: [hinter Doppelstrich] *28. XII. 1941*
  [Überschrift] <u>BERJOSKELE</u> | *Volkslied* | *für Männerchor bearbeitet* | *von Max Ettinger* | *Aufführungsrecht für* | *"HASOMIR", Zürich. Alle weiteren Rechte vorbehalten.*

Botschaft (J 154)

Datierung:
Ascona, 20. August 1947

Besetzung:
gem.Ch.: SATB

Text/Umfang:
Hermann Claudius: *Botschaft*. 28 T.

Autograph:
– Partitur:
  Zürich, ICZ
  4 S., nicht gebunden, nicht paginiert
  Unterschrieben, datiert: [S. 3, hinter Doppelstrich] *Ascona, 20. August, 1947*
  [Titelseite] *Botschaft | Herm. Claudius | für gemischten Chor a capella | von | Max Ettinger*

Das Lied vun die Unbekannte (J 119, 2)

Datierung:
Ascona, Mai 1945

Besetzung:
MCh.: TTBB

Text/Umfang:
Lajser Aychenrand: *Das Lied vun die Unbekannte*. 50 T.

Autographe:
– Partitur:
  Zürich, ICZ
  2 S., nicht gebunden, nicht paginiert
  Nicht unterschrieben, nicht datiert
  [S. 1, über Systemen] *Das Lied vun die Unbekannte L. Aychenrand*
  Anmerkung: Mit Bleistift notiert, scheint die Vorlage für die Reinschrift [Partitur (b)] gewesen zu sein.
– Partitur:
  Zürich, ICZ
  4 S., nicht gebunden, nicht paginiert
  Unterschrieben, datiert: [S. 3, hinter Doppelstrich] *Ascona, Mai 1945*
  [Titelseite] *Das Lied vun die Unbekannte | Layser Aychenrand | für Männerchor | von | Max Ettinger*

Daß der Tod uns heiter finde op. 8 (J 117)

Besetzung:
MCh.: TTBB

Text/Umfang:
Gustav Falke: *Daß der Tod uns heiter finde*. 60 T.

Autographe:
- Partitur:
  Zürich, ICZ
  8 S., nicht gebunden, paginiert
  Unterschrieben, nicht datiert
  [Titelseite] *Daß der Tod uns heiter | finde. | v. Gustav Falke. | für 4stimmigen Männerchor | von | Max Ettinger op 8*
- Partitur:
  Zürich, ICZ
  8 S., nicht gebunden, paginiert
  Unterschrieben, nicht datiert
  [Titelseite] *Daß der Tod uns heiter finde | von | Gustav Falke. | für Männerchor | componiert | von | Max Ettinger*

Der Arbeitsmann (J 152)

Datierung:
Ascona, März 1946

Besetzung:
gem.Ch.: SATB

Text/Umfang:
Richard Dehmel: *Der Arbeitsmann*. 64 T.

Autograph:
- Partitur:
  Zürich, ICZ
  4 S., nicht gebunden, nicht paginiert
  Uterschrieben, datiert
  [Titelseite] [Mitte] *Dem gemischten Chor | Altstadt Zürich | in Dankbarkeit | zugeeignet! | Der Arbeitsmann | Richard Dehmel | für gemischten Chor | a capella | von | Max Ettinger*

Ausgabe:
- Schweizerischer Arbeitersänger-Verband SAS. Liedverlag.
  Unionsdruckerei Bern
  Copyright 1947 by SAS.
  4 S.

Widmung:
Dem *Gemischten Chor Altstadt Zürich* gewidmet.

Der ewige Weg (J 150)

Datierung:
September 1936

Besetzung:
gem.Ch.: SATB

Text/Umfang:
Ilse Blumenthal-Weiss: *Der ewige Weg.* 70 T.

Autographe:
- Partitur:
  Zürich, ICZ
  4 S., nicht gebunden, nicht paginiert
  Unterschrieben, nicht datiert
  [Überschrift] *Leo Kopf | gewidmet | Der ewige Weg | Ilse Blumenthal-Weiss | Max Ettinger*
- Partitur:
  Zürich, ICZ
  4 S., nicht gebunden, nicht paginiert
  Unterschrieben, datiert
  [Überschrift] *Der ewige Weg | Ilse Blumenthal-Weiss | Max Ettinger*
  [S. 3, unter Doppelstrich] *Septemb. 1936*

Widmung:
Leo Kopf gewidmet.

Der Rebe Elimejlech (J 132)

Besetzung:
MCh.: TTBB

Text/Umfang:
Der Rebe Elimejlech (Volkslied). 33 T.

Autograph:
- Partitur [FOTOKOPIE]:
  Zürich, ICZ
  2 S., nicht gebunden, nicht paginiert
  Unterschrieben, nicht datiert
  [Überschrift] *Der Rebe Elimejlech | bearbeitet von Max Ettinger*

Der rebele der gabele (J 131)

Besetzung:
MCh.: TTBB

Text/Umfang:
Der rebele der gabele (Chassidisches Volkslied). 16 T.

Autograph:
- Partitur [FOTOKOPIE]:
  Zürich, ICZ
  1 S., nicht gebunden, nicht paginiert
  Unterschrieben, nicht datiert
  [Überschrift] *Der rebele der gabele | chassidisches Volkslied | für Männerchor von | Max Ettinger*

Di alte Kasche (J 133)

Besetzung:
- Solo: T
- MCh.: TTBB

Text/Umfang:
Di alte Kasche (Volkslied). 30 T.

Autograph:
- Partitur [FOTOKOPIE]:
  Zürich, ICZ
  2 S., nicht gebunden, nicht paginiert
  Unterschrieben, nicht datiert
  [Überschrift] *Di alte Kasche | Volkslied | Für Solo | und Männerchor von | Max Ettinger*

Di mesinke ois gegeben (J 134)

Besetzung:
MCh.: TTBB

Text/Umfang:
Di mesinke ois gegeben (Volkslied). 14 T.

Autograph:
- Partitur [FOTOKOPIE]:
  Zürich, ICZ
  1 S., nicht gebunden, nicht paginiert
  Unterschrieben, nicht datiert
  [Überschrift] *Di mesinke ois gegeben | Volkslied | für Männerchor von | Max Ettinger*

Di Sun is ofgegangen (J 135)

Besetzung:
MCh.: TB

Text/Umfang:
Di Sun is ofgegangen: Text und Melodie von M. M. Warschawski, bearbeitet von Max Ettinger. 17 T.

Autograph:
- Partitur [FOTOKOPIE]:
  Zürich, ICZ
  1 S., nicht gebunden, nicht paginiert
  Unterschrieben, nicht datiert
  [Überschrift] *Di Sun is ofgegangen | Text und Melodie von M. M. Warschawski | für Männerchor von | Max Ettinger*

Die „Drei" (J 151)

Datierung:
Ascona, Dezember 1936

Besetzung:
gem.Ch.: SATB

Text/Umfang:
Friedrich Schiller: *Sprüche des Confuzius*
Nr. 1: 50 T.
Nr. 2: 51 T.
Nr. 3: 88 T.

Autograph:
- Partitur:
  Zürich, ICZ
  8 S., nicht gebunden, nicht paginiert
  Unterschrieben, datiert: [S. 8, unter Doppelstrich] *Ascona, Dezemb. 36*
  [Titelseite] *Die „Drei" | Sprüche u. Worte | von | Schiller | für gemischten Chor a capella | von | Max Ettinger*

Ejli, Ejli, lomo asawtonu (J 123)

Datierung:
September 1938

Besetzung:
MCh.: TTBB

Text/Umfang:
Ejli, Ejli, lomo asawtonu (Volkslied). 50 T.

Abschrift:
- Partitur [FOTOKOPIE]:
  Zürich, ICZ
  3 S., nicht gebunden, nicht paginiert
  Noten handschriftlich, Text mit Schreibmaschine
  Nicht unterschrieben, datiert: [S. 3, hinter Doppelstrich] *September 1938*
  [S. 1, Überschrift] <u>EJLI, EJLI, LOMO ASAWTONU</u> | *Für Männerchor bearbeitet* | *von* MAX ETTINGER | *Aufführungsrecht für* | „HASOMIR", Zürich, alle | *weiteren Rechte vorbehalten.*

Friede (J 153)

Datierung:
Ascona, Februar 1947

Besetzung:
gem.Ch.: SATB

Text/Umfang:
Emma von Pelet: *Friede.* 21 T.

Autograph:
[Verschollen]

Abschrift:
- Partitur [FOTOKOPIE]:
  Zürich, ICZ
  4 S., nicht gebunden, nicht paginiert
  Handschriftlich
  Unterschrieben, datiert: [S. 1] *Ascona. Februar 1947*
  [Überschrift] *Friede | von | Max Ettinger | Dem Gemischten Chor Altstadt Zürich, | seinem Präsidenten Albert Rösler, | seinem Dirigenten Carl Danioth | in Dankbarkeit, Treue und Verbundenheit | gewidmet. | Ascona. Februar 1947*

Gesänge aus „Sulamith" (J 155)

Besetzung:
2 Solostimmen, gem. Ch., Kl.

Autograph:
[Verschollen]

Hend zum varkojfn (J 119, 1)

Datierung:
Ascona, 1945

Besetzung:
MCh.: TTBB

Text/Umfang:
Lajser Aychenrand: *Hend zum varkojfn.* 112 T.

Autograph:
- Partitur:
  Zürich, ICZ
  4 S., nicht gebunden, nicht paginiert
  Unterschrieben, datiert: [S. 4, unter Doppelstrich] *Ascona, Mai 1945*
  [Titelseite] *Hend zum varkojfn | Layser Aychenrand | für Männerchor | von | Max Ettinger*

Her' nor du schjn Mejdele (J 136)

Datierung:
Ascona, 1945

Besetzung:
MCh.: TTBB

Text/Umfang:
Her' nor du schjn Mejdele (Volkslied). 20 T.

Autograph:
[Verschollen]

Abschrift:
- Partitur [FOTOKOPIE]:
  Zürich, ICZ
  1 S., nicht gebunden, nicht paginiert
  Noten handschriftlich, Text mit Schreibmaschine
  Nicht unterschrieben, datiert: [unter Doppelstrich] *5. IX. 1945*
  [Überschrift] <u>*Her' ner, du schjn Mejdele*</u> | *für Männerchor von | Max Ettinger | Aufführungsrecht für HASOMIR, Zürich. Alle | weiteren Rechte vorbehalten.*

Im Golus (J 137)

Besetzung:
MCh.: TTBB

Text/Umfang:
Im Golus (Jiddisches Volkslied). 36 T.

Abschriften:
- Partitur [FOTOKOPIE]:
  Zürich, ICZ

2 S., nicht gebunden, nicht paginiert
Noten handschriftlich, Text mit Schreibmaschine
Nicht unterschrieben, nicht datiert
[Überschrift] <u>IM GOLUS</u> | *Jiddisches Volkslied* | *Für Männerchor bearbei-* | *tet von M. ETTINGER.* | *Aufführungsrechte für HASOMIR, Zürich, alle weiteren Rechte vorbehalten.*

Inter dem Kinds Wigele (J 147)

Besetzung:
MCh.: TTBB

Text:
Inter dem Kinds Wigele (Volkslied). 16 T.

Autograph:
- Partitur [FOTOKOPIE]:
  Zürich, ICZ
  1 S., nicht gebunden, nicht paginiert
  Unterschrieben, nicht datiert
  [Überschrift] *Inter dem Kinds Wigele* | *für Männerchor von* | *Max Ettinger*

Jankele (J 103c)

Datierung:
Ascona, Mai 1951

Besetzung:
MCh.: TTBB

Text/Umfang:
Mordche Gebirtig: *Jankele*. 16 T.

Autograph:
- Partitur:
  Zürich, ICZ
  4 S., nicht gebunden, nicht paginiert
  Unterschrieben, nicht datiert
  [Titelseite] *Jankele* | *M. Gebirtig* | *für gemischten Chor a capella* | *bearbeitet von* | *Max Ettinger*
  Anmerkung: Als einziges bislang bekanntes Autograph Max Ettingers mit blauer Tinte geschrieben.

Abschrift:
- Partitur [FOTOKOPIE]:
Zürich, ICZ
1 S., nicht gebunden, nicht paginiert
Noten handschriftlich, Text mit Schreibmaschine
Nicht unterschrieben, datiert: [unter Doppelstrich] *Angefertigt 27. Mai 1951*
[Überschrift] *Jankele* | *Volkslied. Für Männerchor von M. ETTINGER* | *Aufführungsrecht für HASOMIR, Zürich / Alle weiteren Rechte vorbehalten*

Bearbeitung:
- *Jankele. Für Singst. und Kl.* (J 103a)
[Vom Autograph bloß Fotokopie der Titelseite auffindbar]
Zürich, ICZ
1 S. nicht gebunden, nicht paginiert
Unterschrieben, nicht datiert
[Titelseite] *An Edith und Peti* | *zum singen!* | *Jankele* | *Volkslied* | *für eine Singstimme mit Klavier* | *bearbeitet von* | *Max Ettinger*

Widmung:
Edith und Peti gewidmet.

Jeruscholajim, Goluslied (J 138)

Besetzung:
MCh.: TTBB

Text/Umfang:
Jeruscholajim, Goluslied (Volkslied). 20 T.

Autograph:
[Verschollen]

Abschrift:
- Partitur [FOTOKOPIE]:
Zürich, ICZ
2 S., nicht gebunden, nicht paginiert
Noten handschriftlich, Text mit Schreibmaschine
Nicht unterschrieben, nicht datiert
[Überschrift] *JERUSCHOLAJIM.* | *Goluslied.* | *Für Männerchor bearbeitet* | *von Max Ettinger.* | *Aufführungsrecht für* | *„HASOMIR", Zürich, alle* | *weiteren Rechte vorbehalten.*

Joschke fohrt awek (J 139)

Datierung:
Ascona, Januar 1942

Besetzung:
MCh.: TTBB

Text/Umfang:
Joschke fohrt awek (Volkslied). 15 T.

Autograph:
[Verschollen]

Abschrift:
– Partitur [FOTOKOPIE]:
 Zürich, ICZ
 1 S., nicht gebunden, nicht paginiert
 Noten handschriftlich, Text mit Schreibmaschine
 Nicht unterschrieben, datiert: [hinter Doppelstrich] *15. I. 1942*
 [Überschrift] *JOSCHKE FOHRT AWEK.* | *Scherzlied* | *Für Männerchor bearbeitet* | *von MAX ETTINGER* | *Aufführungsrecht für* | *HASOMIR, Zürich. Alle* | *weiteren Rechte vorbehalten.*

Joschke mit dem Fidel (J 140)

Datierung:
28. Mai 1951

Besetzung:
MCh.: TTBB

Text/Umfang:
Joschke mit dem Fidel (Volkslied). 22 T.

Autograph:
[Verschollen]

Abschrift:
– Partitur [FOTOKOPIE]:
 Noten handschriftlich, Text mit Schreibmaschine
 Zürich, ICZ
 1 S., nicht gebunden, nicht paginiert
 Nicht unterschrieben, datiert: [Unter Doppelstrich] *Angefertigt 28. Mai 1951*

[Überschrift] *JOSCHKE mit dem FIDEL* | *Volkslied* / *Für Männerchor von MAX ETTINGER.* | *Aufführungsrecht für HASOMIR, Zürich* / *Alle weiteren Rechte vorbehalten.*

Kaddisch (J 124)

Besetzung:
Solo und TTBB

Autograph:
[Verschollen]

Licht Bentschen (J 158)

Besetzung:
FrCh.: SSA

Text/Umfang:
Licht Bentschen (Volkslied). 56 T.

Autograph:
– Partitur:
Zürich, ICZ
4 S., nicht gebunden, nicht paginiert
Unterschrieben, nicht datiert
[Titelseite] *Licht Bentschen* | *für 3stimmigen Frauenchor gesetzt* | *von* | *Max Ettinger*

Mailied op. 8 (J 116)

Datierung:
München, Juli 1918

Besetzung:
MCh.: TTBB

Text/Umfang:
Mailied (aus: *Des Knaben Wunderhorn*). 107 T.

Autographe:
- Partitur:
Zürich, ICZ
8 S., nicht gebunden, paginiert
Unterschrieben, datiert
[Titelseite] *Mailied | aus des | Knaben Wunderhorn | für | 4stimmigen Männerchor | von | Max Ettinger Op. 8*
[S. 8, hinter Doppelstrich] *München – Uffing | im Juli 1918*
- Partitur:
Zürich, ICZ
8 S., nicht gebunden, paginiert
Unterschrieben, datiert: [S. 7, hinter Doppelstrich] *München – Uffing | im Juli 1918*
[Titelseite] *Mailied | aus | des Knaben Wunderhorn | für | 4stimmigen Männerchor | componiert | von | Max Ettinger Op. 8*

Majn Ruheplatz (J 141)

Besetzung:
MCh.: TTBB

Text/Umfang:
Majn Ruheplatz: Worte und Melodie von Morris Rosenfeld, bearbeitet von Max Ettinger. 12 T.

Autograph:
[Verschollen]

Abschrift:
- Partitur [FOTOKOPIE]:
Zürich, ICZ
2 S., nicht gebunden, nicht paginiert
Noten handschriftlich, Text mit Schreibmaschine
Unterschrieben, nicht datiert
[Überschrift] <u>*MAJN RUHEPLATZ*</u> | *Worte und Melodie: M. Rosenfeld | Für Männerchor bearbeitet | von MAX ETTINGER | Aufführungsrecht für | HASOMIR, Zürich, alle weiteren Rechte vorbehalten.*

Mojschele, majn Frajnd (J 142)

Datierung:
Ascona, Juni 1951

Besetzung:
MCh.: TTBB

Text/Umfang:
Mojschele, majn Frajnd (Volkslied). 16 T.

Autograph:
[Verschollen]

Abschrift:
- Partitur [FOTOKOPIE]:
  Zürich, ICZ
  2 S., nicht gebunden, nicht paginiert
  Noten handschriftlich, Text mit Schreibmaschine
  Nicht unterschrieben, datiert: [S. 2, unter Doppelstrich] *Angefertigt 15. Juni 1951*
  [Überschrift] <u>MOJSCHELE, MAJN FRAJND</u> | *Volkslied. Für Männerchor von M. ETTINGER* | *Aufführungsrecht für „HASOMIR", Zürich, Alle weiteren Rechte vorbehalten.*

Oj, Brider sog (J 143)

Besetzung:
MCh.: TTBB

Text/Umfang:
Oj, Brider sog (Volkslied). 16 T.

Autograph:
[Verschollen]

Abschrift:
- Partitur [FOTOKOPIE]:
  Zürich, ICZ
  1 S., nicht gebunden, nicht paginiert
  Noten handschriftlich, Text mit Schreibmaschine
  Nicht unterschrieben, nicht datiert
  [Überschrift] <u>OJ BRIDER SOG'</u> | *Volkslied | Für Männerchor gesetzt | von M. Ettinger | Eingerichtet von A. Schaichet*

Ojf'n Pripitschek (J 144)

Datierung:
21. Januar 1951

Besetzung:
MCh.: TTBB

Text/Umfang:
Ojf'n Pripitschek (Volkslied). 32 T.

Autograph:
[Verschollen]

Abschrift:
- Partitur [FOTOKOPIE]:
  Zürich, ICZ
  2 S., nicht gebunden, nicht paginiert
  Noten handschriftlich, Text mit Schreibmaschine
  Nicht unterschrieben, datiert: [S. 2, unter Doppelstrich] *21. Januar 1951*
  [Überschrift] <u>*Ojf'n Pripitschek*</u> | *Volkslied. Bearb. von MAX ETTINGER* | *Aufführungsrecht für „HASOMIR". Alle weiteren Rechte vorbehalten.*

Papier is doch weis (J 145)

Besetzung:
MCh.: TTBB

Text/Umfang:
Papier is doch weis (Volkslied). 34 T.

Autograph:
[Verschollen]

Abschrift:
- Partitur [FOTOKOPIE]:
  Zürich, ICZ
  2 S., geheftet, nicht paginiert
  Unterschrieben, nicht datiert
  [Überschrift] *Papier is doch weis* | *Volkslied* | *für Männerchor von* | *Max Ettinger*

Simches Torje (J 146)

Besetzung:
MCh.: TTBB

Text/Umfang:
Simches Torje (Volkslied). 27 T.

Autograph:
[Verschollen]

Abschrift:
- Partitur [FOTOKOPIE]:
  Zürich, ICZ
  1 S., nicht gebunden, nicht paginiert
  Noten handschriftlich, Text mit Schreibmaschine
  Nicht unterschrieben, nicht datiert
  [Überschrift] <u>Simches Torje</u> | *Volkslied | Für Männerchor von | Max Ettinger | Aufführungsrecht für HASOMIR, | Zürich. Alle weiteren Rechte | vorbehalten*

Singspruch für Hasomir (J 121)

Datierung:
1943, zum 20jährigen Jubiläum des Jüdischen Gesangsvereins HASOMIR

Besetzung:
MCh.: TTBB

Text/Umfang:
Alexander Schaichet: *Singspruch für* Hasomir. 25 T.

Autograph:
[Verschollen]

Abschrift:
- Partitur [FOTOKOPIE]:
  Zürich, ICZ
  1 S., nicht gebunden, nicht paginiert
  Noten handschriftlich, Text mit Schreibmaschine
  Nicht unterschrieben, nicht datiert
  [Überschrift] *SINGSPRUCH für HASOMIR | Worte von ALEXANDER SCHAI-CHET – Musik von MAX ETTINGER | (Zum 20jährigen Jubiläum 1923–1943) |* <u>*Eigentum des HASOMIR-Zürich – Alle Rechte vorbehalten.*</u>

Ven meshiach vet kumen (J 148)

Besetzung:
MCh.: TTBB

Text/Umfang:
Ven meshiach vet kumen (Volkslied). 22 T.

Autograph:
[Verschollen]

Abschrift:
– Partitur [FOTOKOPIE]:
Zürich, ICZ
2 S., nicht gebunden, nicht paginiert
Unterschrieben, nicht datiert
[Überschrift] *Ven meshiach vet kumen | für Männerchor gesetzt von | Max Ettinger*

Wer hat dus geseh'n (J 149)

Datierung:
Ascona, Mai 1951

Besetzung:
MCh.: TTBB

Text/Umfang:
Wer hat dus geseh'n (Volkslied). 20 T.

Autograph:
[Verschollen]

Abschrift:
– Partitur [FOTOKOPIE]:
Zürich, ICZ
1 S., nicht gebunden, nicht paginiert
Noten handschriftlich, Text mit Schreibmaschine
Nicht unterschrieben, datiert: [unter Doppelstrich] *Angefertigt 20. Mai 1951*
[Überschrift] <u>WER HAT DUS GESEH'N</u> | *Volkslied. Für Männerchor von M. Ettinger | Aufführungsrecht für HASOMIR, Zürich / Alle weiteren Rechte vorbehalten*

Wir sind die Arbeiterfrauen (J 157)

Besetzung:
FrCh.: SSA

Text/Umfang:
Bruno Schönlank: *Wir sind die Arbeiterfrauen*. 10 T.

Autograph:
[Verschollen]

Ausgabe:
– Schweizer Arbeitersängerverband SAS, Liedverlag
  Unionsdruckerei Bern
  Copyright 1947 by SAS
  2 S.

Zu majn Volk (J 104b)

Datierung:
21. August 1945

Besetzung:
MCh.: TTBB

Text/Umfang:
Zu majn Volk; Text: Joseph Jaffe, Melodie: Platon Bromoff, bearbeitet von Max Ettinger. 12 T.

Autograph:
[Verschollen]

Abschrift:
– Partitur [FOTOKOPIE]:
  Zürich, ICZ
  1 S., nicht gebunden, nicht paginiert
  Nicht unterschrieben, datiert: [Hinter Doppelstrich] *21. AUG. 1945*
  [Überschrift] <u>*Zu majn Volk*</u> | *Worte von <u>Joseph Jaffe</u> – Melodie von <u>Platon Brommof</u> | Für Männerchor von | Max Ettinger | Aufführungsrecht für | HASO-MIR Zürich. Alle weiteren Rechte | vorbehalten.*

Register

Nach Gattungen

Kammermusik

Air nach G. B. Pescetti (o. J) 100
Alt-Englische Meister für Violine und Klavier (J 180) 96
Alte Meister Weisen (J 181) 96
Aus der Serenade Nr. 7 von W. A. Mozart (J 182) 97
Englische Klaviermusik aus dem Fitzwilliam-Virginal-Book (J 183) 98
Offenbachiana (J 179) 100
Phantasie über zwei jiddische Volkslieder (J 176) 103
Purcell-Album (J 184) 99
Quintett op. 20 (J 171) 94
Sarabande nach Johann Ludwig Krebs (J 185) 100
Sonate für Violine und Klavier op. 10 (J 169) 93
Sonate für Violoncello und Klavier op. 19 (J 170) 93
Sonate für Violoncello und Klavier (J 175) 103
Sonatine für 2 Violinen (J 178) 101
Streichquartett op. 32 (J 173) 95
Streichquartett über chassidische Melodien (J 174) 103
Suite für Violine und Klavier (J 177) 101

Orchesterwerke

Alt-Englische Suite op. 30 (J 160) 104
Alte Tanz-Suite nach Tremais op. 42 (J 162) 106
„An den Wassern Babylons", Gesänge Babylonischer Juden (J 163a) 108
Cantus Hebraicus (J 166) 110
Concertino für Flöte mit Streichorchester nach Padre Martini (J 167) 109
Konzert für Horn (J 164) 108
Ouverture zu „Was ihr wollt" op. 4 (J 159) 104
Sonatine für Streichorchester nach Giovanni Battista Pescetti (J 165) 109
Suite für Orchester nach Girolamo Frescobaldi (J 168) 108
Traumbilder op. 31 (J 161) 105

Bühnenwerke

Ali Baba (J 13) 123
Bühnen-Begleitmusik zu einem altitalienischen Schauspiel [„Glas von Murano"] (Fragment) (J 16) 126
Clavigo op. 34 (J 5) 118
David und Absalom (Fragment) (J 10) 129
Der Dybuk (J 8) 130
Der eifersüchtige Trinker op. 14 (J 2) 112
Die Erzbetrügerin Courasche (Fragment) (J 12) 128
Der Herr von Pourceaugnac (Fragment) (o. J.) 122
Die lustigen Weiber von Windsor (J 15) 111
Dolores op. 40 (J 7) 123
Frühlings Erwachen op. 36 (J 6) 119

Juana op. 33 (J 4) 116
Judith op. 28 (J 3) 114
Ladomeia (Fragment) (J 11) 127
Lucia von Lammermoor (J 14) 121
Rialon op. 11 (J 1) 111
Rosen von Roccolo (Fragment) (J 9) 125

Größere Chorwerke

Das Lied von Moses / The Chant of Moses (J 18) 132
Jidisch Lebn (J 20) 136
Jiddisch Requiem (J 21) 137
Königin Esther (J 19) 134
Psalmen aus „L'estro Poetico Armonico" von Benedetto Marcello (bearbeitet von Max Ettinger) (J 156) 135
Schnitterlin op. 2a (J 28a) 131
Weisheit des Orients op. 24 (J 17a) 131

Melodramatische Werke

Bertrand de Born op. 2b (J 28b) 139
Wovon die Menschen leben (J 29) 139

Filmmusik

Exposés für Tonfilme (o. J) 142
Filmmusik zu „Knalleffekt" (J 187) 143
Musik zu Kulturfilmen der Titania-Film GmbH, Berlin (J 186) 141

Orchesterlieder

Abendphantasie für Tenor und Orchester op. 15b (J 23) 144
Des Morgens op. 15a (J 22) 144
5 Gesänge von Heraklit op. 35 (J 26a) 147
Konzertarie aus „Faniska" von Cherubini (J 27) 148
5 Lieder von Christian Morgenstern op. 22 (J 24a) 145

Lieder für eine Solostimme und Klavier

Abendläuten op. 18 (J 24b) 176
Allein (J 84) 176
Am Morgen früh (J 87) 177
Blumen Heute (J 69) 177
Das Volk (J 58) 178
Der Arbeitsmann (J 88) 178
Der Becher (aus „Jiddisch Lebn") (J 95) 179
4 Biblische Sprüche (J 107) 160
Der Blütenzweig (J 76, 1) 180
Der Felsen (J 46) 180
Der Feststrauß zum Herbstfest (J 80) 180
Der Silberreiher (J 77) 181
Die Furt (J 47) 181
Die rote Tulpe (J 59) 182
Er sah mir liebend in die Augen (J 65) 182
Es kling'n unsere Lieder (J 96) 183
Für Viele (J 24c, 2) 183
Gelöbnis (J 81, 2) 184
Gestutzte Eiche (J 66) 184
Hamaschechret (J 109) 185
Heimatwärts (J 68) 186
Heimweg (J 64) 186
Herbstliche Elegie (J 85) 187
Hoffnung (J 72) 187
3 Hymnen von Jehuda Halevi (J 106) 155
Ihr Vögel (J 55) 188
Im Mutterschoß (J 25b) 188
Im tollen Wahn (J 92, 1) 189
In der Frühe (J 71) 189
In mein Garten (J 99) 190
Jäger und Fee (o. J) 191
König, Herr (J 73) 191
Lied (J 62) 192
Lied der Wahrheit (J 83) 192
6 Lieder op. 1 (J 34) 169

4 Lieder op. 13 (J 40) 162
3 Lieder aus dem Chinesischen op. 16 (J 41) 156
6 Lieder aus dem Englischen von Frances Külpe (J 60) 168
3 Lieder aus dem Griechischen op. 17 (J 42) 156
12 Lieder „Der Völker Liebesgarten" op. 29 (J 50) 173
4 Lieder aus „Des Knaben Wunderhorn" op. 6 (J 36) 161
3 Lieder für Sopran op. 5 (J 35) 158
2 Lieder für Tenor op. 9 (J 38) 149
2 Lieder für Tenor op. 21 (J 43) 150
3 Lieder für tiefe Stimme op. 7 (J 37) 158
6 Lieder nach Eichendorff: „In der Fremde" op. 12 (J 39) 167
3 Lieder nach Else Lasker-Schüler (J 79) 159
2 Lieder nach Gebirtig (J 100) 151
2 Lieder nach Hölderlin (o. J) 152
2 Lieder nach Jo Mihaly (J 78) 153
2 Lieder nach Li-Tai-Pe (o.J) 152
8 Lieder nach Rilke op. 37 (J 52) 169
8 Lieder nach Theodor Storm op. 23 (J 44) 171
2 Lieder nach Verlaine op. 27 (J 49) 154
6 Lieder nach Worten von Fritz Cassirer op. 25 (J 45) 165
2 Lieder nach Worten von Vittoria Colonna (J 61) 150
Madrigal (J 51) 193
Mahnung (J 63) 193
Mich nimmt Wunder (J 89) 194
Motele (J 98) 194
Nachtregen (J 93) 194
O Herz der Welt (J 81, 1) 195
Ovinu malkeinu (J 114) 195
5 Palästinensische Gesänge (J 94) 163
Palästinensisches Kinderlied (J 110) 196
Psalm 130 (J 111) 196
Regennacht (J 57) 197
Schauder (J 24c, 2) 197
Schlaflied für Mirjam op. 26 (J 48) 198

Schluf man Kind (J 101a) 198
Schluf man Tochter (J 97) 199
Sei nicht traurig (J 54) 199
Singstunde mit Flüchtlingskindern (J 108) 200
S'is avec der nechten (J 102) 201
Spruch (J 75) 201
Aus „Sprüche" (J 74) 202
Tappuach Zahav (J 112) 202
Thilim I. (J 105) 203
Trauerweide (J 76, 2) 203
Vergessen (J 53) 204
Versenkung (J 90) 204
Wandert, ihr Wolken wandert (J 33) 205
Wenn du mich wieder liebst (J 91) 205
Wenn wir so einsam sind (J 82) 206
Weulaj (J 113) 206
Wo? (J 92, 2) 207
Wolken, sie kommen (J 67) 207
Zu mein folk (J 104a) 208
Zuruf (J 56) 208

Lieder für mehrere Solostimmen

3 Duette op. 3 (J 30) 209
19 Gesänge aus Goethes „west-östlichem Divan", op. 38 (J 31) 210
6 Tierfabeln und ein Epilog nach Lafontaine (J 32) 211

Chorlieder

A Dudule (J 126) 213
A Ssukele (J 128) 213
Ach Hemerl (J 125) 214
Aheem (J 122) 214
Amol is gewen a Majsse (J 127) 215
Anliegen op. 8 (J 115) 215
Bei a teichele (J 129) 216
Berjoskele (J 130) 216
Botschaft (J 154) 217
Das Lied vun die Unbekannte (J 119, 2) 217

Daß der Tod uns heiter finde op. 8 (J 117) 218
Der Arbeitsmann (J 152) 218
Der ewige Weg (J 150) 219
Der Rebe Elimejlech (J 132) 220
Der rebele der gabele (J 131) 220
Di alte Kasche (J 133) 220
Di mesinke ois gegeben (J 134) 221
Di Sun is ofgegangen (J 135) 221
Die „Drei" (J 151) 222
Ejli, Ejli, lomo asawtonu (J 123) 222
Friede (J 153) 223
Gesänge aus „Sulamith" (J 155) 223
Hend zum varkojfn (J 119, 1) 223
Her' nor du schjn Mejdele (J 136) 224
Im Golus (J 137) 224
Inter dem Kinds Wigele (J 147) 225
Jankele (J 103c) 225
Jeruscholajim, Goluslied (J 138) 226
Joschke fohrt awek (J 139) 227
Joschke mit dem Fidel (J 140) 227
Kaddisch (J 124) 228
Licht Bentschen (J 158) 228
Mailied op. 8 (J 116) 228
Majn Ruheplatz (J 141) 229
Männerchöre op. 39 (J 118) 212
Mojschele, majn Frajnd (J 142) 230
Oj, Brider sog (J 143) 230
Ojf'n Pripitschek (J 144) 231
Papier is doch weis (J 145) 231
Simches Torje (J 146) 232
Singspruch für Hasomir (J 121) 232
5 Synagogalgesänge (J 120) 212
Ven meshiach vet kumen (J 148) 233
Wer hat dus geseh'n (J 149) 233
Wir sind die Arbeiterfrauen (J 157) 234
Zu majn Volk (J 104b) 234

Alphabetisch

Abendläuten op. 18 (J 24b) 176
Abendphantasie für Tenor und Orchester op. 15b (J 23) 144
Ach Hemerl (J 125) 214
A Dudule (J 126) 213
Aheem (J 122) 214
Air nach G. B. Pescetti (o. J) 100
Ali Baba (J 13) 123
Allein (J 84) 176
Alt-Englische Meister für Violine und Klavier (J 180) 96
Alt-Englische Suite op. 30 (J 160) 104
Alte Meister Weisen (J 181) 96
Alte Tanz-Suite nach Tremais op. 42 (J 162) 106
Am Morgen früh (J 87) 177
Amol is gewen a Majsse (J 127) 215
„An den Wassern Babylons", Gesänge Babylonischer Juden (J 163a) 108
Anliegen op. 8 (J 115) 215
A Ssukele (J 128) 213
Aus der Serenade Nr. 7 von W. A. Mozart (J 182) 97
Aus „Sprüche" (J 74) 202
Bei a teichele (J 129) 216
Berjoskele (J 130) 216
Bertrand de Born op. 2b (J 28b) 139
4 Biblische Sprüche (J 107) 160
Blumen Heute (J 69) 177
Botschaft (J 154) 217
Bühnen-Begleitmusik zu einem alt-italienischen Schauspiel [„Glas von Murano"] (Fragment) (J 16) 126
Cantus Hebraicus (J 166) 110
Clavigo op. 34 (J 5) 118
Concertino für Flöte mit Streichorchester nach Padre Martini (J 167) 109

Das Lied von Moses / The Chant of Moses (J 18) 132
Das Lied vun die Unbekannte (J 119, 2) 217
Das Volk (J 58) 178
Daß der Tod uns heiter finde op. 8 (J 117) 218
David und Absalom (Fragment) (J 10) 129
Der Arbeitsmann (J 88) 178
Der Arbeitsmann (J 152) 218
Der Becher (aus „Jiddisch Lebn") (J 95) 179
Der Blütenzweig (J 76, 1) 180
Der Dybuk (J 8) 130
Der eifersüchtige Trinker op. 14 (J 2) 112
Der ewige Weg (J 150) 219
Der Felsen (J 46) 180
Der Feststrauß zum Herbstfest (J 80) 180
Der Herr von Pourceaugnac (Fragment) (o. J.) 122
Der Rebe Elimejlech (J 132) 220
Der rebele der gabele (J 131) 220
Der Silberreiher (J 77) 181
Des Morgens op. 15a (J 22) 144
Di alte Kasche (J 133) 220
Die Erzbetrügerin Courasche (Fragment) (J 12) 128
Die „Drei" (J 151) 222
Die Furt (J 47) 181
Die lustigen Weiber von Windsor (J 15) 111
Di mesinke ois gegeben (J 134) 221
Die rote Tulpe (J 59) 182
Di Sun is ofgegangen (J 135) 221
Dolores op. 40 (J 7) 123
3 Duette op. 3 (J 30) 209
Ejli, Ejli, lomo asawtonu (J 123) 222
Englische Klaviermusik aus dem Fitzwilliam-Virginal-Book (J 183) 98
Er sah mir liebend in die Augen (J 65) 182
Es kling'n unsere Lieder (J 96) 183
Exposés für Tonfilme (o. J) 142

Filmmusik zu „Knalleffekt" (J 187) 143
Friede (J 153) 223
Frühlings Erwachen op. 36 (J 6) 119
Für Viele (J 24c, 2) 183
Gelöbnis (J 81, 2) 184
Gesänge aus „Sulamith" (J 155) 223
19 Gesänge aus Goethes „west-östlichem Divan", op. 38 (J 31) 210
5 Gesänge von Heraklit op. 35 (J 26a) 147
Gestutzte Eiche (J 66) 184
Hamaschechret (J 109) 185
Heimatwärts (J 68) 186
Heimweg (J 64) 186
Hend zum varkojfn (J 119, 1) 223
Herbstliche Elegie (J 85) 187
Her' nor du schjn Mejdele (J 136) 224
Hoffnung (J 72) 187
3 Hymnen von Jehuda Halevi (J 106) 155
Ihr Vögel (J 55) 188
Im Golus (J 137) 224
Im Mutterschoß (J 25b) 188
Im tollen Wahn (J 92, 1) 189
In der Frühe (J 71) 189
In mein Garten (J 99) 190
Inter dem Kinds Wigele (J 147) 225
Jankele (J 103c) 225
Jäger und Fee (o. J) 191
Jeruscholajim, Goluslied (J 138) 226
Jiddisch Requiem (J 21) 137
Jidisch Lebn (J 20) 136
Joschke fohrt awek (J 139) 227
Joschke mit dem Fidel (J 140) 227
Juana op. 33 (J 4) 116
Judith op. 28 (J 3) 114
Kaddisch (J 124) 228
Königin Esther (J 19) 134
König, Herr (J 73) 191
Konzert für Horn (J 164) 108
Konzertarie aus „Faniska" von Cherubini (J 27) 148
Ladomeia (Fragment) (J 11) 127
Licht Bentschen (J 158) 228
Lied (J 62) 192

Lied der Wahrheit (J 83) 192
6 Lieder op. 1 (J 34) 169
4 Lieder op. 13 (J 40) 162
3 Lieder aus dem Chinesischen op. 16 (J 41) 156
6 Lieder aus dem Englischen von Frances Külpe (J 60) 168
3 Lieder aus dem Griechischen op. 17 (J 42) 156
4 Lieder aus „Des Knaben Wunderhorn" op. 6 (J 36) 161
12 Lieder „Der Völker Liebesgarten" op. 29 (J 50) 173
3 Lieder für Sopran op. 5 (J 35) 158
2 Lieder für Tenor op. 9 (J 38) 149
2 Lieder für Tenor op. 21 (J 43) 150
3 Lieder für tiefe Stimme op. 7 (J 37) 158
6 Lieder nach Eichendorff: „In der Fremde" op. 12 (J 39) 167
3 Lieder nach Else Lasker-Schüler (J 79) 159
2 Lieder nach Gebirtig (J 100) 151
2 Lieder nach Hölderlin (o. J) 152
2 Lieder nach Jo Mihaly (J 78) 153
2 Lieder nach Li-Tai-Pe (o. J) 152
2 Lieder nach Verlaine op. 27 (J 49) 154
2 Lieder nach Worten von Vittoria Colonna (J 61) 150
6 Lieder nach Worten von Fritz Cassirer op. 25 (J 45) 165
8 Lieder nach Rilke op. 37 (J 52) 169
8 Lieder nach Theodor Storm op. 23 (J 44) 171
5 Lieder von Christian Morgenstern op. 22 (J 24a) 145
Lucia von Lammermoor (J 14) 121
Madrigal (J 51) 193
Mahnung (J 63) 193
Mailied op. 8 (J 116) 228
Majn Ruheplatz (J 141) 229
Männerchöre op. 39 (J 118) 212
Mich nimmt Wunder (J 89) 194
Mojschele, majn Frajnd (J 142) 230
Motele (J 98) 194

Musik zu Kulturfilmen der Titania-Film GmbH, Berlin (J 186) 141
Nachtregen (J 93) 194
O Herz der Welt (J 81, 1) 195
Offenbachiana (J 179) 100
Oj, Brider sog (J 143) 230
Ojf'n Pripitschek (J 144) 231
Ouverture zu „Was ihr wollt" op. 4 (J 159) 104
Ovinu malkeinu (J 114) 195
5 Palästinensische Gesänge (J 94) 163
Palästinensisches Kinderlied (J 110) 196
Papier is doch weis (J 145) 231
Phantasie über zwei jiddische Volkslieder (J 176) 103
Psalm 130 (J 111) 196
Psalmen aus „L'estro Poetico Armonico" von Benedetto Marcello (bearbeitet von Max Ettinger) (J 156) 135
Purcell-Album (J 184) 99
Quintett op. 20 (J 171) 94
Regennacht (J 57) 197
Rialon op. 11 (J 1) 111
Rosen von Roccolo (Fragment) (J 9) 125
Sarabande nach Johann Ludwig Krebs (J 185) 100
Schauder (J 24c, 2) 197
Schlaflied für Mirjam op. 26 (J 48) 198
Schluf man Kind (J 101a) 198
Schluf man Tochter (J 97) 199
Schnitterlin op. 2a (J 28a) 131
Sei nicht traurig (J 54) 199
Simches Torje (J 146) 232
Singspruch für Hasomir (J 121) 232
Singstunde mit Flüchtlingskindern (J 108) 200
S'is avec der nechten (J 102) 201
Sonate für Violine und Klavier op. 10 (J 169) 93
Sonate für Violoncello und Klavier op. 19 (J 170) 93
Sonate für Violoncello und Klavier (J 175) 103

Sonatine für Streichorchester nach Giovanni Battista Pescetti (J 165) 109
Sonatine für 2 Violinen (J 178) 101
Spruch (J 75) 201
Suite für Orchester nach Girolano Frescobaldi (J 168) 108
Streichquartett op. 32 (J 173) 95
Streichquartett über chassidische Melodien (J 174) 103
Suite für Violine und Klavier (J 177) 101
5 Synagogalgesänge (J 120) 212
Tappuach Zahav (J 112) 202
6 Tierfabeln und ein Epilog nach Lafontaine (J 32) 211
Thilim I. (J 105) 203
Trauerweide (J 76, 2) 203
Traumbilder op. 31 (J 161) 105
Ven meshiach vet kumen (J 148) 233
Vergessen (J 53) 204
Versenkung (J 90) 204
Wandert, ihr Wolken wandert (J 33) 205
Weisheit des Orients op. 24 (J 17a) 131
Wenn du mich wieder liebst (J 91) 205
Wenn wir so einsam sind (J 82) 206
Wer hat dus geseh'n (J 149) 233
Weulaj (J 113) 206
Wir sind die Arbeiterfrauen (J 157) 234
Wo? (J 92, 2) 207
Wolken, sie kommen (J 67) 207
Wovon die Menschen leben (J 29) 139
Zu majn Volk (J 104b) 234
Zu mein folk (J 104a) 208
Zuruf (J 56) 208

Namensregister

Ansky, Solomon
    (siehe Rappoport-Ansky, Solomon)
Aristoxenos von Tarent 86
Aron, Willi 117
Asklepiades 157, 160, 161, 162, 173, 174
Avenarius, Ferdinand 205
Aychenrand, Lajser 47, 137, 138, 217, 224, 225, 230
Barbakoff, Tatjana 116
Bardi Conte di Vernio, Giovanni de' 66
Barfuß, Werner P. 186
Bayerl, Xaver 119
Becher, Johann R. 204
Beer-Hofmann, Richard 198
Beethoven, Ludwig van 64, 67
Benatzky, Ralph 40
Berg, Alban 40
Bermanis, Simon 135
Bernstein, Leonard 50
Bethge, Hans 155, 156, 180, 203, 204
Bialik, Chaim Nachman 46, 47, 136, 137, 138, 190, 191, 202
Bianchi, Gabriele 17
Bierbaum, Otto Julius 169
Birkenstock, Johann Adam 97
Blumenthal-Weiss, Ilse 219
Boccaccio, Giovanni 27, 42, 113, 143
Böhm, Karl 43, 116
Böhme, Johanna 190
Bosshard, Daniel 93
Brecher, Gustav 17, 39, 40, 41, 43, 118, 119, 121
Brecht, Bertolt 40
Brom, Mottele 212
Bromoff, Platon
    (siehe Jaffa-Bromoff, Platon)
Brügmann, Walther 39, 118, 119, 121
Büchner, Georg 42, 142, 143
Buchwald, Theo 116
Bull, John 96, 98, 105
Burckart, Julius 155

Burckhardt, Georg 147, 148
Byrd, William 96, 98, 105
Caccini, Giulio 66
Cammarano, Salvatore 121
Caruso, Enrico 70
Casanova, Giovanni Battista 105, 106
Casella, Alfredo 25
Cassirer, Eva 172, 173
Cassirer, Fritz 64, 145, 156, 165, 166, 167, 169, 183, 184, 197
Cassirer, Lilli 166, 167
Caula, Marianna 135
Cavin, Milla 177
Chajjam, Omar 46, 131, 132
Cherubini, Luigi 123, 148, 149
Claudius, Hermann 217
Clemens von Alexandrien 86
Collin-Schönfeld, Ernst 157
Colonna, Vittoria 150, 151
Corena, Fernando 135
Danioth, Carl 134, 135, 223
Daum, Kurt 114
De Landi, Margherita 135
Debüser-Anders, Tiny 43, 155
Dehmel, Richard 163, 178, 179, 218
Divry, Mora 154
Döblin, Hugo 192
Donizetti, Gaetano 43, 121
Dürer, Albrecht 105, 106
Ebbinghaus, Hermann 39, 117, 122
Eckhart, Johannes 143
Ehrenstein, Albert 178
Eichendorff, Joseph von 159, 167, 168, 193
Einstein, Alfred 7, 9, 10
Eisler, Hanns 25
Engel, Joel 47, 50
Ettinger, Isak Ahron 15
Ettinger, Josi (geb. Josefine Krisack) 16, 37, 38, 39, 42, 43, 44, 45, 59, 60, 185
Eycken, Heinrich van 16
Falke, Gustav 150, 218
Färber-Strasser, Ernestine 155, 173
Farnaby, Giles 96, 98

Fichtmüller, Hedwig 188
Fischer, Fritz 120
Fontane, Theodor 169
Frankenburger, Paul 119
Frescobaldi, Girolamo 108
Freska, Friedrich 27, 111, 113
Freund, Otto 209
Frug, Shimon 136, 137, 179
Furtwängler, Wilhelm 43, 104
Gebirtig, Mordche 63, 151, 225
Geilinger, Max 191, 192
Gluth, Viktor 16
Goethe, Johann Wolfgang von 23, 27, 28, 63, 65, 70, 117, 118, 210, 215
Gohrbrandt, Erwin 167
Goldschmidt, Hermann Ludwig 184, 195, 201, 202
Graener, Mimi 156
Graener, Paul 25, 37, 64
Graf, Oskar Maria 208, 209
Grüder, Paul 118
Gunzgen, Rosa 50
Gutheil-Schoder, Marie 70
Guttmann, Wilhelm 173
Halevi, Jehuda 155, 182, 183
Halévy, Jacques François Fromental 83
Hallasch, Franz 188
Haringer, Jakob 199, 200
Hartmann, Georg 116
Häusler, Carl 114
Hayes, Philip 163, 164
Hebbel, Friedrich 27, 85, 114, 115, 158, 209
Heine, Heinrich 84, 150, 189, 207
Held, Hans Ludwig 193
Henckell, Karl 158
Heraklit 147, 148
Hertzka, Emil 17, 123
Herzogenberg, Heinrich von 15
Hesse, Hermann 176, 177, 184, 185, 188
Himmighoffen, Thur 114
Höfer, Luise 149
Hofmüller, Max 63, 114, 116
Hölderlin, Friedrich 144, 145, 152

Hörth, Ludwig 41, 143
Hurwitz, Fanny 155
Hurwitz, Sali 155, 177, 185, 201
Idelsohn, Abraham Zebi 47, 85, 86
Jacobsen, Jens Peter 42, 142, 149
Jacobson, Maxim 37, 96, 97
Jaffa-Bromoff, Platon 208, 234
Jaffe, Hoseph 234
Jelenko, Siegfried 114
Jucker, Emil 8, 9, 91, 111, 123, 151
Kaeferstein, Herbert 117
Kaiser, Georg 18, 19, 27, 41, 117
Kallimachos 157
Keller, Gottfried 72
Kestenberg, Leo 160
Klabund 152, 153, 181
Knözinger, Eugen 156
Kopf, Leo 46, 132, 219
Krämer, Albert 93
Krantz, Paul 29
Kraus, Otto 112, 116
Krebs, Johann Ludwig 100
Krenek, Ernst 17, 43, 123
Krisack, Josefine
  (siehe Ettinger, Josi)
Külpe, Frances 168
La Fontaine, Jean de 211
Lasker-Schüler, Else 159, 160
Lauprecht van Lammen, Mintje 145, 156, 169, 183, 197
Leloir, Eduard 108
Leopold, Friedrich 165, 166
Lermontow, Michail Jurjewitsch 180
Lertz, Christoph 117, 211
Leuthard, Kurt 194, 195
Levy, Salli 48
Lewandowski, Louis 87
Lewy, Heinrich 169
Li-Tai-Pe 105, 106, 152, 153, 155, 181
Lichtegg, Max 137
Liebermann, Max 84
Liliencron, Detlev von 169
Lingg, Hermann 169
Locatelli, Pietro 97
Lowenstein, Arthur 93

Mahler, Gustav 87
Marcello, Benedetto 46, 135
Martini, Giovanni Battista 109, 110
Mendelssohn, Felix 83
Meyer, Carl Ferdinand 169, 209
Meyerowitz, Hanns M. 17
Mihaly, Jo 153, 154
Molière, Jean-Baptiste 39, 122
Monteverdi, Claudio 67
Morgenstern, Christian 145, 146, 147, 176, 183, 184, 188, 189, 197, 198, 202
Moser, Hans Joachim 7
Mozart, Wolfgang Amadeus 67, 70, 97, 98
Mühlestein, Hans 150, 151, 197, 204, 205
Müller, Erich 7, 26
Mummenthaler, Max 207, 208
Mushimara 180, 203, 204
Mysz-Gmeiner, Lula 167
Neudegg, Egon 49
Noth, Ernst Erich 29
Oehler, August 157
Offenbach, Jacques 40, 100
Oppenheimer, Clemens 102
Pailleron, Edouard 181
Peerson, Martin 98
Pellich, Marcell 206
Peri, Jacopo 66
Pescetti, Giovanni Battista 100, 101, 109
Petendi, Gyula 93, 94
Platon 66
Pugnani, Gaetano 97
Purcell, Henry 96, 99, 111
Puschkin, Alexander Sergejewitsch 42, 142
Rab Hay Gaon 86
Rabinowitz, Menashe 163, 164, 202, 203
Rankl, Karl 17, 123
Rappoport-Ansky, Solomon 50, 51, 52, 54, 130
Rau, Alice 209

Redwitz, Oskar von 159
Rejisin, Abraham 136
Rembrandt van Rijn 84
Rheinberger, Joseph 16
Rheinfeld, Marianne 16, 158, 161, 162, 169, 209
Richter, Richard 116
Riemann, Ernst 7, 113, 209
Rilke, Rainer Maria 158, 169, 170, 188
Rimbaud, Arthur 154
Rimsky-Korsakoff 47
Roelli, Hans 178
Rosen, Heinz 49, 50, 51, 52, 130
Rosenfeld, Morris 229
Roswaenge, Helge 42, 143
Rugler, Josef 117
Ruoff, Wolfgang 155
Sao-Han 155, 156
Schack, Adolf Friedrich Graf von 131
Schaichet, Alexander 132, 133, 136, 137, 183, 215, 230, 232
Scharrer, August 131
Schell, Hermann Ferdinand 186
Scherchen, Hermann 43
Schertok, Mose 163, 164, 206, 207
Schibli, Emil 187
Schiller, Friedrich 222
Schmid, Jans 116
Schmid, H.K. 162
Schmidt-Hunig, Hein 117
Schönberg, Arnold 10, 25, 70
Schönlank, Bruni 234
Schroeder, Alfred 158, 161, 169
Schulenburg, Werner von der 38, 43, 125, 126, 127
Schumann, Robert 83, 98
Schützendorf, Alfons 147
Seidlin, Oscar 182
Shakespeare, William 72, 104, 111
Sichert, Hans 187
Sieber, Hanns 143
Spira, Anneliese 176
Spira, Rudolf 120
Spivak, Juan 114

Staab, Richard 93
Stoeger-Rheinfeld, Marianne (siehe Rheinfeld, Marianne)
Storm, Theodor 159, 171, 172, 173
Strauss, Richard 40, 64
Strawinsky, Igor 25
Sulzer, Salomon 87
Süßkind von Trimberg 191
Szendrei, Alfred 114
Thuille, Ludwig 16
Thulke, Gerhard 108
Tolstoi, Lew Nikolajewitsch Graf 139
Tomkins, Thomas 96, 98
Tutein, Karl 114
Uhland, Ludwig 139
Varnhagen von Ense, Rahel 206
Verdi, Giuseppe 17, 41, 67
Verlaine, Paul 154
Vitelleschi, Carla 191
Vogelweide, Walter von der 194
Volkmann, Fritz 114
Wagner, Ferdinand 112, 116
Wagner, Richard 17, 67, 68, 69, 74
Wallerstein, Lothar 17, 123
Walter, Bruno 41
Warschawski, M.M. 221
Weber, Carl Maria von 67, 83
Wedekind, Frank 21, 27, 28, 29, 33, 42, 64, 71, 119, 120, 121, 142, 143
Weidlich, Fritz 114
Weiher, Georg 107
Weill, Kurt 40, 41
Wellesz, Egon 17, 123
Wellin, Arthur 142
Wetzelberger, Bertil 118
White, Michael 50
Wilhelm, Wolfgang 143
Wininger, Salomon 9, 15
Wolf, Werner 114
Wolfram, Carl 114
Zaitzoff, Helene 156
Zemlinsky, Alexander 17, 123
Zilcher, Hermann 167
Zunser, A. 185